AN DUANAIRE
1600-1900 : POEMS OF THE DISPOSSESSED

AN DUANAIRE

1600-1900:
Poems of the Dispossessed

curtha i láthair ag

SEÁN Ó TUAMA

with translations into English verse by

THOMAS KINSELLA

Foras na Gaeilge

Set in Baskerville type at the Brunswick Press, made up with illustrations at the Leinster Express and printed in the Republic of Ireland by Colourbooks Limited for the publishers.

Cover: Design by Keystrokes Ltd., Dublin for the publishers.

First edition, 1981
Reprinted 1985
Reprinted 1990
Reprinted 1994
Reprinted 2002

British Library Cataloguing Publication Data
    An Duanaire 1600-1900
    1. Irish poetry
    2. Irish poetry-Translations into English
    3. English poetry-Translations from Irish
    I. Tuama, Seán Ó   II. Kinsella, Thomas
    891.6'2'1008   PB1359

Library of Congress Catalog Card No. 85-60741

Do

T. K. WHITAKER

a chuimhnigh air

For

T. K. WHITAKER

who gave the idea

BROLLACH

Anuas go dtí an naoú haois déag b'fhéidir a rá gurb í litríocht na Gaeilge litríocht na hÉireann. De réir a chéile i rith na haoise sin tháinig an Béarla in ionad na Gaeilge mar theanga labhartha sa tír, rud a fhágann go bhfuil formhór na litríochta ó na haoiseanna roimhe sin ceilte inniu ach ar an mionlach de mhuintir na hÉireann a bhfuil labhairt (nó léamh) na Gaeilge acu.

Is gá caoi a thabhairt dár muintir ar fad dul i seilbh a n-oidhreacht liteartha ath-uair — agus, ar ndóigh, tá tosú éigin déanta ar an méid sin roimhe seo. Tá fiúntas na filíochta Gaeilge ón seanré (600 - 1200) sean-aitheanta ag scoláirí agus speisialtóirí, agus tá tuiscint ghinearálta ag fás ar an ionad tábhachtach atá aici i litríocht an domhain. Ach níl aon tuiscint fhorleathan ann fós ar shaibhreas na filíochta atá againn ó thréimhsí is déanaí ná sin: ó ré na mbard (1200 - 1600), ó ré na filíochta aiceanta (1600 - 1900), agus ó ré na nua-fhilíochta.

Is é atá sa duanaire seo ná rogha dánta (maille le nua-aistriúcháin) ó ré acu sin: an tréimhse shuaite úd ó 'thonnbhriseadh an tseanghnáthaimh' go dtí an mórathrú teanga Is den bhfilíocht aiceanta a scríobh filí aitheantúla sa 17ú, 18ú agus 19ú haois is mó a rinneadh cúram, ach tá roinn sa leabhar chomh maith ina bhfuil véarsaíocht shiollach neamhfhoirmiúil ón 17ú haois a chum filí gan ainm, agus roinn eile ina bhfuil filíocht na ndaoine.

PREFACE

The literature of Ireland, in prose and poetry, from the earliest times until the nineteenth century, is predominantly in the Irish language. Since the middle of the nineteenth century, from the time of the Great Famine, the dominant vernacular of the country has been the English language. In consequence, the main body of the Irish literary tradition is a closed book to all but the Irish-speaking, or Irish-reading, minority of the Irish people.

An act of repossession is required – and has, in fact, been proceeding for some time. The earliest poetry in Irish, from the sixth century to the twelfth, has long been valued by scholars and specialists, and there is a growing general awareness of its importance to world literature. But there is as yet no general appreciation of the poetry produced in later times: the so-called bardic poetry of the twelfth to the seventeenth centuries, the accentual poetry of the seventeenth to the nineteenth centuries, and the new wave of modern verse in Irish that began with the Revival in the 1880s.

This anthology is a selection, with new English translations, from the poetry of one of those periods, the troubled centuries from the collapse of the old Gaelic order to the emergence of English as the dominant vernacular. The core of the book consists of classic accentual verse from the seventeenth, eighteenth and nineteenth centuries, but there are sections also of the anonymous syllabic poetry of the seventeenth century, and of folk poetry.

May 1981   Seán Ó Tuama
                                                     Thomas Kinsella

CLÁR
CONTENTS

AN DUANAIRE
the translations are printed on the facing page

I
FILÍOCHT IDIR DHÁ RÉ/TRANSITIONAL POETRY

[ix]

[xii]

III
FILÍOCHT NA NDAOINE / FOLK POETRY

[xv]

LÉARÁIDÍ

ILLUSTRATIONS

1 Battista Boazio, 1599. Léarscáil na hÉireann. Map of Ireland.

2 Albrecht Durer, 1521. Taoisigh Éireannacha agus a gcosmhuintir. Irish warriors and peasants.

3 Lucas de Heere. Faisean na nÉireannach le linn Anraí VIII. Irish people's attire in the reign of Henry VIII.

4 John Speed, 1610. An Fear Uasal agus an Bhean Uasal Éireannach. The Civil Irishman and the Civil Irish Woman.

5 John Derricke, 1581. Reacaire agus Cláirseoir. Poetry Reciter and Harper.

6 Wenceslas Hollar, 1634. Bean uasal Éireannach. An Irishwoman.

7 An Mhaighdean agus an Leanbh. Virgin and Child, from tomb-chest Piltown, Co. Kilkenny, 16th century.

8 Máire Mhaigdiléana, 16ú haois, Cill Chainnigh. Mary Magdalen from tomb, St. Canice's Cathedral, Kilkenny.

9 Piaras Buitléar agus a bhean Maighréad Nic Ghearailt(?). Piers Butler and his wife Margaret(?) from tomb, St. Canice's Cathedral, Kilkenny, c. 1539.

10 Purgadóir Phádraig, Loch Dearg, 1666. Map of St. Patrick's Purgatory, Lough Derg, from Fr. Thomas Carve, *Lyra Hibernica*, 1666.

11 Críost ar an gCros, 16ú haois. Crucifixion, Johnstown, Co. Kilkenny, 16th century.
12 Cros ó ré na bpéindlithe. A Penal Cross.
13 Aodh Ó Néill (c.1550-1616). The Great O Neill

14 Aodh Mac Aingil (c.1571-1626). Theologian, poet, Archbishop of Armagh. From a painting in St. Isidore's College, Rome.
15 Pádraig Sáirséal. Sarsfield (1650-1693), hero of the Jacobite wars.
16 Cath na Bóinne, 1690. The Battle of the Boyne. Print by Theodore Maas.
17 Ionad adhlachta Aogáin Uí Rathaille. Muckross Abbey, Killarney.
18 Caisleán 'Ri Chinn Toirc.' McCarthy Castle (17th century), Kanturk, Co. Cork.
19 Caisleán de chuid na mBrianach. Lemenagh Castle, County Clare (built 1643).
20 Aitreabh na nDónallach. Donegal Castle.
21 Baile inar ghnáth Gaeilge agus filí Gaeilge san 18ú haois. Painting of Kilmallock, Co. Limerick c. 1800 by J. G. Mulvaney.
22 Portráid ón 19ú haois. 'The Blind Piper' by J. P. Haverty.
23 Pictiúr ón 18ú haois. 'Children dancing at a crossroads,' by T. T. Fowler.
24 An Cearúllánach. Carolan, blind poet and harper (1670-1783). Portrait by Francis Bindon.
25 Muiris (an chaipín) Ó Conaill. A brother of Eibhlín Dhubh's.
26 Teach Phiarais Mhic Ghearailt (1709-1781). The house of an 18th century poet.
27 Cineál coitianta tí san 18ú agus sa 19ú haois. Typical farmer's house Luogh, Co. Clare.
28 Cinéal coitianta tí sa 19ú haois. Turfcutter's house, West Limerick.
29 An leathanach deireanach de chóip a rinne Aogán Ó Rathaille de mhórshaothar Shéathrúin Céitinn sa bhliain 1722. The signature of Aogán Ó Rathaille on his transcription of Foras Feasa ar Eirinn.
30 Mártan Ó Gríofa, gabha dubh i gCill Rois, a scríobh. Page from a manuscript in the learned Irish tradition, written by a blacksmith in Co. Clare in 1857.

31 Pictiúr rómánsúil ón 19ú haois. 'Pilgrims at Clonmacnoise' by George Petrie.
32 Turas na Cruaiche. Croagh Patrick Pilgrimage, Co. Mayo.
33 Líon tí a cuireadh as seilbh, c.1880. Eviction at Gweedore, Co. Donegal. Photo Lawrence Collection.
34 Tar éis aifrinn i scáthlán, 1867. After mass at an open-air shelter, Co. Donegal.
35 Tomás Ó Criomhthain.
36 Curragh from Hall's Ireland, 1842.
37 Peig Sayers (1873-1958), seanchaí. One of the great narrators of songs and stories.
38 An Tarlódh: Taking the bride home (1842) from Hall's Ireland.

RÉAMHRÁ

1: CÚLRA LITEARTHA

Is í an bhliain 1601 bliain na cinniúna i ré nuastaire agus nualitríochta na hÉireann. Tar éis bhriseadh Chionn tSáile bhí sé deimhneach feasta go mbainfeadh Rialtas Shasana forlámhas amach sa tír. Céad bliain níos déanaí bhí an seanord Gaelach tite ar lár, agus tuairim is 85% de thalamh na hÉireann i seilbh na nuachóilíneach. An phátrúnacht a dhéanadh na huaisle Gaelacha ar na filí d'imigh sí i léig, rud a ghoill go tubaisteach ar shaothrú na litríochta.

Roimhe seo dhéanadh na céadta teaghlach uasal na filí oidhreachtúla, i.e. na baird, a chothú agus a choimeád faoi ghradam. Dá thairbhe sin, rinneadh saothrú ollmhór ar an bhfilíocht—bíodh is nár shaothrú suimiúil ná ealaíonta i gcónaí é—i rith na tréimhse 1200—1600. Ba dhóigh leat ar a mhaireann inniu den saothar seo i nduanairí na n-uaisle gur caointe is dánta molta foirmiúla i meadrachtaí casta siollacha ba mhó a cumadh i ré na mbard. Is dealraitheach, áfach, gur chothaigh na seanuaisle réimse filíochta is leithne i bhfad ná sin. Murach sin, ba dheacair a mhíniú conas a bhláthaigh an raidhse mhór d'fhilíocht aoibhinn neamhfhoirmiúil shiollach atá againn ón ré sin chomh maith, gan trácht ar na cineálacha eile filíochta a tháinig ar barr go tobann—slán saothraithe, dar leat—sa chéad ré eile ina dhiaidh sin: filíocht léannta aiceanta, filíocht fhíneálta na daoine, laoithe agus liricí Fiannaíochta.

an fhilíocht aiceanta: Roimh an seachtú céad déag is í an véarsaíocht shiollach is mó a chleacht filí aitheantúla na Gaeilge. I dtosach an tseachtú céad déag tháinig foirmeacha 'nua' aiceanta chun cinn, iad ornáideach greanta, agus iad á n-úsáid go minic ag filí d'fhonn déileáil leis an suaitheadh nua mearbhallach a bhí tagtha i gcúrsaí polaitíochta is sóisialta na linne. Bhí, áfach, tréithe áirithe meoin agus stíle comhchoitianta san fhilíocht seo agus i bhfilíocht na mbard.

INTRODUCTION

1: THE BACKGROUND

The year 1601 is a watershed in Irish history and literature. With the defeat of the Irish forces at Kinsale in that year the Elizabethan conquest of Ireland was assured. In the next hundred years some 85% of Irish land was transferred into the hands of the new English colonists and the old Irish aristocratic order disappeared. The traditional system of poetic patronage disappeared also, with traumatic consequences for literature in Irish.

During the bardic period, from 1200 to 1600 approximately, noble Irish families, of whom there were many hundreds, had maintained hereditary poets with great honour and ceremony, and there was intense (if mixed) poetic activity. Judged only by what has been preserved in the family poem-books, bardic verse would seem to have consisted almost entirely of formal eulogy and elegy in difficult syllabic metres. But it is likely that the Irish aristocracy encouraged a wider range of verse than this. Otherwise it is hard to account for the corpus of delightful non-formal syllabic verse which survives from the same period, or for the sudden emergence of other types of verse, apparently fully-fledged, in the era after Kinsale: learned accentual verse, sophisticated folk poetry, lays and lyrics of the Fianna.

accentual verse: Before the seventeenth century the characteristic forms of Irish professional verse were syllabic. In the early seventeenth century a new poetry appeared, in poems that were frequently a direct response to the social and political upheavals of the time. These poems had some conventions of thought and style in common with bardic poetry but were composed in 'new' accentual forms, ornate and highly wrought.

De na filí aitheantúla ón 17ú céad – Céitinn, Haicéad, Feiritéar, Ó Bruadair, Mac Cuarta, Ó Rathaille – ní raibh ach aon duine amháin, Ó Bruadair, a raibh sloinne air a thabharfadh le tuiscint gur shíolraigh sé ó ghéag de na seansleachta fileata. Fós, scríobh na filí nua seo ar fad véarsaíocht aiceanta a bhí an-ghreanta, an-siúrálta, faoi mar gur de thraidisiún ársa seanbhunaithe iad féin. Is é is dóichí, mar sin, go raibh filí dá leithéidí seo ag fónamh, chomh maith, i rith ré na mbard, ach nár bhain siad aitheantas amach dóibh féin sna duanairí oifigiúla. Is le titim an tseanoird i dtús an 17ú céad, más ea, a thagaimid den chéad uair ar fhlúirse den fhilíocht aiceanta i lámhscríbhinní.

céim agus feidhm na bhfilí: I rith na n-aoiseanna sin ba mhinic an véarsaíocht á húsáid chun trácht ar nithe a mheasfaí inniu a bheith níos oiriúnaí don phrós. Liriceoirí cumasacha a raibh móréirim agus mórfhuinneamh iontu ab ea Pádraigín Haicéad agus Dáibhí Ó Bruadair; fós, ní hamháin gur bhain siad earraíocht as a gcuid véarsaíochta chun meanma nó paisean fileata faoi leith a mhúscailt ionainn, ach bhain siad earraíocht aisti, chomh maith, chun áiteamh a chur chun cinn ar chúrsaí sóisialta nó staire nó ginealaigh, nó a leithéid. Tagann meath de réir a chéile ar cháilíocht an áitimh, agus ar cháilíocht na filíochta, san 18ú céad. An milleadh nó an leatrom a rinneadh ar na hinstitiúidí dúchais trí chéile – institiúidí oideachais, dlí, creidimh agus eacnamaíochta – bhí a thoradh sin anois le feiceáil: ní raibh an saol inar mhair na filí ábalta ar an bhfilíocht ná ar an intleacht a chothú a thuilleadh. Fiú i bhfilíocht Aogáin Uí Rathaille tá an cháilíocht intleachtúil sin in easnamh atá le fáil i luathfhilíocht an 17ú céad. Cibé easpa intleachta atá ar fhilíocht an Rathailligh, ámh, tá i bhfad thar an gcoitiantacht de mhothú taodach ar a cúl. Tá líon maith lirící den scoth aige a eascraíonn ón gcíor thuathail a bhraith sé ina shaol; sa tslí gur dóichí gurb é an file is mó é díobh sin a scríobh as Gaeilge nó as Béarla idir an 17ú agus an 20ú haois.

Of the major poets of the seventeenth century – Céitinn, Haicéad, Feiritéar, Ó Bruadair, Mac Cuarta, Ó Rathaille – only Ó Bruadair bore a name which suggests a connection with the old hereditary bardic families. Yet all of them wrote in the new accentual metres with the assurance and elegance which belongs to an established tradition. It seems certain that an accentual poetry existed throughout the medieval period without being written down in the official family anthologies, and that it was only the undermining of the bardic order that allowed this poetry to reach a new prominence. Certainly, from the beginning of the seventeenth century, the prominence of accentual poetry is attested by the substantial amounts that begin to appear in the manuscripts.

poetic function and status: Verse, during these centuries, had a wider function that it has today, being often used where we might consider prose more appropriate. For Haicéad and Ó Bruadair, both lyricists of great intellectual energy and skill, verse was a natural vehicle not alone for evoking mood or passion, but also for social, historical and other rational discourse. After the seventeenth century the assurance of this discourse waned, as did the general quality of the poetry itself; the native institutions which had hitherto supported Gaelic poetry – the whole educational, legal, religious and economic continuum – virtually disappeared. Even in Ó Rathaille's poetry the hard intellectual quality of the earlier seventeenth century poetry is missing. What Ó Rathaille's work lacks in intellect, however, is more than compensated for by the turbulent moods which underlie it. The dozen or so lyrics of high quality which he shaped out of his own personal chaos make him perhaps the greatest of Irish poets, writing in Irish or English, between the seventeenth century and the twentieth.

Le himeacht ama chaill na filí cibé céim nó pribhléidí traidisiúnta a bhíodh acu. Mhair iarsmaí tamall, ar ndóigh, den tseanurraim a thugtaí dóibh. Chuirtí cóir níos flaithiúla orthu ná ar mhórán eile – comhartha cinnte ar a ngradam poiblí. B'eagal le daoine fós an t-aoradh feannaideach a dhéanfaidís orthu, nó – tar éis Chath na Bóinne (1690) – b'ardú croí ag an bpobal trí chéile an aisling dhóchais acu go ndéanfadh an Stíobhartach an tír a fhuascailt ón mbroid ina raibh sí. Ach de réir a chéile bhrúigh an córas deoranta polaitíochta agus sóisialta faoi chois iad, sa tslí gur mhéadaigh ar líon na bhfilí a chaith deireadh a saoil faoi éadóchas nó faoi ainnise. Rud a chuir go mór le dearóile na bhfilí ab ea an mífhonn a bhíodh orthu tabhairt faoi aon saghas gnó eile ach gnó an fhile nó an scoláire. Ba chúis gáire dhóite é ag file leathghairmiúil féin, ar nós Eoghain Rua Uí Shúilleabháin i ndeireadh an 18ú céad, go Uimh. 58 raibh air dul le spailpínteacht. Bhí mórán mór filí léannta leathghairmiúla ar marthain fós ar fud na tuaithe in Éirinn san 18ú céad, agus sa chéad leath den 19ú céad. Sna háiteanna ba láidre an dúchas liteartha bhíodh Cúirteanna Filíochta acu uair nó dhó sa bhliain, dhéanaidís a ndánta a aithris, bhíodh rainn is leathrainn deisbhéalacha á gceapadh acu *extempore,* mhalartaídís na lámhscríbhinní a bhíodh á léamh nó á scríobh acu. Le himeacht ama - agus le méadú an leatroim iasachta - rinne príomhghuth an phobail dá nguth.*

Tar éis Chath Chúil Lodair sa bhliain 1745, nuair a briseadh ar an bPrionsa Séarlas (an phearsa ríoga dhéanach arbh fhéidir a shamhlú leis go slánódh sé an náisiún Gaelach), chaill an fhilíocht pholaitiúil a greim ar fhírinní an tsaoil. Véarsaíocht an-ghreanta ab ea í coitianta, áfach, agus dhéantaí í a shnaidhmeadh go minic leis na foinn 'mhóra' dúchais. Roinnt

---

* Is é *The Hidden Ireland* (Daniel Corkery, 1925) an phríomhfhoinse fós don té ar mhaith leis tuiscint a fháil ar fhilíocht an 18ú céad. Ba é ba mhó ba chúram don údar sa leabhar sin ná an fhilíocht a bhreithniú "against the dark world that threw it up". Déarfadh staraithe nua-aimseartha – agus a chúis acu – nach raibh an saol san 18ú céad chomh 'dorcha' is a léirigh Ó Corcora é. Fós, bhí an saol sin 'dorcha' go maith; sa tslí go raibh lán an chirt ag an gCorcorach iontas a dhéanamh de cháilíocht na filíochta a scríobhadh i ré chomh hainnis sin.

Even though the poets suffered increasingly the loss of their traditional status and privileges, traces of the great honour once accorded them survived for a time. In the socially important matter of hospitality, for example, poets were more readily provided for than others. Also, people still feared the satiric whip of their verse, or (after the battle of the Boyne in 1690) took refuge in their optimistic visions of a Stuart saviour who would return to undo the English conquest. But more and more of these poets, isolated within a political and social system which was both alien and repressive, died in despair or abject poverty, many refusing to consider seriously any way of life but that of the poet-scholar. The prospect of earning a living by manual labour could be regarded with wry humour by even a   No. 58
late eighteenth century semi-professional like Eoghan Rua Ó Súilleabháin.

Scholarly semi-professionals still subsisted in large numbers during the eighteenth and early nineteenth centuries in rural communities. On occasions throughout the year, in places where literary traditions were strongest, they gathered together in 'courts of poetry', recited their compositions, exchanged manuscripts, and engaged in extempore repartee in verse. As time, and the conquest, proceeded, it is their voices that more and more emerge as the voice of their community.*

After the battle of Culloden in 1745, and the defeat of Prince Charles Stuart, the last royal figure seen by the Irish as a potential saviour, Irish political verse grew out of touch with reality. It remains technically, however, a highly accomplished body of verse, meant (more often than not) to be sung to the great Irish airs of the period. Some of Eoghan

---

* The classic source for an understanding of eighteenth century Irish poetry is Daniel Corkery's *The Hidden Ireland* (1925), in which the author's chief concern is to highlight the poetry "against the dark world that threw it up." It has been argued that the eighteenth century Gaelic world was not quite as dark as Corkery painted it, but it was quite dark enough to justify Corkery's astonishment at the flourishing of such a poetry in such a time.

de na haislingí ag Eoghan Rua O Súilleabháin, mar shampla, a bhfuil éascaíocht éachtach meadarachta iontu, mhair siad i nGaeltachtaí na Mumhan go dtí ár lá féin mar chineál *lieder* ardcheardúil pobail.

meath sa 19ú haois: I rith an naoú haois déag tháinig toradh céadtach ar an bpolasaí a thionscain na Túdaraigh d'fhonn an Ghaeilge a dhíothú; agus dá dheasca sin, chuaigh saothrú na filíochta go mór ar gcúl. Ní hiad na téamaí móra polaitíochta agus sóisialta a bheadh ag spreagadh an chuid ba bheomhaire den fhilíocht feasta, ach eachtraí logánta pobail i nGaeltachtaí scaipthe na tíre. Ba ghléas nádúrtha riamh é an véarsaíocht ag pobail dá leithéidí d'fhonn iad féin a chur in iúl dá chéile le barr éifeachta nó d'fhonn gnáthimeachtaí an lae a cheiliúradh. Tá fuílleach véarsaíochta Gaeilge den saghas sin againn ón 19ú céad, agus bíodh is nach véarsaíocht ró-ealaíonta í, de ghnáth, b'fhéidir a áiteamh go bhfuil sí níos anamúla, agus í níos gafa le saol laethúil na ndaoine, ná mar atá formhór na véarsaíochta Béarla a scríobhadh in Éirinn sa tréimhse chéanna. Agus uaireanta is féidir le file ar nós Phádraig Uí Éigeartaigh –

68 imirceach ó Uibh Ráthach a chaoin bás a mhic i mBoston i dtús an 20ú céad – a chumha a nochtadh i véarsaíocht lánoilte, a bheag nó a mhór faoi mar a dhéanfadh duine de mháistrí na filíochta thiar sa 17ú nó san 18ú céad.

II: AN FHILÍOCHT

An fhilíocht a cumadh sa 17ú/18ú/19ú haois is filíocht pobail chloíte í, filíocht a thráchtann céim ar chéim ar an sceimhle a fuair siad. Cuid mhaith di is filíocht pholaitiúil í, nó filíocht gafa le héagóirí sóisialta (ina measc, éagóir teanga). Is annamh ar fad, ach amháin i bhfilíocht na ndaoine, a chloistear an guth pearsanta liriciúil inti, ach braitear go minic inti mothú láidir pearsanta agus é nasctha le ceisteanna poiblí. Is mó a éilíonn an fhilíocht seo go n-éisteofaí léi ná go léifí í.

Rua Ó Súilleabháin's *aisling* or vision poems, with all their extraordinary metrical virtuosity, live on into the present day in Irish-speaking communities in Munster as a type of highly-structured folk *lieder*.

the nineteenth century: During the nineteenth century the policies initiated in Tudor times for the elimination of the Irish language began to show dramatic success; by the end of the century the English language was the dominant vernacular of the Irish people. In this phase of the long tradition poetic activity retreated: the liveliest verse of the century was inspired not by large political or social issues but by local happenings in the residual Irish-speaking communities, mainly in the West of Ireland. Such communities used verse instinctively (and do so still) as the vehicle for heightened communication or for the celebration of the events of everyday life. There is, in fact, a remarkable abundance of Gaelic verse in the nineteenth century; though it is of minor artistic interest it could be argued that it has more vitality on the whole, and more reference to life as lived, than the bulk of nineteenth century Irish verse written in English. And sometimes a poet like Pádraig Ó hÉigeartaigh, an exile from South Kerry writing of his son's death in Boston 68 in the first decade of the twentieth century, can marry his grief to traditional professional expertise in something of the manner of the distant masters of the seventeenth and eighteenth centuries.

II : THE POETRY

Irish poetry of the seventeenth, eighteenth and nineteenth centuries is the poetry of a subject people. A great deal of it is political poetry or a response to social – and linguistic – injustice. The purely personal lyric voice is rarely heard, except in folk poetry, but there is no mistaking the strong personal feeling that attaches itself to public issues. And it is a kind of poetry that demands a listening rather than a reading audience.

filíocht shocha-pholaitiúil: Ní furasta inniu an foréigean a rinneadh ar shaol agus ar bhraithstint mhuintir na hEireann tar éis Chath Chionn tSáile a thuiscint ná a mheá. An léirscrios a rinneadh ar na dúichí faoi leith – dúichí, go minic, a raibh cuimhní beannaithe nó cuimhní gaisce ag baint leo siar roimh ré na staire scríofa – chuir sé déistin anama ar dhaoine. A fhianaise sin ar dhánta áirithe, a bhfuil ábhar leathan náisiúnta iontu, de chuid Uí Bhruadair nó an Haicéadaigh nó Uí Rathaille. Is minic, ámh, a bhain na filí na dánta is fearr acu as an gcor nua a bhí tagtha i mionimeachtaí daonna an lae. Cor de na cora a mhúscail mórphaisean fileata ab ea an tslí a raibh gaol na bhfilí le daoine eile á chur bunoscionn. Sin é is téama don fhilíocht shocha-pholaitiúil is fearr ón 17ú agus ón 18ú

Uimh. 34, 35 haois. I gcúpla liric shearbh aige, cáineann Ó Bruadair go géar na 'fáslaigh' a bhí ag teacht chun cinn in Éirinn lena linn: iad gléasta in éadaí gallda, iad ag déanamh aithris gan náire ar nósanna gallda, iad ag umhlú go táir roimh dhaoine a labhraíonn Béarla briste – agus gan aon bheann acu a thuilleadh ar an bhfile dúchais. Tá neart anois ag seirbhíseach

Uimh. 36 mná, fiú amháin, deoch a dhiúltú do Ó Bruadair féin! Níos
Uimh. 42 déanaí spriúch Mac Cuarta mar an gcéanna nuair nach raibh roimhe féin agus file eile ach an doicheall. Na dánta is croí-
Uimh. 45, 52, bhriste ag Aogán Ó Rathaille, d'fhág an gaol caol guairneánach
53 a bhí idir é féin agus a phátrúin chráite a rian go trom orthu. Tá d'iomadúlacht na ndánta seo gur léir nach é gearán an fhile aonair is mó atá i gceist, ar deireadh, ach gearán na haicme fileata ar fad agus í ar tí a scriosta.

an aisling: Filíocht lánpholaitiúil na linne, is in aislingí
Uimh. 49, 50, Aogáin Uí Rathaille a shroich sí buaic. Ba é ba théama
51 cruthanta dóibh sin ná teagmháil an fhile le spéirbhean a thuarann go bhfuil an slánaitheoir Stíobhartach ar fáil. D'iompaigh an téama seo amach ina fhoirmle dhocht—foirmle a chaill a brí le athrá—ag na scórtha mionfhilí san 18ú céad. I gcás Uí Rathaille, áfach, tá a meanma agus a hatmaisféar féin ag gach aisling faoi leith agus tá gach ceann acu ag freagairt
Uimh. 51 do thosca malartacha na polaitíochta lena linn. In *Mac an Cheannaí*—an aisling dheireanach aige, is dócha—tá deireadh

socio-political poetry: It is difficult today to comprehend the extent to which events after Kinsale violated the lives and sensibilities of the Irish people. The rape of the territories of Ireland, many of them with sacred and heroic associations rooted far back in pre-historic times, was profoundly felt. Certain poems of broad scope by Ó Bruadair, Haicéad and Ó Rathaille bear ample testimony to this. But the poets often fashioned their most successful poems out of the smaller material of daily human consequences. Some of the best socio-political poetry of the seventeenth and eighteenth centuries takes its subject from a reversal of relationships in the lives of the poets themselves: Ó Bruadair, in a few bitter lyrics, rails   34, 35 against the new proletariat emerging in his time, wearing English clothes, aping English ways, yielding before an upstart's display of broken English, and respecting the native poet no longer - so that he is refused hospitality now by a mere   36 servant girl; a later poet, Mac Cuarta, is similarly appalled at   42 the refusal of hospitality to himself and a fellow-poet; Ó Rathaille's most agonised lyrics speak of fragile and unsettled   45, 52, 53 ties with harassed patrons. The quantity of such lyrics affirms that it is not a question of mere individual complaint but of the dispossession of an entire caste.

the 'aisling': Overtly political verse in this period found its highest expression in Ó Rathaille's *aisling,* or vision, poems, in   49, 50, 51 which the poet encounters a vision-woman who foretells a Stuart redeemer. In lesser hands the genre becomes no more than a rigid formula, repeated with ever-decreasing intensity throughout the eighteenth century. But each of Ó Rathaille's *aislings* has a mood and tone of its own, closely reflecting the changing political realities of the times. In *Mac an Cheannaí,*   51 probably his last poem in the vein, the political game is clearly lost, and hope dead. Poets who insisted on a redeemer after this

[xxvii]

déanta, tá gach dóchas caillte. Lean na filí ina dhiaidh sin, ámh, ag cothú an dóchais; agus murar éirigh leo filíocht mhaith féin a bhaint as an méid sin, rinne siad beart riachtanach ar leas na ndaoine sa mhéid gur choimeád siad beo iontu an tsúil go dtiocfaidís slán uair éigin.

véarsaíocht ócáidiúil: Tá, ar ndóigh, saothar substaintiúil tábhachtach againn ó na haoiseanna seo ar beag a bhaint leis an suaitheadh socha-pholaitiúil. Scríobh Piaras Feiritéar, mar shampla, dornán grástúil de dhánta grá agus cairdis dá lucht cumainn, idir fhir agus mhná, i dtosach an 17ú céad. Tá againn ón ré chéanna sraith fhada de dhánta greanta ócáidiúla i meadarachtaí scaoilte siollacha: dánta grá, dánta cráifeacha, aortha, agus mar sin de. Dánta idir dhá ré iad seo: dánta a mhúsclaíonn cuimhní ar an seansaol roimh Chath Chionn tSáile, nuair a bhí uain ag daoine ar a machnamh a dhíriú ar ghrá, ar léann, ar chreideamh, agus ar ghnéithe difriúla eile den ghnáthiompar daonna. Is den seantraidisiún siollach na dánta seo, dánta a mhair taobh ar taobh leis na dánta aiceanta ba choitianta ná iad.

Tagaimid ar dhánta ócáidiúla den scoth sa véarsaíocht shiollach nó sa véarsaíocht aiceanta – nó i gcumasc den dá shaghas – i dtréimhsí níos déanaí chomh maith. Solaoidí an – bhreátha is ea liricí Mhic Chuarta ar an lon dubh báite agus ar an gcuach; nó an caoineadh, idir mhagadh is dáiríre, a rinne Cathal Buí Mac Giolla Ghunna ar an mbonnán buí; nó dréacht anamúil Uí Rathaille ar an gcoileach a goideadh ó shagart. Is iad na dánta ócáidiúla is suaithinsí ar fad againn ó na haoiseanna seo ná dhá dhán ón dara leath den 18ú céad: *Caoineadh Airt Uí Laoghaire* agus *Cúirt an Mheán Oíche.* Mórchaoineadh na Gaeilge é *Caoineadh Airt Uí Laoghaire;* agus is *jeu d'esprit* graosta mórthaibhseach é *Cúirt an Mheán Oíche* ina bhfuil an file a bheag nó a mhór i ngleic le fadhb phearsanta atá ag luí ar a chroí. Is mó a bhaineann na dánta seo le litríocht fholaithe na ndaoine ná leis na hardtraidisiúin liteartha a rabhamar ag trácht orthu go dtí seo.

[xxviii]

time were lacking in a sense of political reality - and their achievement is of a lesser order - but they filled an undoubted social need by keeping some element of hope alive.

occasional verse: There is, of course, much notable work in these centuries which has little or nothing to do with socio-political matters. Feiritéar, for instance, wrote fine poems of love and friendship addressed to men and women. There is a whole class of elegant occasional poems in loose syllabic metres dating from the 17th century – love poems, satires, religious poems and others. These are transitional poems, echoes of the world before Kinsale, when love, learning, religion and human behaviour could be contemplated at leisure. They represent an older syllabic tradition surviving side by side with the more popular accentual verse.

28, 29

1-21

Fine occasional poems in syllabic or accentual forms, or in a combination of both, continued to appear. Mac Cuarta's lyrics on the drowned blackbird and on the cuckoo are particularly fine examples, as are Mac Giolla Ghunna's tragicomic elegy on a yellow bittern, and Ó Rathaille's spirited account of a cock stolen from a priest. In the late eighteenth century two supreme occasional poems stand out, *Caoineadh Airt Uí Laoghaire* and *Cúirt an Mheán Oíche,* the first a masterpiece in the lyric 'keening' tradition, the other a magnificently bawdy *jeu d'esprit,* half struggling with personal hurt. But these owe more to the submerged popular tradition than to the high literary traditions so far discussed.

40, 41
43
48

62
63

filíocht na ndaoine: Is dócha go bhfuil i litríocht na Gaeilge an *corpus* is mó le rá d'fhilíocht na ndaoine in Iarthar Eorpa. Dealraíonn sé gur ó thosach an tseachtú céad déag amach a chum filí agus ceoltóirí anaithnide an chuid is mó di: bhí sí á scríobh síos go raidhsiúil, ar aon nós, ó dheireadh an 18ú céad. Na múnlaí bunaidh, ámh, ar ar dealbhaíodh an fhilíocht seo – na hamhráin ghrá, go háirithe – is léir gur mhúnlaí coitianta an-chuid acu i bhfilíocht Iarthar Eorpa idir 1100 agus 1400. Is dóiche gur fréamhaigh roinnt acu sin in Eirinn, faoi anáil liricí na Fraince, tar éis ionradh na Normannach (1169). Níos déanaí b'fhéidir gur fhág liricí an Bhéarla a rian. An té a léifidh go fánach féin an fhilíocht seo, braithfidh sé an tslí údarásach inar ghlac filí Gaeilge chucu féin, agus inar athdhealbhaigh siad, an t-ábhar iasachta. Tá ciútaí greanta na ceardaíochta dúchais le feiceáil ar na véarsaí aonair; braitear blas draíochtúil éigin, nó speach na beatha, ar na samhailteachta impriseanaíocha ón nádúr nó ar na meafair ón ngnáthshaol laethúil; agus go minic bíonn tuiscint láidir do struchtúr ealaíonta – rud is annamh i bhfilíocht den saghas – le brath aᵧ na hamhráin seo. Is iad

76-83 amhráin na mná óige tréigthe na hamhráin is fileata mianach b'fhéidir, ach – i gcomparáid lena bhfuil ar fáil i dtíortha Iarthar Eorpa, de ghnáth – is é an ghné is suaithinsí d'fhilíocht

69-75 na ndaoine againn ná an líon mór dár liricí grá a luaitear le fir. Is féidir a fheiceáil go soiléir go bhfuil gaol gairid téamúil acu seo le *chansons d'amour,* liteartha agus breacliteartha, na Fraincise agus na Próvánsáilise sa 13ú agus sa 14ú haois. Le fírinne is stórchiste amhráin ghrá seo na bhfear – ach cló ghnáthmhuintir na tuaithe a bheith orthu – den mheon cúirtéiseach meánaoiseach i leith an ghrá.

gnásanna réamh-Renaissance: Ó 1600 amach is beag a bhraitear anáil chomhaimseartha na hEorpa ar fhilíocht na Gaeilge. Tá comharthaí ann go raibh cur amach éigin ag Piaras Feiritéar ar idéil an Renaissance faoi mar a nochtadh iad sin i bhfilíocht Bhéarla a linne. An obair a bhí ar siúl ag sagairt agus

23, 26 scoláirí Éireannacha that lear sa 17ú céad – agus b'fhilí an-mhaithe roinnt acu ina gcáilíocht féin – b'fhéidir gur tháinig de sin gur tugadh isteach sa Ghaeilge téamaí polaitíochta agus

[xxx]

folk poetry: Irish literature includes what is probably the most distinguished body of folk poetry in Western Europe. Written down in great quantities from the end of the eighteenth century onward, much of it must have been composed during the seventeenth and eighteenth centuries by anonymous poets and musicians. Many of the models on which this folk poetry was based - in particular the love poetry - are clearly those that were common in Western European society from about 1100 to 1400. It is likely that some of these models came to Ireland in the wake of the Norman invasion in the late twelfth century, with the introduction of French literature and song. Later, English popular lyrics may have had an additional influence. Whatever their source, these foreign influences were assimilated and reshaped by the Irish folk poets with an assurance that is apparent even on a casual acquaintance. Verses are beautifully crafted in the native mode; impressionistic nature imagery, or metaphors from daily life, add the touch of magic or the jolt of reality. Frequently there is evidence of a strong sense of lyric or dramatic structure, a rarity in folk poetry. While the greatest poetic achievement is possibly in the genre of the love-lament of the abandoned girl, an Nos. 76 – 83 unusual feature compared with the folk poetry of other Western European countries is the great number of men's love- Nos. 69 – 75 songs. The thematic material of these songs corresponds closely with that of the thirteenth and fourteenth century French and Provençal *chanson d'amour,* both literary and semi-popular. These masculine love-songs are in fact a respository, in a folk or rural setting, of the medieval attitudes of courtly love.

pre-Renaissance modes: From 1600 onward there was little direct contemporary European influence on Irish poetry. There are indications that Feiritéar may have been aware of Renaissance influences, as reflected in the English literature of his day, and the activities of exiled Irish priests and scholars (some of them fine poets in their own right) may have helped to Nos. 23, 26 introduce common European political and religious themes. But none of this significantly affected the course or quality of

[xxxi]

creidimh a bhí comónta san Eoraip. Ach níor chuir aon chuid de seo aon chlaochlú mór ar shaothrú ná ar mhianach na filíochta againn. Is amhlaidh a d'éirigh an traidisiún níos leithlisí, agus é ag cloí go dlúth leis na gnásanna réamh-Renaissance chomh fada is a bhain sin le smaointe agus stíl. B'fhéidir a rá go deimhin go bhfuil cúpla ceann de na coinbhinsiúin liteartha a bhaineann le saothar aiceanta na bhfilí sa 17ú agus sa 18ú haois chomh deoranta ag an léitheoir inniu agus a bheadh na coinbhinsiúin i *Beowulf, e.g.* leaganacha seanchaite timpeallacha ó aimsir na mbard á n-úsáid chun ainm na tíre a chur in iúl, nó sean-nathanna an laochais á n-úsáid d'fhonn trácht ar phearsana nó ar ghníomhartha comhaimseartha. Is féidir don saghas seo a bheith leamh go maith i saothar an fhile lagmheasartha, ach bhí ar chumas file ar nós an Rathaillligh na gnásanna seo a nascadh lena mhothú bunaidh, sa tslí gur cuid riachtanach de struchtúr na ndánta is fearr aige iad.

Níor chiallmhar an mhaise don té a mbeadh iniúchadh á dhéanamh aige ar véarsaíocht aiceanta na bhfilí sa 17ú agus sa 18ú haois – ná go deimhin ar an véarsaíocht shiollach gan ainm ná ar fhilíocht na ndaoine – a cáilíocht shamhlaitheach a mheas go bunúsach ar na samhailteacha nó ar na meafair atá inti. Is é an guth is minice agus is éifeachtaí a chloistear sa saothar seo ar fad ná an guth drámata, nó guth na scéalaíochta. Déantar ócáid nó eachtra áirithe a shuíomh, a fhorbairt go samhlaitheach, agus a réiteach i láthair lucht éiste. Ní hannamh, ar ndóigh, a bhíonn samhailteachta nó meafair shuaithinseacha á n-úsáid go fánach, ach ní bhíonn luí faoi leith lena leithéid mar a bhíonn san fhilíocht nua-aimseartha. Ná ní bhíonn, ach an oiread, earraíocht fhorleathan á baint as friotal nó ábhar 'fileata' faoi leith mar a bhíonn sa véarsaíocht ar de lárthraidisiún an Renaissance í. Is ábhar oiriúnach aon ábhar, dá chomónta é, ag na filí Gaeilge seo; níl aon fhocal, dá chomónta é, nach bhfónann dá gcuid oibre. Bíonn a gcroí ceangailte sna nithe agus sna háiteanna logánta, go háirithe sna háiteanna arbh as a muintir nó a sinsear. Agus bíodh is gur filíocht fhoirmiúil ardlíofa a scríobhann siad go minic, fós

Irish verse. Rather, the tradition as a whole became more isolated, adhering strongly to pre-Renaissance modes of thought and style. To such a degree, indeed, that some of the living conventions of Irish classic accentual verse of the seventeenth and eighteenth centuries can seem as alien to modern readers as the conventions of *Beowulf* — the use, for example, of periphrastic bardic chevilles as synonyms for Ireland, or the use of standard heroic phraseology for contemporary figures or actions. Such modes of thought or phrase can become tiresome in the hands of mediocre poets, but a poet like Ó Rathaille could fuse them with basic feeling so that they too become a functioning element in his best poems.

In reading the work of the typical accentual poets of the seventeenth and eighteenth centuries (as also the work of the anonymous syllabic poets and folk poets) it would be a mistake to judge its imaginative quality primarily by criteria of imagery or metaphor. It is the dramatic or story-telling voice that is most frequently and effectively heard: a situation or story is postulated, imaginatively developed and resolved in the presence of a listening audience. One may find *en passant* a striking casual use of image or metaphor, but there is no conscious emphasis on this as there is in modern poetry. More congenial to modern ears is the poetry's freedom from the high Renaissance conventions of poetic diction and subject matter. Any subject, even the most commonplace, is an acceptable matter for poetry, and any word its instrument. There is a strong emotional involvement with place, in particular with family place or ancestral territory. And while much of the verse reaches a high level of eloquence there is a bluntness of attitude at its core that is essentially medieval, from the homeliness of MacAingil's Christmas hymn to the comic crudeness of Mac Gabhráin's poem on the lover thrown by his horse.

No. 2
No. 4

bíonn meon neamhbhalbh na meánaoiseanna ar a cúl: tá solaoidí difriúla den mheon sin againn sa leabhar seo, ón tíriúlacht mhealltach i nduan Nollag Aodh Mhic Aingil go dtí an ghairbhe ghrinn i ndán Mhic Ghabhráin ar an leannán a leagadh dá chapall.

Uimh. 22
Uimh. 44

I dtreo dheireadh an 18ú céad thosaigh meath mór ag teacht ar shaothar clasaiceach na bhfilí. Mhéadaigh de réir a chéile ar líon na bhfilí – ar nós Eoghain Rua Uí Shúilleabháin – a raibh luí ró-mhór acu le dánta a cheapadh arb é is mó a bhí iontu ná eiseamláirí ar cheardúlacht véarsaíochta. Ach sa saothar is fearr a cumadh sa 17ú, 18ú agus fiú sa 19ú céad, tá léargais chorraitheacha ar ócáidí dóláis, cineáltais, seirfin, is tíriúlachta nach minic a macasamhail ag filí eile in Iarthar Eorpa.

Uimh. 59

III: NA hAISTRIÚCHÁIN

Daoine a bhfuil Nua-Ghaeilge éigin acu is mó a bhainfidh leas, dar linn, as an duanaire seo. Tuigeadh dúinn ó thosach gur chóir go bhféadfaí na haistriúcháin a léamh bonn ar bhonn leis na dánta Gaeilge sa tslí go bhféadfadh an té ar dheacair leis na buntéacsanna breis tuisceana a d'fháil orthu. Rinneamar ár ndícheall, mar sin, na leaganacha Béarla a bheith chomh cóngarach agus ab fhéidir do na bundánta: mar ghnáthnós, thugamar linn na samhailteacha agus na smaointe a bhí san fhilíocht Ghaeilge, agus sheachnaíomar samhailteacha agus smaointe nach raibh sa Ghaeilge. San am céanna theastaigh uainn na haistriúcháin a bheith nádúrtha fileata iontu féin. Níorbh fhurasta i gcónaí na haidhmeanna difriúla sin a thabhairt dá chéile.

Ón uair go bhfuil mórán aistriúchán déanta roimhe seo – agus go deimhin gradam faoi leith bainte amach ag roinnt acu ina gcáilíocht féin – bhí sé i gceist i dtosach gur duanaire d'aistriúcháin Bhéarla, a bheag nó a mhór, a bheadh sa leabhar

The quality of Irish poetry shows a considerable decline toward the end of the eighteenth century. More and more, poets like Eoghan Rua Ó Súilleabháin tended to cultivate technical excellence for its own sake. But at its best, the poetry No. 59 of the period achieved intense moments of grief or tenderness, homeliness or bitterness, such as were not often attained elsewhere in Western Europe.

III : THE TRANSLATIONS

The primary aim of this anthology is to demonstrate the nature and quality of a part of the Irish poetic tradition to readers with some knowledge of modern Irish. The translations are designed accordingly. But we hope they will also interest readers with no Irish at all. They are meant to read with some naturalness, suggesting something of the poetic quality of the originals. They are not free 'versions', however. It was taken that fulfilment of our primary aim required translations of the greatest possible fidelity of content, and the results are as close to the original Irish as we could make them. The need for general readability, for natural idioms, in the English means, of course, that there is no guarantee that a translation may be used as a parallel text in all details. But as a standard procedure all images and ideas occurring in the Irish are conveyed in translation and images or ideas not occurring in the Irish are not employed.

It was hoped, in the beginning, that use might be made of the many translations that already exist – that the book might be, in part at least, an anthology of such translations, some of which have achieved a classic status of their own. But the idea was abandoned for a number of reasons. In the first place there are

seo freisin. Bhí orainn éirí as an smaoineamh sin, áfach. Sa chéad áit tá leaganacha 'údarásacha' ar fáil anois de mhórán de na dánta Gaeilge anseo againn, agus tá difríocht mhaith uaireanta idir na leaganacha seo agus na leaganacha a ndearnadh aistriúcháin orthu roimhe seo. Sa dara háit, tá bearnaí móra sa réimse ábhair atá aistrithe go dtí seo. Tá a dó nó a trí, nó níos mó, de leaganacha Béarla ar fáil de dhánta áirithe; ach tá mórán mór eile de na dánta (atá chomh tábhachtach céanna, dar linn) nach bhfuil aon aistriúchán déanta orthu. B'fhéidir linn, ar ndóigh, na haistriúcháin a bhí ann cheana féin a úsáid, agus aistriúcháin nua a sholáthar chun na bearnaí a líonadh. Ach ní mór an chiall a bheadh leis sin i bhfianaise an bheartúcháin a rinneamar go gcuirfimís aistriúcháin ar fáil a chloífeadh go dlúth le buntéacsanna na ndánta Gaeilge. Dá réir sin, mar shampla, ba bheag an mhaith leagan cáiliúil James Stephens ar aoir Uí Bhruadair a bheith sa duanaire seo. Tá roinnt aistriúchán ann, dar linn, – leaganacha a rinne an Piarsach, go háirithe – atá dílis go maith dona buntéacsanna agus fós go bhfuil meanma na filíochta Gaeilge le brath iontu; ach ní raibh dóthain dá leithéidí ann chun gurbh fhéidir leo ionad tábhachtach a bheith acu i nduanaire den saghas a bhí beartaithe. Shocraíomar, mar sin, ar leaganacha nua ar fad a sholáthar. Sa tslí sin is mó a bheadh an saothar aistriúcháin de réir a chéile; sa tslí sin, leis, b'úsáidí an leabhar.

Cuid mhaith den fhilíocht seo, tá a héifeacht ag brath go mór ar phrosóid agus ar theicníocht—ar na rithimí siollacha nó aiceanta, ar na ciútaí ríme, comhfhuaime, agus mar sin de. Tá an méid sin ar fad do-aistrithe go Béarla. Níl san uaim fhánach sa téacs Béarla againn, nó sa leid éadrom ar phatrúin meadarachta, ach comharthú beag ar an gcáilíocht shaothraithe sheolta agus ar na ngreantacht teanga atá i gcuid mhór de na dánta is fearr sa leabhar. Is mar sin an scéal chomh maith i gcás an 'aistíl' shiollach sin a bhraifear anseo is ansiúd sna haistriúcháin againn ar na dánta neamhaiceanta: macalla lag an méid sin ar an imeacht mhealltach mhaorga a bhíonn faoi 'mheadaracht neamhrithimiúil' na mbard. Ba

now available 'authorised texts' of many of the poems included; these differ, in some cases significantly, from the texts hitherto in common use, and from which existing translations have been made. Secondly, there is a great unevenness in the range covered by earlier translations; while two or three or more English versions exist of some poems, many other poems, equally important in our view, have not hitherto been translated at all. A possible solution (using those which already exist, and translating to fill the gaps) proved unrealistic in view of our basic decision to aim at a high standard of fidelity to the actual contents of the originals. In such a context there is not much point giving, for example, James Stephens's well-known version of Ó Bruadair's malediction. There are some notable 36 successes at a high level of literal faithfulness, including a number by Patrick Pearse (one of the most reliable of Irish translators, on the whole — the most respectful of his originals, the least interfering), but they would still amount to a very minor element in the book as planned. It was decided, therefore, to provide all new versions, in the interests of 'texture' as well as of general usefulness.

With a great deal of the poetry of the period the effects are bound up with prosody and technique: the syllabic or accentual rhythms, devices of rhyme, assonance, and so on. All of this is untranslateable. The occasional alliterations in the English, the ghosts of metrical procedures, give only a hint of the easeful elaborateness and linguistic elegance of many of the best poems in the book. Likewise with the syllabic 'oddness' that will be felt here and there in the translations of non-accentual poems; these only faintly echo the distinguished effects of bardic 'unrhythmical metre', as the Irish scholar Bergin phrases it. Translators who have worked on this poetry have usually chosen to rhyme their versions, but their rhyming is frequently in a mode that bears little relation to the rhyming of the original. Accepting that there must be losses in translation, it seemed to us that the loss involved in opting for rhyme could be too heavy, especially if the rhymes in English were still to remain an inadequate reflection of the prosodic

ghnáthbhéas é ag aistritheoirí roimhe seo rím nó comhfhuaim a úsáid tríd síos ina gcuid leaganacha Béarla, rím ar bheag é a gaol go minic leis an mbunrím. Tuigeadh dúinne gur mó ar fad a bheadh caillte ná buaite le rím a úsáid, go háirithe ón uair gur scáthán míshásúil é rím an Bhéarla ar chóras ríme (nó comhfhuaime) na Gaeilge. D'fhágamar na haistriúcháin cheal ríme, mar sin, ach d'fhéachamar, de ghnáth, le iarracht éigin de phríomhrithimí na mbundánta a bhreith linn.

I gcás 'ton' nó blas na filíochta, ní féidir linn ach a bheith ag súil nár chuireamar blas na mbundánta as a riocht ró-mhór sna leaganacha Béarla; sa mhéid gur úsáideamar nath seanchaite nó ráiteas mothaolach, leagan ársa nó leagan bunoscionn le gnáthdhul na cainte, b'iarrachtaí d'aonghnó a leithéid, de ghnáth, d'fhonn blas an dáin Ghaeilge a thabhairt linn. I gcúpla ceann de na dánta an-ornáideacha, ar bheagán paisin, d'fhágamar focal nó dhó ar lár sna haistriúcháin, d'fhonn athrá gan éifeacht—rud nár chóir a shamhlú le friotal greanta na bunfhilíochta—a sheachaint.

IV: NÓTAÍ AGUS AGUISÍNÍ

I gcás ainmneacha daoine, áiteanna agus aibhneacha, is é an gnáthnós againn na foirmeacha Gaeilge a úsáid ins na téacsanna Béarla. Fo-uair, áfach, – go speisialta sa chás gur foirm aitheantúil í foirm an Bhéarla – b'oiriúnaí dúinn gan cloí leis an nós seo. Sna haguisíní cuirimid treoir gharbh ar fáil ar conas na hainmneacha Gaeilge a fhuaimiú; agus nuair is gá tugaimid beagán eolais ina dtaobh. Déanaimid plé breise ar thagairtí agus ar dheacrachtaí speisialta ins na nótaí cúil, agus luaimid na hócáidí a dtéimid ar fán ró-mhór, dar linn, ón mbuntéacs Gaeilge.

qualities of the original poems. The translations, therefore, are unrhymed, but indicate the major basic rhythms of the originals.

In the matter of tone we can only hope that the English versions are not so far from the Irish as to alter the tone seriously; archaisms, inversions or clichés in the translation, occasional ingenuousness, are deliberate attempts to catch the tone of the Irish poem. In a few of the more decorative, less intense, poems, where the verbal effects of the originals would emerge in English as mere tautology (thereby altering the tone) we have tightened the translations by the omission of a word here and there.

IV: NOTES AND APPENDICES

The Irish forms of names of places, rivers and people are normally used in our English texts. When widely-accepted English equivalents are at hand, however, we have occasionally departed from this practice. In our appendices we give a rough guide to the pronunciation of these proper names and some background information. Further references, and any significant difficulties or departures from the Irish text, are treated in a section of notes.

I

FILÍOCHT IDIR DHÁ RÉ:

Filíocht shiollach a scríobh filí gan ainm san 17ú haois

TRANSITIONAL POETRY

Anonymous seventeenth century verse in syllabic metres

1] Ní féidir a rá le haon chinnteacht cathain a cumadh na dánta sa roinn seo, ach is dóichí ar fad gur ón gcéad leath den 17ú haois dá bhformhór. Bíodh is nach bhfuil na meadrachtaí siollacha iontu seo chomh casta is a bhíonn go minic sna dánta a chum filí na scol (1200–1600), san am céanna filí oilte cumasacha a chum iad. B'fhéidir foirm an chéad dáin againn a chur síos mar seo:

$$v\ v\ v\ v\ v\ v\ \acute{o}$$
$$v\ v\ v\ \acute{o}\ v\ v\ \acute{e}$$
$$v\ v\ v\ v\ v\ v\ a$$
$$v\ v\ v\ v\ a\ v\ \acute{e}$$

Tá seacht siolla i ngach líne, agus cineálacha áirithe ríme nó comhfhuaime idir an focal deireanach i líne a dó agus a ceathair, idir an focal deireanach i líne a haon agus focal inmheánach i líne a dó, idir an focal deireanach i líne a trí agus focal inmheánach i líne a ceathair.

Chuaigh nósanna na filíochta grá in iarthar Eorpa i bhfeidhm go trom ar fhilí léannta agus ar dhaoine uaisle in Éirinn sna meánaoiseanna déanacha, go háirithe sa 15ú haois. Lean filí orthu ag cumadh dánta grá sa traidisiún seo go ceann tamaill mhaith i ndiaidh Chath Chionn tSáile. I ndánta 1-7 tá téamaí grá idirnáisiúnta, idir chúirtéiseach agus neamhchúirtéiseach, á gcur i láthair ar mhodh beo drámata; i ndánta 3–7 tabharfar faoi deara an taitneamh faoi leith a thug filí Éireannacha don íoróin i gcúrsaí grá.

1

TAISIGH AGAT FÉIN DO PHÓG

Taisigh agat féin do phóg,
   a inghean óg is geal déad;
ar do phóig ní bhfaghaim blas,
   congaibh uaim amach do bhéal!

2

1] One cannot say with certainty at what period the poems in this section were composed, but it is likely that the great majority are from the first half of the 17th century. The syllabic forms, though not as intricate as those normally used by professional bards of the previous era (from 1200 to 1600 approximately; examples may be consulted in Osborn Bergin's *Irish Bardic Poetry,* or Eleanor Knott's *Irish Classical Poetry*) are handled with easy grace and skill. The pattern of poem 1 might be set down as follows:

$$v \; v \; v \; v \; v \; v \; \acute{o}$$
$$v \; v \; v \; \acute{o} \; v \; v \; \acute{e}$$
$$v \; v \; v \; v \; v \; v \; a$$
$$v \; v \; v \; v \; a \; v \; \acute{e}$$

There are seven syllables in each line, and special rhyme effects between the end words of lines two and four, between the end words of line one and an internal word in line two, and between the end word of line three and an internal word in line four.

The learned Irish bards and noblemen of medieval times were heavily influenced by western European conventions of love-poetry, particularly those of the fifteenth century; the practice of writing love poetry in this tradition seems to have survived well after the Elizabethan conquest. In poems 1 to 7 typical international love themes, both courtly and non-courtly, are treated in a fresh and dramatic manner; poems 3 to 7 show the Irish flair for love-irony.

1

KEEP YOUR KISS TO YOURSELF

Keep your kiss to yourself,
　　young miss with the white teeth.
I can get no taste from it.
　　Keep your mouth away from me.

3

Póg is romhillse ná mil
  fuaras ó mhnaoi fhir tré ghrádh;
blas ar phóig eile dá héis
  ní bhfagha mé go dtí an brách.

Go bhfaicear an bhean-soin féin
  de thoil ÉinMhic Dé na ngrás,
ní charabh bean tsean ná óg,
  ós í a póg atá mar tá.

2

MEABHRAIGH MO LAOIDH CHUMAINN-SE

Meabhraigh mo laoidh chumainn-se,
  a bhean an chumainn bhréige:
fuilngim feasta, is fulaing-se,
  bheith i bhféagmhais a chéile.

Teacht oram dá gcluine-se
  i dtighthibh móra ná i mbothaibh,
le cách orm ná cuiridh-se,
  ná cáin mé is ná cosain.

I dteampal ná i mainistir,
  cé madh reilig nó réadmhagh,
dá bhfaice ná dá bhfaicear-sa,
  ná féach orm is ní fhéachfad.

Ná habair, 's ní aibéar-sa,
  m'ainm ná fáth mo shloinnte;
ná hadaimh, 's ní aidéamh-sa,
  go bhfacas tú riamh roimhe.

4

I got a kiss more sweet than honey   5
   from a man's wife, for love,
and I'll get no taste from any kiss
   till doomsday, after that.

Until I see that same woman
   (grant it, gracious Son of God)   10
I'll love no woman young or old
   because her kiss is – what it is!

2

TAKE MY SONG OF LOVE TO HEART

Take my song of love to heart,
   lady of the lying love:
you and I from this time on
   must endure each other's loss.

If you hear them talk of me   5
   in the cottages or the big house
don't discuss me like the rest.
   Don't blame me or defend me.

In the chapel, in the abbey,
   the churchyard or the open air,   10
if we two should chance to meet
   don't look, and I won't look at you.

You and I, we mustn't tell
   my family or Christian name.
Don't pretend, and I won't,   15
   I ever looked at you before.

3

CUMANN DO CHEANGAIL AN CORR

Cumann do cheangail an corr
agus sionnach Brí Ghobhann;
   do gheall an sionnach don gcorr
   nach brisfeadh choidhche an cumann.

Dob aimhghlic, is é ar fásach,   5
taobhadh ris mar chompánach;
   d'éis a bheith i bhfad gan bhiadh,
   mairg do bhí ar iocht Uilliam.

An corr 'na codladh mar thuit,
do rug sé uirthi ar bhrághaid;   10
   ní leanabh air, — is é a shuim
   gur scar a ceann re a colainn.

Dar leat is í do roinne,
soraidh dár mnaoi chumainne;
   ise an sionnach, mise an corr,   15
   cosmhail re chéile ar gcumann.

4

NÍ BHFUIGHE MISE BÁS DUIT

Ní bhfuighe mise bás duit,
  a bhean úd an chuirp mar ghéis;
daoine leamha ar mharbhais riamh,
  ní hionann iad is mé féin.

3

THEY TIED THE LOVING KNOT

They tied the loving knot: a crane
   and the fox from Brí Ghobhann.
The fox vowed to the crane
   their knot would never break.

Unwise, in a wilderness,   5
   to cleave to such a mate....
When he's been fasting a while
   put not your trust in William.

The crane soon fell asleep;
   he caught her by the throat;   10
I won't go on. In short,
   he parted her head from her body.

Know it was she who did it —
   and goodbye to my ladylove!
She the fox and I the crane,   15
   and our loving much the same.

4

I WILL NOT DIE FOR YOU

I will not die for you,
   lady with swanlike body.
Meagre men you have killed so far,
   and not the likes of me.

Créad umá rachainn-se d'éag   5
   don bhéal dearg, don déad mar bhláth?
An crobh míolla, an t-ucht mar aol,
   an dáibh do-gheabhainn féin bás?

Do mhéin aobhdha, th'aigneadh saor,
   a bhas thana, a thaobh mar chuip,   10
a rosc gorm, a bhráighe bhán,
   ní bhfuighe mise bás duit.

Do chíocha corra, a chneas úr,
   do ghruaidh chorcra, do chúl fiar —
go deimhin ní bhfuighead bás   15
   dóibh sin go madh háil le Dia.

Do mhala chaol, t'fholt mar ór,
   do rún geanmnaidh, do ghlór leasc,
do shál chruinn, do cholpa réidh —
   ní mhuirbhfeadh siad acht duine leamh.

A bhean úd an chuirp mar ghéis,
   do hoileadh mé ag duine glic;
aithne dhamh mar bhíd na mná —
   ní bhfuighe mise bás duit!

5

RAINN FHIR AN ÉADA

Ní chodlann an dobhrán donn
bhíos ar íochtar na habhann,
   is gé maith cead iascaigh ann,
   idir phiastaibh ní chodlann.

For what would make me die?   5
    Lips of red, or teeth like blooms?
A gentle hand, a lime-white breast?
    Should I die for these?

Your cheerful mood, your noble mind?
    O slender palm and flank like foam,   10
eye of blue and throat of white,
    I will not die for you.

Your rounded breasts, O skin refined,
    your flushed cheeks, your waving hair
– certainly I will not die   15
    on their account, unless God will.

Your narrow brows, your hair like gold,
    your chaste intent, your languid voice,
your smooth calf, your curved heel
    – only meagre men they kill.   20

Lady with swanlike body,
    I was reared by a cunning hand!
I know well how women are.
    I will not die for you.

5

SONG OF THE JEALOUS MAN

The brown otter does not sleep
that lives on the river bed.
    Although he has a right to fish,
    with river-beasts he will not sleep.

9

Ní chodlann an eilit mhaol   5
gan buaireadh fóna breaclaogh,
   is gé maith cead rabhraidh ann,
   maidin tsamhraidh ní chodlann.

Beitheach céillidh an cú alla —
ní thig ach 'na thaomanna;   10
   beiridh caoirigh leis fó chrann;
   i measc daoine ní chodlann.

Ní chodlann an míol maighe
biorach buadhach barrbhuidhe,
   is guth gadhair fóna cheann,   15
   a chois chladha ní chodlann.

Ní chodlann an chorr ghréine
tar éis a céidfhir chumainn;
   is mar sin d'fhear an éada —
   d'eagla a chéile ní chodlann.   20

6

A FHIR ÉADMHAIR 'GÁ MBÍ BEAN

A fhir éadmhair 'gá mbí bean,
   éirigh fán gcioth fear-mar-chách;
má tá tusa ar tí bheith réidh,
   ná tuig choidhche méin do mhná.

Éigean di bheith de na mnáibh,   5
   gibé páis a ngeobhaidh tríd;
tá sí ar aimsir ag an ngrádh,
   ní haici féin a-tá sí.

10

The hornless doe does not sleep,   5
nervous for her speckled fawn.
    Although she has a right to play
    of a summer morn she will not sleep.

The wild dog is a prudent beast,
he shows himself at random.   10
    Under tree-cover he drags off sheep;
    with people there he will not sleep.

The hare does not sleep at all,
point-eared, cunning, tawny-topped.
    When the hound voice is in his ear   15
    near the ditch he will not sleep.

The heron, she does not sleep
after her first loving male.
    Likewise with the jealous man:
    for spouse-fear he will not sleep.   20

6

YOU THAT ARE JEALOUS AND HAVE A WIFE

You that are jealous and have a wife
    go face the rain like other men.
If you want a hope of peace
    question not your woman's moods.

She's woman born, and must so stay   5
    whatever pain she has of it.
She is the servingmaid of love
    and not herself responsible.

Ná creid do radharc do shúl,
   leath a dtuigfe tú ná tuig,   10
ná gabh scéal dearbhtha acht 'na bhréig,
   éisteacht do chluas féin ná cluin.

Fulaing do spochadh go mín,
   ná cuir suim i ní fán ngréin;
is í sin an chríonnacht duit,   15
   bheith it óinmhid leimh gan chéill.

Ith biadh, is codail do sháith,
   's ná fionnadh sí do pháis bhocht;
beir an dá lathaigh de léim;
   ar mhéin na mná-soin séid sop.   20

A fhir éadmhair ná féadann gan grá dhise,
Séid sop ar mhéin do mhná limhe;
Mura ndéanair an méid sin, ar ghrá h'oinigh
Éirigh tar gach aongheilt i mbarr mire!

7

A FHIR DO-NÍ AN T-ÉAD

A fhir do-ní an t-éad,
   binn an scéal do chor;
ní tuilltear é uait,
   is iongnadh gruaim ort.

Bean dhoidhealbhtha dhuairc   5
   minic nach bhfuair gean;
gidh iongnadh leat é,
   is leat féin do bhean!

Don't trust the sight of your own eyes.
    Half of what you know, know not.   10
Take proven news to be a lie.
    Don't believe your own ears.

Suffer agitation calmly.
    Bother with nothing under the sun.
The wisest thing to be   15
    is a witless harmless fool.

Eat your meat and sleep your fill,
    don't let her see your wretched pain,
cross the mire in a single leap,
    nor care a straw for your woman's moods.   20

You that are jealous and cannot help but love her
    don't care a straw for that empty woman's moods.
If you can't manage that, for honour's sake
    outclimb all idiots to the peak of madness.

7

SIR, SO SUSPICIOUS

Sir, so suspicious,
    your case makes fine gossip
and all quite uncalled for
    – it's odd you should worry.

Sour twisted women   5
    have often lacked love;
though strange you may think it
    your wife is your own.

13

A ghiolla na rún,
  is ait dúinn do chor,   10
ag coimhéad do mhná —
  sin an fál gan ghort!

Aon de chéad de chách
  atá slán mar taoi;
ní fáth eagla dhuit   15
  teanga i bpluic fád mhnaoi.

Ná creid neach dá mair
  ort dá brath go héag;
ná fágaibh-se an tír,
  a fhir do-ní an t-éad.   20

8

AMHARC

Duibhe id mhailghibh, gríos id ghruadhaibh,
  gurma id roscaibh, réidhe it fholt,
gaoth ag iomramh do chúil chraobhaigh,
  úidh fhionnbhan an aonaigh ort.

Mná fear nach aidmheochadh t'fhéachain 5
  ar th'aghaidh ag fighe a bhfolt;
slighe ag méaraibh tré dhlaoi dhaghfhuilt
  ag mnaoi ag déanaimh amhairc ort.

Such secrecy, sir!
  We find your case strange.   10
Guarding that woman
  – there's a fence with no field!

Not one in a hundred
  is safe as you are.
You've no need to fear   15
  wagging tongues at your wife.

Believe no man living
  that ever maligns her.
No need to leave home,
  sir, so suspicious.   20

8

A GLANCE

Black of brow, with cheeks aglow,
  blue of eye, with hair so smooth,
wind rowing through your parted locks
  – fine women at the fair are watching!

Wives, pretending not to look,   5
plait their hair in front of you.
With fingers through her lovely hair
one of them is studying you.

9

BEATHA AN SCOLÁIRE

Aoibhinn beatha an scoláire
  bhíos ag déanamh a léighinn;
is follas díbh, a dhaoine,
  gurab dó is aoibhne in Éirinn.

Gan smacht ríogh ná rófhlatha   5
  ná tighearna dá threise
gan chuid chíosa ag caibidil,
  gan moichéirghe, gan meirse.

Moichéirghe ná aodhaireacht
  ní thabhair uadha choidhche,   10
's ní mó do-bheir dá aire
  fear na faire san oidhche.

Do-bheir sé greas ar tháiplis,
  is ar chláirsigh go mbinne,
nó fós greas eile ar shuirghe   15
  is ar chumann mná finne.

Maith biseach a sheisrighe
  ag teacht tosaigh an earraigh;
is é is crannghail dá sheisrigh
  lán a ghlaice de pheannaibh.   20

16

9

THE SCHOLAR'S LIFE

Sweet is the scholar's life,
   busy about his studies,
the sweetest lot in Ireland
   as all of you know well.

No king or prince to rule him   5
   nor lord however mighty,
no rent to the chapterhouse,
   no drudging, no dawn-rising.

Dawn-rising or shepherding
   never required of him,   10
no need to take his turn
   as watchman in the night.

He spends a while at chess,
   and a while with the pleasant harp
and a further while wooing   15
   and winning lovely women.

His horse-team hale and hearty
   at the first coming of Spring;
the harrow for his team
   is a fistful of pens.   20

10

Ar maidin, a mhacaoimh óig
iarr teagasc ar an dTríonóid;
ionnail go cáidh, gabh go glan
gan sal id láimh do leabhar.

Féach gach líne go glinn glic,   5
déan meabhrughadh go minic;
ceacht bheag is meabhair ghéar ghlan,
a leanaibh, féagh gach focal.

Bheith ag féachain cháich ná cleacht,
tabhairt t'aire dot éincheacht;   10
taisigh í ó chúl do chinn,
bí léi, gé cruaidh an choimhling.

Ar mhuir mhóir an léighinn láin
bí id loingseoir mhaith, a mhacáimh;
bí, madh áil, it fháidh eagna   15
i ndáil cháigh do choimhfhreagra.

Ibhidh gach laoi láindigh dhi,
tobar na heagna uaisle;
ní badh searbh id bheol a blas;
badh sealbh aoibhneasa an t-eolas.   20

18

10

from: EVERY MORNING, MY YOUNG LAD,

Every morning, my young lad,
pray guidance from the Trinity.
    Wash well, and take your book
    in clean hands without a mark.

Study each line clearly, wisely,   5
get things often off by heart
    – a short lesson, a sharp mind.
    Study every word, my child.

Don't stare around at everyone.
Attend to your assigned work.   10
    Root it deeply in your head.
    Stay at it, though the fight is hard.

On ample learning's mighty ocean
be, my boy, a good sailor.
    Be a wise sage if you can   15
    answering out in front of all.

Take a copious draught each day
from wisdom's noble spring.
    It won't taste sour in your mouth.
    Knowledge is a hold on bliss.   20

11] Scriosadh nó gabhadh mórán caisleán is cúirt in Éirinn sa 16ú agus sa 17ú haois. An caisleán tréigthe a chaoineann an file anaithnid sa dán breá seo, i Sean-Mhuicinis, in aice le Baile Uí Bheacháin i gCo. an Chláir, is dóichí a bhí sé. Bhí muintir Lochlainn (a dtugann an file anseo sliocht 'Róigh'orthu) fós i seilbh an chaisleáin seo go dtí an bhliain 1621, nó mar sin. Brianach ab ea 'iníon Domhnaill' (an dara rann deireanach) a bhí pósta leis an duine deireanach de mhuintir Lochlainn a mhair i gcaisleán a shinsear tar éis bhriseadh Chionn tSáile.

An liosta d'fhuaimeanna (Rainn 5, 6 agus 7) a chuir draíocht ar an bhfile tráth, is gnáththéama a leithéid i bhfilíocht na Gaeilge i bhfad siar. Bíonn an téama seo go minic, chomh maith, i bhfilíocht na Fiannaíochta (Uimh. 18 agus 19).

11

TUAR GUIL, A CHOLAIM, DO CHEOL!

Tuar guil, a cholaim, do cheol!
   mo chroidhe ní beo dá bhíth;
do bhréagais mo dheor óm rosc;
   is truagh nach id thost do bhís.

A fhágbháil 'na aonar fúibh,   5
   iostadh fairsing múir uí Róigh,
an é do-bheir meanma ort
   ag nach éidir cosc do ghlóir?

Nó an í an chumha dod chrádh,
   a cholaim cheannsa, is fáth dhaoibh,   10
ó nach faice an úrbhas fhial
   do chleachtais dod riar gach laoi?

11] A great number of castles and mansions were razed or abandoned in Ireland during the sixteenth and seventeenth centuries. The castle in this fine elegy is probably that of Shanmuckinish near Ballyvaughan, Co. Clare. The O'Loughlin family (known here to the poet as the descendants of 'Róigh') were still in possession of the castle until about 1621. 'Domhnall's daughter' was an O'Brien, married to the last of the O'Loughlins to live in his ancestral home after the Elizabethan conquest.

The catalogue of beloved sounds (stanzas 5, 6 and 7) which once enchanted the poet is a feature of Irish poetry from the earliest times, and occurs frequently in lays and lyrics of the *Fianna* (nos. 18 and 19).

11

O DOVE, YOUR SONG IS CAUSE FOR TEARS

O dove, your song is cause for tears.
　　My heart is lifeless after it.
You have drawn tears from my eye.
　　Pity you were not silent.

The great rooms of Ó Róigh's house　　　　　5
　　abandoned to you alone
– is it this that fired your soul
　　so your voice will not be checked?

Or the pain that troubles you,
　　beloved dove, is this the cause:　　　　　10
you see no more the noble lady
　　who nurtured you each day?

21

Cosmhail nach den tírse thú,
   a cholaim bhúidh thig ón Spáinn,
in ionad ar thárbhaidh dhúin   15
   nach faiceam acht tú a-mháin.

An múr 'na aonar a-nocht
   'na gcluininn gáir chrot is chliar,
gáir na bhfleadh bhfairsing fó fhíon,
   gáir bhrughadh ag díol a bhfiach.   20

Gáir laoch ag líomhadh a n-arm,
   gáir na stoc in am na gcean,
gáir rámhadh isteach san gcuan,
   gáir fhaoileann in uaimh na sreabh.

Gáir fhithcheall dá gcur i luas,   25
   gáir na suadh as leabhraibh sean,
gáir bhionnfhoclach na mban séimh,
   dream do thuigeadh céill ar gceast.

Inghean Domhnaill do mhear mé
   's do chuir mo chéill ar mo mhuin;   30
a beith gan oighre, gan ua,
   cá beag dhamh-sa mar thuar guil?

A choilm an cheoil bhrónaig san dúna thall,
Is doilbh an róimh nósmhar so fúibh go fann;
Tulach Uí Róigh mhórga na múrtha mbeann,
gan choirm, gan cheol seolta ná lúbadh lann!

It is clear you are not from here,
  gentle dove that came from Spain,
here where we behold you   15
  and see but you alone.

Tonight the walls are lonely
  where we once heard harps and poets,
ample feasting round the wine,
  guestmasters about their duties,   20

sounds of soldiers sharpening weapons,
  sounds of cattle in times of plunder,
the sound of oars entering harbour,
  the sound of gulls in the sea-cave,

the sounds of *fithcheall* fought hard,   25
  wise men's voices over old books,
sweet word-murmur of gentle women
  (they would understand our grief)....

Domhnall's daughter distracted me
  and set my senses wild.   30
That she has neither heir nor offspring
  – have I not full cause for tears?

Dove of the doleful music there on the fortress,
sad is that splendid·Rome powerless below you:
stately Tulach Uí Róigh, of towering walls,
without ale or the music of sails or blades flexing.

12] Téamaí deabhóideacha a bhí coitianta sna meánaoiseanna déanacha atá á gcur i láthair in Uimh. 12, 13 agus 14. Déanann na filí, afách, léamh an-Éireannach, an-tíriúil ar na téamaí sin. Gnáthghné d'fhilíocht dheabhóideach na Gaeilge is ea an impí ar Mhuire, an t-idirghabhálaí, sa rann deireanach in Uimh. 12.

12

OSCAIL ROMHAM, A PHEADAIR

Oscail romham, a Pheadair,
    ós díot dleaghair a dhéanamh;
isteach nó go dtí an chalann,
    léig an t-anam 'na éanar.

Dá bhféadainn dol don tigh-sin,   5
    léig an tslighe dom chomas;
atáid anseo re tamall
    triar dom tharrang ón doras.

Is den triar-san an diabhal,
    agus miana na colla,   10
is an saoghal dár lingeadh;
    a Dhé, go gcinnear orra!

Ón triúr atá dom fheitheamh
    ní leam teitheamh ná foras;
ní husa d'fhior gan éideadh   15
    dul ar éigean san doras.

Oscail, a Mhuire Mháthar,
    freagair láthar mo choscair;
dá raibh Peadar go feochair,
    gabh an eochair is oscail!   20

24

12] This poem and the two following are typical homely Irish interpretations of late medieval devotional themes. The appeal to Mary, the mediatrix, is a common feature of Irish religious verse.

12

OPEN FOR ME, PETER

Open for me, Peter,
  since that is your rightful task.
While we await the body
  let my soul in by itself.

That I may reach that mansion,   5
  O fit me for the way
– for lately there are three
  who pull me from the door.

The three are named the Devil,
  the desires of the Body,   10
and the World, ready to spring.
  May I vanquish them, O God!

These three lying in wait
  I can neither fly nor withstand;
it's as hard for a man unarmoured   15
  to go through a door by force.

Open, Mary Mother!
  Answer me, I implore.
If Peter is in a foul mood
  take the key and open.   20

25

13] I rith na meánaoiseanna bhí cáil, sa bhaile agus i gcéin, ar Phurgadóir Phádraig, Loch Dearg (Co. Dhún na nGall), mar láthair aithrí agus oilithreachta. Deirtí go mblaiseadh na peacaigh de phianta is d'uafás Ifrinn san uaimh faoi thalamh ann. Téann mórán daoine fós ar oilithreacht go Loch Dearg.

13

TRUAGH MO THURAS GO LOCH DEARG

Truagh mo thuras go Loch Dearg
  a Rí na gceall is na gclog,
ag caoineadh Do chneadh is Do chréacht,
  's nach bhfaghaim déar as mo rosc.

Le súile gan fliuchadh ruisc   5
  iar ndéanamh gach uilc dar fhéad,
le croidhe nach n-iarrann acht síth,
  mo thruagh, a Rí, créad do-ghéan.

Gan tuirse croidhe, gan mhaoith,
  gan doilgheas ag caoi mo locht;   10
níor shaoil Pádraig, ceann na gcliar,
  go bhfuigheadh sé Dia mar so.

AonMhac Calprainn ós dá luadh —
  och, a Mhuire, is truagh mo chor! —
's nach bhfacthas an feadh do bhí beo   15
  gan lorg na ndeor ar a rosc.

I gcarcair chumhang chruaidh chloch,
  d'éis a ndearnas d'olc is d'uaill,
och, is truagh nach bhfaghaim deor,
  is mé adhlaicthe beo san uaimh.   20

13] St. Patrick's Purgatory in Lough Derg (*Loch Dearg*), Co. Donegal, still a place of pilgrimage, was one of the most renowned places of penitence in Christendom during medieval times. In its underground cave, sinners were said to experience the horrors of Hell.

13

VAIN MY VISIT TO LOCH DEARG

Vain my visit to Loch Dearg,
    King of the bells and cells.
I mourn Your cuts and stabs
    but can find no tear in my eye.

And so with unwet eyes   5
    despite the harm I have done,
and a heart that seeks but ease,
    O what can I do, my King?

No pain of heart, no feeling,
    sorrowless I mourn my sins.   10
Patrick, patron of priests,
    never sought his God like that.

I name him – Calpurnius' sole son
    (O Mary pity my state!)
who was never seen while he lived   15
    without tears' tracks at his eyes.

In my narrow hard stone cell
    after all my proud foul acts
I can find, for shame, no tear.
    I am buried in a grave alive.   20

Gan éadach, ar bheagán bídh,
  a cholann do-ní gach olc,
go hifreann má tá do thriall
  is beag liom do phian a-nocht.

Beidh gártha troma Lá an Luain   25
  againn idir thuaith is chléir;
an deor nach bhfaghthar in am
  uirthi thall ní bhfaghfar fēidhm.

Beir do rogha, a cholann chríon,
  tríd ar céasadh Críost i gcrann,   30
deor aithrighe is bheith ag Dia
  nó bheith a dtigh na bpian thall.

A AonMhic Mhuire ler cumadh cách,
  's do sheachain bás na dtrí ndealg,
le croidhe nach cruaidhe cloch,   35
  truagh mo thuras go Loch Dearg.

14

TRIÚR ATÁ AG BRATH AR MO BHÁS,

Triúr atá ag brath ar mo bhás,
  gé atáid de ghnáth im bhun —
truagh gan a gcrochadh le crann! —
  an diabhal, 's an chlann, 's an chnumh.

Ní thiobhradh aoinneach den triúr   5
  don dís eile, giodh iúl claon,
an chuid do roichfeadh 'na ghéig
  dhóibh ar a gcuid féin ar-aon.

Naked, with little to eat,
  O body that caused all harm,
your pains – Hell-bent as you are –
  mean little to me tonight.

Hard howling on Judgment Day   25
  we shall have, both lay and clergy,
and the tear not found in time
  will be useless over there.

Choose, therefore, withered body
  that tortured Christ on tree: 30
a contrite tear and go with God
  or dwell in the house of pains.

Sole Son of Mary, Who madest all,
  nor shrank from the death of the three nails,
with a heart harder than any stone   35
  vain my visit to Loch Dearg.

14

THERE ARE THREE WHO AWAIT MY DEATH

  There are three who await my death
    and are always close at hand
  (I wish them hung on a gibbet!)
    – Devil, Family, Maggot.

  None of that cunning three   5
    would give to the other two
  an armful out of his share
    in exchange for theirs combined:

An diabhal is dordha dáil,
    an fear leis nach áil acht olc,   10
ar an anam soilbhir séimh
    ní gheabhadh sé an spréidh 's an corp.

Do b'fhearr le mo chloinn mo spréidh
    do bheith aca féin a-nocht,
dhamhsa giodh fogas a ngaol,   15
    ná mh'anam ar-aon 's mo chorp.

Na cnumha, giodh amhgar súd,
    dá gcurthaoi mo chúl san gcré,
do b'fhearr leo aca mo chorp
    ná mh'anam bocht is mo spréidh.   20

A Chríost do crochadh le crann
    's do gonadh le Dall gan iúl,
ó 'táid ag brath ar mo shlad,
    is truagh gan gad ar an triúr.

15] I rith an Charghais fadó bhíodh an-tarraingt ar an scadán
mar bhia. Anuas go dtí an aois seo bhíodh mórshiúlta agus
féilte ar bun i ndeireadh an Charghais d'aon ghnó glan chun
ceap magaidh a dhéanamh den scadán bocht. Ina ainneoin sin,
labhraíonn an file ar an scadán sa dán greanta seo le cineáltacht
croí.

15

MO-CHEAN DO THEACHT, A SCADÁIN

Mo-chean do theacht, a scadáin;
    druid liom, a dhaltáin uasail;
do chéad beatha 's do shláinte,
    do thuillis fáilte uaimse.

the Devil – a gloomy visage
   that wishes only ill –   10
wouldn't take my wealth and body
   for my sweet and gentle soul;

my Family would rather
   my wealth this very night,
for all our bonds of blood,   15
   than my body and my soul;

while Maggot (God help us all)
   if my head were stretched in soil
would much prefer my body
   to my poor soul and my wealth.   20

O Christ who was hanged on tree
   and lanced by the ignorant Blind-man
now as they wait my ruin
   I wish them choked, all three!

15] Until recent times processions and festivals were held at the end of Lent to ridicule the herring, traditional Lenten fare in Ireland. The anonymous author of this poem, however, welcomes the herring at the beginning of Lent with a certain elegant good humour.

15

HAIL, HERRING! YOU'VE COME!

Hail, herring! You've come!
   My fine son, come close.
Your health! A hundred greetings!
   You well deserve our welcome.

Dar láimh m'athar, a scadáin,   5
    gé maith bradáin na Bóinne,
duit do dhealbhas an duainse
    ós tú is uaisle 's is óige.

A fhir is comhghlan colann
    nach ndéanann comann bréige,   10
cara mar thú ní bhfuaras;
    ná bíom suarach fá chéile.

Dá bhféachdaois uaisle Banbha
    cia is mó tarbha den triúrsa:
is rí ar gach iasc an scadán   15
    idir bhradán is liúsa.

Is é ar bhféachain gach cósta
    go crích bhóchna na Gréige,
iasc is uaisle ná an scadán
    ní bhfuair Canán Chinn tSléibhe.   20

A scadáin shéimhe shúgaigh,
    a chinn chūmhdaigh an Chārghais,
a mhic ghrádhaigh mo charad,
    liom is fada go dtángais.

Gé mór do thuit a-nuraidh   25
    ded ghaol bhunaidh fán méis-se,
ná cuimhnigh fíoch ná fala,
    ós tú cara na cléire.

A scadáin shailltigh shoilbhir
    nach bíonn go doilbhir dúinte,   30
liomsa do theacht ní hanait,
    súil ar charaid an tsúilse.

By my father's hand, herring,   5
   though Boyne salmon are fine
I made this poem for you,
   most noble and most fresh.

Sir, whose wholesome body
   gives no lying promise,   10
I have found no friend like you;
   let nothing mean divide us.

Let Banba's best consider
   the worthiest of these three:
over salmon, over pike,   15
   herring is king of fish.

When he studied every coast
   to the Greek land's ocean-edge
Canán Cinn tSléibhe could not find
   a nobler fish than the herring.   20

Herring, gentle and jovial,
   our mainstay in time of Lent,
my friends' favourite son,
   it was long until you came.

Though many of your close kin   25
   fell last year across this plate,
brood not in anger or spite,
   you, that are friend to poets.

Herring, salty, serene,
   not shut in self or sour,   30
your coming causes no pang!
   My eye rests on a friend.

I dtús an Charghais chéasta,
    a fhir lé ndéantar comhól,
ortsa, go teacht na Cásca,
    is mór mo ghrása 's is romhór.

16

NÍ BINN DO THORANN LEM THAOIBH

Ní binn do thorann lem thaoibh,
    a mhacaoimh shaoir na bhfonn ngarbh;
gé deacair dhúinn gan a chleith
    dob fhearr liom tú do bheith marbh.

Do dhúisceochadh mairbh a huaigh
    leis gach fuaim dá dtig ód shróin;
a chaomhthaigh luigheas im ghar,
    is doiligh dhamh bheith dod chóir.

Dá mbeith ceachtar dhíobh im chionn,
    doba lugha liom de ghuais
gáir chaoilcheann ag tolladh chrann
    ná do shrann ag dol im chluais.

Binne liom grafainn na muc
    ná gach guth lingeas ód shróin;
binne fós — ní bhiam dá cheilt —
    gaineamh agá meilt i mbróin.

Binne bodharghuth lag laoigh,
    díoscadh drochmhuilinn mhaoil bhrais,
nó géis gairbh-easa chaor mbán
    le lingeadh de lár tar ais.

34

As tormented Lent begins,
  Sir (with whom we drink),
for you – till Easter comes –   35
  my love is great and growing!

16

UGLY YOUR UPROAR AT MY SIDE

Ugly your uproar at my side,
  my fine young man of the harsh hymns!
I confess (though it goes hard)
  I would rather you were dead.

The dead would wake in their graves   5
  with each noise that leaves your nose.
Partner, lying close,
  it is bad to be beside you.

Of the two, if I had to choose,
  I would pick as the lesser pain   10
a woodpecker drilling a tree
  than your snoring in my ear.

Pigs' grunts are sweeter, I find,
  than the noise that starts from your nose.
Sweeter still, I won't deny,   15
  is sand crunched in a quern,

or the hollow weak moan of a calf,
  the creak of a wrecked, great rackety mill
or the rough falls' roar in a white mass
  rebounding out of its bed.   20

Binne bloiscbhéime na n-all
　　ná gach srann dá dtig ót ucht,
's is binne donál na bhfaol
　　ná gach claon chuireas tú id ghuth.

Binne guth lachan ar linn　　　　　　　25
　　ná glothar do chinn id shuan,
agus is binne fá seacht
　　fuaim garbhthonn ag teacht i gcuan.

Is binne búirthe na dtarbh,
　　gáir chlogán, gé garbh an dōrd;　　30
gol leinibh, go siabhradh cinn,
　　is binne linn ná do ghlór.

Mná in iodhnaibh go ngoimh ag gul
　　gan árach ar scur dá mbrón,
caoi chadhan in oidhche fhuair,　　　35
　　is binne ná fuaim do shrón.

Sceamhghal scine le scrios práis
　　ní mheasaim gur páis dom cheann,
ná géim cairte le cloich chruaidh,
　　ón dord tig uait ar mo pheall.　　40

Ceannghail tonn le creataibh long,
　　uaill fhearchon, gé lonn a sian,
is míle binne céad uair
　　ná gach fuaim lingeas ód chliabh.

Árach ní fhaghaim ar shuan,　　　　　45
　　do tógbhadh leat gruag mo chinn;
gach bolgfadhach tig ód cheann,
　　dar Brighid, dar leam, ní binn.

Loud blows on cliffs are sweeter
    than the snores that leave your breast,
and sweeter the howling of wolves
    than the twists you give your voice.

Ducks on a pond are sweeter   25
    than the sleep-rattle in your head,
and sweeter seven times
    rough waves as they enter harbour.

Sweeter the bellowings of bulls
    or a bell calling with hard clang.   30
A child crying till it racks your brain
    is pleasanter than your noise.

Women's feverish cries in their pangs
    with no hope of their troubles' end
or geese grieving in the cold night   35
    are nicer than your nose-noise.

Screech of knife scraped across brass
    would torture my head no more
(or a cart grinding on hard stone)
    than your tune upon my pillow.   40

Waves pounding ships' ribs,
    the howl of wild dogs whining mad,
are sweeter a hundred thousand times
    than the sound that starts from your chest.

I have lost all hope of sleep.   45
    You have swept the hair from my head.
Each gust out of your skull,
    by Bridget, ugly it is!

37

17

MUG, CUPÁN, AGUS PÍOPA

Mug, cupán agus píopa
    tá anso scríofa ar a leabaidh;
is olc a bpáirt re Maoilre,
    nach ligeadh dhóibh scíth ná codladh!

"Ní miste liom féin," ar an Mug,   5
    "má bhíonn sé gan muscailt choidhche;
is minic d'fhág sé mo bholg
    folamh lá fada agus oidhche."

"Mise mar an gcéanna," ar an Píopa,
    "cé gur minic a níodh mo phógadh;   10
do loisceadh sé mo bhéal gach am,
    is do chaillinn mo cheann ina phóca."

"Éistigí!" ar an Cupán,
    "a dhís breallán gan tuigse;
éireoidh sé arís go folláin —
    níl air ach creathán beag meisce."   15

17] On seeing a mug, a cup and a pipe engraved on the
tombstone of one *Maoilre* . . . .

17

A MUG, A CUP AND A PIPE

A mug, a cup and a pipe
   are inscribed on Maoilre's grave.
They don't think much of him,
   who never gave them rest.

"It would suit me," says the mug,   5
   "if he never woke again.
He often left my belly
   empty long days and nights."

"Me, likewise," says the pipe.
   "Though he kissed me often enough   10
he burned my mouth each time,
   and I lost my head in his pocket."

"Quiet!" says the cup,
"you foolish, deluded pair.
He'll rise in his health again   15
   – it's only a touch of drink."

18—20] I litríocht na Fiannaíochta, tá trácht ar Fhionn Mac Cumhaill agus a bhuíon gaiscíoch, dream a mhair (de réir an tseanchais) roimh ré na Críostaíochta in Éirinn. Fuair laoithe agus lirící na Fiannaíochta an-leathantas in Éirinn agus in Albain ón 15ú haois amach. San 18ú haois rinne James McPherson in Albain 'aistriúchán' ar roinnt den ábhar seo, rud a chuaigh i bhfeidhm go mór ar an ngluaiseacht liteartha Rómánsach.

Príomhphearsa i litríocht na Fiannaíochta ab ea Oisín, mac Fhinn, a chaith tamall i dTír na nÓg. Mhair Oisín go dtí an t-am a dtáinig Naomh Pádraig go hÉirinn, sa tslí go raibh ar a chumas eachtraí na Féinne a aithris don naomh. Sa liric mhórchlú seo *Binn sin, a luin Doire an Chairn* tugann Oisín tuairisc ar na ceolta a thaitníodh lena athair, agus déanann beag den Dia cúng neamhdhaonna a mholann Pádraig. Tá téama den saghas céanna le fáil in Uimh 19. Dealraíonn sé go bhfuil gaol gairid ag lirící na Fiannaíochta le filíocht an nádúir ón seanré (600–1200).

18

BINN SIN, A LUIN DOIRE AN CHAIRN!

Binn sin, a luin Doire an Chairn!
   ní chuala mé in aird sa bhith
ceol ba binne ná do cheol
   agus tú fá bhun do nid.

Aoincheol is binne fán mbith,   5
   mairg nach éisteann leis go fóill,
a mhic Calprainn na gclog mbīnn,
   's go mbéarthá a-rís ar do nóin.

40

18—20] Lays and lyrics of the *Fianna,* a pre-Christian band of warriors of whom the mythical *Fionn Mac Cumhaill* was leader, gained widespread popularity in Ireland and Gaelic Scotland from about the fifteenth century onwards. (Some of this material, 'translated' by James McPherson in Scotland in the eighteenth century, had a profound influence on the Romantic literary movement.)

A key figure in the literature is *Oisín,* son of Fionn, who was enticed by *Niamh* of the Golden Hair to the Land of Youth where he spent three hundred years without ageing. He returns in Christian times to a new unheroic Ireland, and all the years descend on him. He meets St. Patrick and recounts the exploits of the *Fianna,* and compares the Christian times (much to their disadvantage) with Ireland's past glories. The place-names, so lovingly listed, are a characteristic feature.

The lyrics of the *Fianna* have a close affinity with the nature poetry of old and middle Irish literature.

18

BEAUTIFUL – BLACKBIRD OF DOIRE AN CHAIRN!

Beautiful – blackbird of Doire an Chairn!
   Nowhere on earth have I heard
a lovelier music than yours
   there as you guard your nest.

The world's loveliest song...   5
   A shame you won't listen a while,
Mac Calprainn of the sweet bells.
   You could still fit in your nones.

Agat, mar tá agam féin,
  dá mbeith deimhin scéil an eoin,   10
do-ghéantá déara go dian,
  's ní bhiadh t'aire ar Dhia go fóill.

I gcrích Lochlann na sreabh ngorm
  fuair mac Cumhaill na gcorn ndearg
an t-éan do-chíthe-se a-nois —   15
  ag sin a scéal doit go dearbh.

Doire an Chairn an choill úd thiar,
  mar a ndéindís an Fhiann fos;
ar áille is ar chaoimhe a crann
  's eadh do cuireadh ann an lon.   20

Sgolghaire luin Doire an Chairn,
  búithre an daimh ó Aill na gCaor,
ceol le gcodladh Fionn go moch,
  lachain ó Loch na dTrí gCaol.

Cearca fraoich um Chruachain Chuinn,   25
  feadghail dobhráin Druim Dhá Loch,
gotha fiulair Ghlinn' na bhFuath,
  longhaire cuach Chnuic na Scoth.

Gotha gadhair Ghleanna Caoin,
  is gáir fhiolair chaoich na sealg,   30
tairm na gcon ag triall go moch
  isteach ó Thráigh na gCloch nDearg.

An tráth do mhair Fionn 's an Fhiann,
  dob ansa leo sliabh ná cill;
ba binn leo-san fuighle lon,   35
  gotha na gclog leo níor bhinn.

If you knew, as I know myself,
   the real story of that bird   10
you would have to cry hard tears
   and forget your God a while.

In a grey-rivered Viking region
   Mac Cumhaill of the burnished goblets
found the bird you see before you   15
   – true is the tale I tell.

Doire an Chairn is the wood back there
   where the Fianna took their rest.
So fine and fair its trees
   they set the blackbird there.   20

Throat-song of the blackbird of Doire an Chairn
   and the stag's call from Aill na gCaor
were Fionn's music, sleeping at morn,
   and the ducks from Loch na dTrí gCaol,

the grouse at Cruachan, seat of Conn,   25
   otters whistling at Druim Dá Loch,
eagle cry in Gleann na bhFuath,
   cuckoos' murmur on Cnoc na Scoth,

dogs' voices in Gleann Caoin,
   cry of the half-blind hunting eagle,   30
patter of hounds, on their way early
   in from Tráigh na gCloch nDearg.

When Fionn and the Fianna lived
   they loved the hills, not hermit-cells.
Blackbird speech is what they loved   35
– not the sound, unlovely, of your bells.

43

19

A OISÍN, 'S FADA DO SHUAN

Pádraig: A Oisín, 's fada do shuan,
    éirigh suas is éist an salm
    ó thairnig do lúth 's do rath;
    do chuirtheá cath is gleo garbh.

Oisín: Do thairnig mo lúth 's mo rath   5
    ó nach maireann cath ag Fionn;
    i gcléirchibh ní fhuil mo spéis
    ná ceol dá n-éis ní binn liom.

Pádraig: Ní chualais a gcomhmaith de cheol
    ó thús domhain mhóir gos a-nocht,   10
    'tá tú arsaidh aimhghlic liath,
    cé do dhíoltá cliar ar cnoc.

Oisín: Do-chuala ceol 's fearr ná a gceol,
    gé mór mholas tú an chliar:
    scolgarnach luin Leitreach Laoigh   15
    's an fhaoidh do-níodh an Dord Fiann.

Smólach guithbhinn Ghleanna an Scáil,
    monghar bárc ag buain le tráigh,
ba binne liom trost na gcon
    ná do scol, a chléirigh cháidh.   20

Dá ghadhar déag do bhí ag Fionn;
    'n uair do léigthí fá Ghlionn Raith,
ba binn liom a n-oifig chiúil
    's a n-aghaidh ón tSiúir a-mach.

OISÍN, YOU SLEEP TOO LONG

Patrick: Oisín, you sleep too long.
    Rise up and hear the psalm
now your strength and health are gone
and your fierce fighting over.

Oisín: My strength and health are gone   5
    because Fionn's troops are dead.
No music but theirs I love.
I have no care for priests.

Patrick: You never heard such music
    from the great world's birth till now.   10
You paid your poets once, on the hills,
    but now you are old, witless and grey.

Oisín: For all that you praise your priests
    I have heard better music than theirs:
the blackbird warbling on Leitir Laoigh,   15
    the humming of the Dord Fiann,

    the sweet-voiced thrush of Gleann an Scáil,
        the rumble of boats reaching shore
    – hounds' howling I prefer
        to your squalling, pious priest.   20

    Fionn owned a dozen dogs,
        unleashing them along Gleann Raith;
    sweet was the office they sang,
        their faces set away from the Siúir.

'N uair do shuidheadh Fionn ar cnoc   25
  'sheinntí gan locht an Dord Fiann
' chuireadh 'na gcodladh na sluaigh;
  mo-nuar! ba binne ná an chliar.

Cnú Dheireoil, cnú mo chuirp,
  an t-abhac beag do bhí ag Fionn,   30
'n uair do sheinneadh cuir is puirt
  do bhíodh sé 's a chruit go binn.

Bláthnaid bheag, an inghean óg
  nach tug móid le fear fán ngréin;
acht Cnú Dheireoil agus í,   35
  uch! a rí, ba binn a mbéil.

20] I bhfoirm scéil phróis a dhéantaí eachtra a insint de ghnáth i seanlitríocht na Gaeilge. Caitheamh aimsire le haghaidh na n-uasal ab ea na scéalta próis, agus tá cuid mhaith acu ard-ealaíonta. Na heachtraí véarsaíochta ar na Fianna, tháinig siad sin chun cinn níos déanaí, agus tá a rian ar mhórán acu gur le haghaidh na cosmhuintire a cumadh iad. Tá na scórtha eachtraí véarsaíochta den sórt le fáil i lámhscríbhinní agus ó bhéalaithris, in Éirinn agus in Albain. Dhéantaí na laoithe seo a aithris nó a ghabháil le ceol (nó a léamh as lámhscríbhinní) i láthair tionól daoine.

    In ár n-aois féin bhí laoithe Fiannaíochta fós á ngabháil le ceol in Albain.

20

LAOI NA SEILGE

Oisín: Lá dá raibhe Fionn na bhflaith
    ar an bhfaithche in Almhain úir,
    do-chonnaic chuige san ród
    eilit óg ar a léim lúidh.

On the hills, when Fionn sat down,   25
    faultless the Dord Fiann was played
putting multitudes to sleep
    – sweeter than priests, I fear.

Cnú Dheireoil, my heart's kernel,
    the little dwarf Fionn had,   30
he was lovely with his harp
    when he played the jigs and reels.

And little Bláthnaid, the young girl
    that gave no man on earth her vow,
Cnú Dheireoil and she together   35
    – my King, how their mouths were sweet!

20] The standard narrative form in early Irish literature is the
prose tale. These tales were an aristocratic entertainment, and
many are of high literary achievement. Verse narratives of the
Fianna are relatively late and seem to have been composed for
wide popular consumption. Scores of these verse tales have
been preserved in Ireland and Scotland, where they were
recited or chanted or read from manuscripts to assembled
listeners. Lays of the *Fianna* were chanted in parts of Gaelic
Scotland until the present century.

20

A TALE OF THE CHASE

Oisín: Upon a day when princely Fionn
        was on the green in royal Almhain
    he saw a lightly leaping doe
        toward him on the roadway.

47

Do ghlaoidh ar Sceolang 's ar Bhran,   5
    is do léig fead orthu a-raon;
gan fhios do chách insan sliabh
    'lean go dian an eilit mhaol.

Ní raibh leis acht Mac an Loin,
    a dhá choin agus é féin,   10
ar lorg na heilte go dian
    ar Shliabh gCuilinn na rian réidh.

Ar ndul don eilit san sliabh,
    Fionn 'na diaidh is a dhá choin,
níorbh fhios dó soir ioná siar   15
    cár ghabh an fiadh insan gcnoc.

Do ghabh Fionn soir insan sliabh
    is a dhá choin siar ar lúth;
's a Phádraig, nárbh olc le Dia
    mar thug an triar a dhá gcúl.   20

Do-chuala Fionn—'s níor chian uaidh —
    gol ar bhruach an locha shéimh,
is ann do bhí an macaomh mná
    dob fhearr cáil dá bhfaca sé.

Ba dheirge a gruadh ioná an rós,   25
    do bhí a béal ar dhath na gcaor,
a cneas cailce mar an mbláth
    's a leaca bhán mar an aol.

Ar dhath an óir do bhí a folt,
    mar réalt seaca a rosc do bhaoi,   30
's a Phádraig, dá bhfaictheá a dreach
    do-bhéarthá do shearc don mhnaoi.

He called on Sceolang and on Bran   5
  and whistled for both of them.
No one on the hillside saw him
  sternly chase the hornless doe.

Alone save for the Blackbird's Son,
  his two hounds, and himself,   10
he sternly tracked the doe
  along Sliabh Cuilinn's level paths.

The doe went deep in the mountain.
  Fionn followed with his hounds
and knew not, East nor West,   15
  where the deer had gone in the hills.

Fionn went East on the mountain
  and his two hounds swiftly West.
Patrick, would not God himself
  think it hard, as they turned away?   20

Then, not far away, Fionn heard
  by the shore of a pleasant lake
a youthful woman weeping there,
  of fairest kind he ever saw.

Her cheeks were redder than the rose,   25
  berry-coloured was her mouth,
her skin chalk-white and flowerlike,
  and pale as lime her face.

The colour of gold her hair,
  her eye like a star in frost.   30
O Patrick, if you saw her face
  that woman you'd have to love!

49

Do dhruid Fionn ag iarraidh scéil
    ar inghin shéimh na gcuach n-óir;
do fhiafraigh sé den ghnúis ghloin   35
    an bhfaca sí a choin sa tóir.

"In do sheilg ní fhuil mo spéis,
    's ní fhaca mé do dhá choin,
a rí na Féinne gan tlás,
    is measa liom fáth mo ghoil".   40

"An é do chéile fuair bás,
    t'inghean álainn nó do mhac?
cad é an fáth fá bhfuil tú ag caoi,
    a ainnir chaoin 's míne dreach?

Nó cad as a bhfuil do bhrón,   45
    a ainnir óg na mbas mín,
nó an féidir t'fhurtacht?", ar Fionn,
    "dubhach liom do bheith mar 'chím".

"Fáinne óir do bhí ar mo ghlaic",
    do ráidh ríoghan na mbas réidh,   50
"do thuitim dem láimh san tsreabh —
    ag sin m'fháth do bheith i bpéin.

Geasa náir nach fuilngid laoich,
    cuirim ort, a rí na bhFiann,
m'fháinne do thabhairt tar ais,   55
    do thuit le sruth na sreabh ndian."

Cur na ngeas níor fhulaing Fionn
    tan do nocht a mhínchneas chaomh,
go ndeachaidh fán loch ag snámh
    ar fhuráil mná na mbas maoth.   60

Fionn approached and questioned her,
  the gentle girl of the gold curls.
He asked her to her lovely face   35
  had she seen his hunting hounds.

"I care not for your chase
  and I did not see your two hounds,
tireless king of the Fianna.
  I have worse cause to weep."   40

"Is it that your love has died,
  your lovely daughter, or your son?
Or why is it you mourn,
  sweet lady of fairest face?

"Whence does your sorrow come,   45
  girl of the delicate palms?
Can I give you comfort?" Fionn said.
  "I am sad to see you so."

"A golden ring on my hand,"
  the smooth-palmed princess said,   50
"fell from my hand in the current.
  There's the cause of my distress.

"A bond of shame no hero bears
  I place upon you, king of the Fianna:
to bring me back the ring   55
  that fell in the stream's swift current."

That bond upon him Fionn bore not
  but stripped to his fair fine skin
and went out swimming on the lake
  at the smooth-palmed woman's word. 60

51

Do chuardaigh an loch fá chúig
   is níor fhág ann clúid ná cearn
an fáinne go bhfuair tar ais
   do chaill ríoghan na ngruadh ndearg.

Ar bhfagháil an fháinne dhó   65
   sul ráinig dó dul ar bruach
do-rinne seanóir críon liath
   de rígh na bhFiann — 's liom ba thruagh.

Do bhíomarna Fianna Finn
   in Almhain slim na sleagh ngéar   70
ag imirt fhithchille, ag ól,
   ag clos ceoil 's ag bronnadh séad.

Do éirigh Caoilte i measc cáigh
   d'fhiafraighe ós aird de gach fear
an bhfaca mac Cumhaill fhéil   75
   na mbuidhean séimh, na sleagh sean.

Labhrais Conán mac Morna:
   "ní chuala ceol is aoibhne;
mac Cumhaill má tá ar iarraidh,
   go raibh i mbliadhna, a Chaoilte.   80

Mac Cumhaill má theasta uait,
   a Chaoilte chruaidh na gcos gcaol,
gabhaimse chugam ar láimh
   ós cionn cháigh mo bheith im mhaor".

Do bhíomar an Fhiann fá bhrón   85
   fá cheann ar slóigh 'bheith dár ndíth,
do mhoidheamar uile ar gháir —
   dúinn dob adhbhar bheith ag caoi.

Five times he searched the lake
  and left no crook nor cranny
till he found the ring again
  that the red-cheeked princess lost.

When he found the ring — at once,   65
  before he reached the shore —
the king of the Fianna, pitiful,
  was changed to a withered grey old man.

We still, meanwhile, the Fianna,
  were at smooth Almhain of sharp spears
playing *fithcheall,* taking pleasure
  in drink, music and jewelled gifts.

Caoilte then rose up among us
  asking aloud of every man
had he seen Mac Cumhaill the generous, 75
  of the fair battalions, the worn spears.

Conán Mac Morna spoke:
  "You play me pleasant music!
If Mac Cumhaill is truly lost,
  Caoilte, may it last a year!   80

"If Mac Cumhaill is missing, Caoilte,
  tough on your thin legs there,
I hereby claim by these hands
  leadership over all."

The Fianna sank in sorrow   85
  at the loss of our troop's leader
and all raised up an outcry,
  and well indeed might we mourn.

Gluaismid ó Almhain a-mach
  buidhean chalma na gcath gcruaidh   90
ar lorg a dhá chon is Fhinn,
  an triúr grinn do bheireadh buaidh.

Do bhí mise 's Caoilte ar dtús
  is an Fhiann go dlúth 'nar ndáil,
go Sliabh glan gCuilinn ó thuaidh   95
  mar rugamar buaidh ar chách.

Amharc dá dtugamar uainn
  i ndiaidh na ruag, cia ad-chí an Fhiann
ar bhruach an locha fá bhrón
  acht seanóir mór is é liath.   100

Do chuadhmar uile 'na dháil,
  's do chuir sé gráin ar gach fear —
cnámha loma do bhí críon
  ar ar ceileadh gnaoi 'gus gean.

Do shíleamar gur díth bídh   105
  tug ar an laoch bheith gan chruth,
nó gur 'na iascaire ' bhí
  táinig i gcéin leis an sruth.

Do fhiafraigheas den fhear chríon
  an bhfaca sé laoch go ngoil   110
agus roimhe a-mach ar sheol
  eilit óg agus dhá choin.

Níor mheas sé innsin mar scéal
  gurab é féin rí na bhFiann
nó gur léig le Caoilte a rún —   115
  an fear ar lúth do bhí dian.

From Almhain we set out,
   a brave band hard with battle,   90
seeking Fionn and the two hounds,
   that keen three honoured of all.

I and Caoilte were in front
   and the Fianna hard about us
toward bright Sliabh gCuilinn Northward,
   the place of our great triumph.

We looked about us, our race done
   – the Fianna – for what we'd find.
Sorrowful on the lake shore
   was a giant elder, all grey.   100

Everyone went up to him
   and each of us was horrified:
all those withered bare bones
   lost to sympathy or love.

It was starvation, we thought,   105
   brought the warrior to that state,
or he was some fisherman
   borne afar on the current.

I questioned the ancient man
   did he see a fiery hero   110
and, coursing ahead of him,
   a young doe and two hounds.

He could not speak – that he
   himself was king of the Fianna –
but told it secretly to Caoilte,   115
   that swift, ferocious man.

Tráth fuaramar dearbh na scéal
    gurab é Fionn do bhí ann
do léigseam trí gártha guil
    do chuirfeadh bruic as gach gleann.   120

Táinig Conán Maol go borb
    is nochtais a cholg go dian;
do mhallaigh sé Fionn go beacht
    's do mhallaigh fá sheacht an Fhiann.

"Dar an láimhsin ortsa, a Fhinn,   125
    bainfidh mise dhíot do cheann
ós tú nár mhol is nár mhaoidh
    mo ghoil, mo ghníomh ná mo ghreann.

Is é m'aonlocht ar do chruth
    gan an Fhiann do bheith mar táir   130
go ndeargainn mo shleagh 's mo lann
    is go dtagadh leam bhur náir.

Ón ló ' thuit Cumhall na gcliar
    le mac Morna na sciath n-óir,
tá sibh ó shin ar ar dtí —   135
    's a maireann dínn ní d'bhur ndeoin".

Éirghis Oscar, fear ba theann:
    "Scoir ded chaint agus ded ghó,
a Chonáin atá gan chéill,
    nach rug béim in aghaidh gleoidh".   140

"Scoir do bhéal agus bí id thost,
    a mhic Oisín is beag gaois;
ní raibh de tharbha i bhFionn féin
    acht cogaint a mhéir go smaois.

When we had learned the truth,
  that this was Fionn himself,
we gave three cries so sad
  badgers would leave their glens.   120

Conán Maol came up roughly,
  fiercely bared his dagger,
put earnest curses on Fionn
  and cursed the Fianna seven times.

"Fionn, by your hand I swear   125
  I will take off your head!
You that never praised nor honoured
  wit or daring deed of mine."

"I find one fault with your case:
  that it's not likewise with all the Fianna
so I could redden spear and blade
  and bring shame upon you all."

"Since Cumhall, the poets' patron, fell
  to Mac Morna of the golden shield
you are always on our track.   135
  It is not your doing we are still alive!"

Oscar, that sturdy man, got up.
  "Spare us your talk and your lies,
you that have no brains
  nor struck a blow in battle."   140

"Close your mouth, be quiet,
  son of Oisín. Little you know.
What more was Fionn's own wisdom, indeed,
  than chewing his finger to the bone?"

Sinne féin do-níodh gach gníomh   145
    's ní sibhse, clann Bhaoiscne bhog;
is biaidh t'athairse i ndiaidh cáigh
    ag iomchar leabhar mbán 's clog".

Tugais Oscar sithe prap,
    's do léim Conán i measc cáigh   150
d'fhógairt comairce ar an bhFéinn,
    a fhuascailt as péin an bháis.

Do éirigh an Fhiann go garg
    do chosc Oscair na n-arm n-áigh,
idir mo mhac 's Conán Maol   155
    gur ceangladh síth agus páirt.

Fiafraighis Caoilte an treas feacht
    de mhac Cumhaill nár chleacht táir:
"cia acu do Thuathaibh Dé
    do mhill do ghné mar a-tá?"   160

"Inghean Chuilinn", do ráidh Fionn,
    "geasa dom chionn do chuir sí
dul fá bhruach an locha ag snámh
    d'fhagháil an fháinne ' thuit síos".

"Nár fhilleamna slán ón gcnoc",   165
    do ráidh Conán nárbh olc méin,
"go n-íocaidh Cuileann gan mhoill
    mur' gcuiridh Fionn 'na chruth féin".

Cruinnighmid a-noir is a-niar,
    cuirmid sciatha faoi go deas;   170
go bruighin Chuilinn ó thuaidh
    tugmaid Fionn ar ghuaillibh fear".

"We ourselves did every deed,   145
    not you, soft Baoiscne tribe;
your father will be left behind
    to carry white books and bells."

Oscar made a sudden charge.
    Conán leaped back among the throng 150
and called for the Fianna's help
    to save him from the pains of death.

Roughly the Fianna arose
    to hinder Oscar, harsh in arms,
and my son and Conán Maol   155
    were joined in peace and partnership.

A third time Caoilte asked
    Mac Cumhaill, not mean in act:
"Who, of all God's people,
    destroyed your visage so?"   160

"Cuileann's daughter", Fionn said,
    "laid bonds upon my head
to swim along the lake shore
    and find the ring that she let drop."

"I swear we will not leave this hill",   165
    Conán, in better mood, declared,
"till Cuileann has promptly paid
    or gives Fionn back his proper form."

From East to West we gathered,
    put shields beneath him neatly,   170
and bore Fionn on men's shoulders
    to Cuileann's mansion in the North.

59

Ag tochailt an tsídh gan tlás
   ar feadh seacht lá do bhí an sluagh
go dtáinig Cuileann a-mach   175
   chugainn go prap as an uaimh.

Corn cearnach agus é lán
   do bhí i lámhaibh Chuilinn chóir,
do mhac Cumhaill nár mhaith gné
   gur thoirbhir an t-eascar óir.   180

Ar n-ól na dighe as an gcorn
   do mhac Cumhaill, 's é go tláth,
táinig 'na chruth féin 's 'na ghné
   Fionn an rí, acht an léithe a-mháin.

Bheirim féin mo mhóide dhuit,   185
   a Phádraig, is creid gur fíor,
gurbh fhearr linn ná flaitheas Dé
   Fionn do bheith 'na chruth mar ' bhí.

Our troop dug into the *sídh*
  seven days without respite
until Cuileann came out   175
  suddenly from his cave.

A full four-cornered cup
  Cuileann held in his hands.
He gave the golden goblet
  to Mac Cumhaill of the ruined face.   180

He drank the liquid from the cup
  (Mac Cumhaill in his weakness)
and came to his face and form again,
  Fionn the king, but grey for ever.

I give you my solemn oath,   185
  Patrick, and believe it true:
it was better than God's heaven
  to have Fionn back as he was!

21] Dánfhocail a thugtar ar rainn chóngaracha den saghas seo sna meadarachtaí siollacha. Faightear na rainn seo, de ghnáth, ar imeall nó ag bun leathanaigh sna lámhscríbhinní.

21

DÁNFHOCAIL

Aoibhinn duit, a choiligh dheirg!
ní thig meirg ar do ghob,
acht ag moladh Dé ar mhaide chrua
an tráth bhímse im shuan ar leaba bhog.

*

Sagairt óir is cailís chrainn
bhí le linn Phádraig in Éirinn;
sagairt chrainn is cailís óir
i ndeireadh an domhain dearóil.

*

Goradh an mhic i dtigh an athar,
goradh fairsing fial;
goradh an athar i dtigh an mhic
is a dhá ghlúin 'na chliabh.

*

Comhfhad do théid teas is fuacht,
comhfhad do théid fuacht is grá;
téid an t-éad go smior,
is fanann ansin go brách.

*

21] The following is a selection of epigrams in syllabic verse forms. Many of these are found on the margins or page-ends of manuscripts.

2 1

EPIGRAMS

Well done, red cock!
  You'll grow no rust on your beak
praising God from your hard perch
  while I lie in my cosy bed.

*

Gold priests, wooden chalices
in Ireland in Patrick's time.
  Golden chalices, wooden priests,
  as the wretched world stands now.

*

Broad and ample he warms himelf,
  a son in his father's house.
A father's warmth in his son's house:
  his own two knees to his chest.

*

Heat goes deep as cold.
  Hate goes deep as love.
But envy strikes to the marrow
  and sticks there for ever.

*

Dá mba dubh an fharraige,
dá mba cailc na crua-charraige,
dá mba pinn eiteach na n-éan,
dá mba meamram an t-aiéar,

's tugtar peann i láimh gach fir
de shíol Éabha agus Ádhaimh —
d'fhágfaidís uile dá n-éis,
dá dtrian oilc ban gan fhaisnéis.

*

Ró-bheag orm an chríne chrom,
's an tráthnóna ag druidim liom,
iall mo bhróige im dhá láimh,
ciall is óige dom fhágáil.

*

An sionnach, 's é ar uairibh
chuireann cluain ar a bhfaiceann;
go gcead dó féin 's dá chríonnacht,
minic díoltar a chraiceann.

*

Ó táim dom chur amach
's nach ligthear dom istigh,
buíochas le Rí na bhfeart
nach féidir mé a chur amach amuigh!

*

Conas sin, a Phápa?
    Cad do-bheir na bráithre ag marcaíocht,
's gurb amhla bhí San Proinsias,
    dar mo choinsias, ag coisíocht?

*

64

If all the sea were ink
and all the rocks were chalk,
    if every bird's wing were a pen
    and the sky a single sheet,

put a pen in the hand of every man
of the seed of Eve and Adam
    and still they'd leave unwitnessed
    two-thirds of women's wickedness.

✻

Old age... why am I not concerned?
The evening draws about me,
    my shoe-lace in my two hands,
    youth and sense slipping away.

✻

Although the fox at times
    runs rings round those who see him
with due respect to his cunning
    you can often buy his pelt.

✻

Now that I'm thrown outdoors
    and not let in again
the King of Miracles be praised
    I can't be thrown out outdoors!

✻

How can this be, Your Holiness?
    The Friars go on horseback.
Saint Francis, by my faith,
    managed on his feet.

✻

65

Is maith duine agá mbí muc —
do bhíodar muca agam féin:
is fearr an mhuc atá beo,
níl acht ceo san mhuc inné.

*

A chailleach an chléibhín cháise,
is é m'anam-sa t'anam-sa;
ach an tráth theirgfeas an cliabh cáise,
ná cuir do lámh ghránna tharam-sa!

*

Síoda, ór agus airgead,
ceol is laidean na tíre
do thabhairt do choileán den chuaine,
ní dhéanfaidh sé uasal choíche é.

*

Deirim dán, ón deirim dán,
an tráth bhíos mo bholg lán;
an uair nach mbíonn mo bholg lán,
don deamhan dán ná amhrán!

*

Cáintear na filí,
's ní hiad a bhíonn ciontach;
ní faightear as na soithí
acht an lán a bhíos iontu.

It is well for the man with a pig.
    I once had pigs myself.
But your living pig is the best
    – yesterday's pig is only vapour.

*

Granny, with the cheese basket,
    my soul – accept my soul!
But when the cheese is gone
    don't put your horrible hands on me.

*

Give silk and gold and silver
    and music and fine Latin
to a pup in any litter
    and he's still no gentleman.

*

I'll versify and versify
    as long as I've my belly full.
But when my belly isn't full
    Song and Poetry to Hell!

*

The poets are blamed
    but it isn't their fault.
You get only the contents
    out of a pot.

1   Battista Boazio, 1599. Léarscáil na hEireann. Map of Ireland, with
English equivalents of Irish place-name roots (panel, centre left).

2   Albrecht Durer,
1521. Taoisigh
Éireannacha agus a
gcosmhuintir. Irish
warriors and
peasants.

3   Lucas de Heere.
Faiseann na
nÉireannach le linn
Anraí VIII. Irish
people's attire in
the reign of Henry
VIII.

4 John Speed, 1600. An Fear
Uasal agus an Bhean Uasal
Éireannach. The Civil Irishman
and the Civil Irish Woman.

5   John Derricke, 1581.
Reacaire agus Cláirseoir.
Poetry Reciter and
Harper.

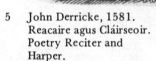

6 Wenceslas Hollar, 1634.
Bean uasal Éireannach.
An Irishwoman.

7 An Mhaighdean agus an
Leanbh. Virgin and
Child, 16th century, Co.
Kildare.

8 Máire Mhaigdiléana (?
16ú haois, Cill Chainnig
Mary Magdalene (?).

9 Pearsana greanta ar thuama Phiarais Buitléar agus na mhná, Maighréad Nic Ghearailt. Figures on a Butler tomb, Kilkenny, c.1539. (Various Butler families were patrons of the poets. See Introd. to poem No. 26).

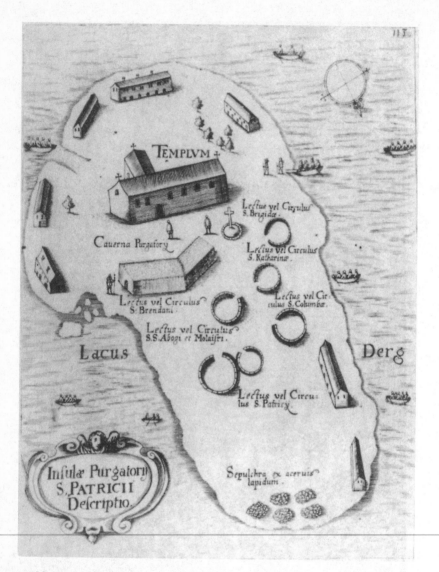

10 Purgadóir Phádraig, Loch Dearg, 1666. Map of St. Patrick's Purgatory (See poem No. 13).

11 Críost ar an gCros, 16ú haois. Sixteenth century Crucifixion, Co. Kilkenny.

75

12 Cros ó ré na bpéindlithe. A Penal Cross.

13   Aodh Ó Néill (c.1550 — 1616). The Great O'Neill (See Introd. to poem No. 22).

II

NA NUA - FHILÍ

THE NEW POETS

(1600 — 1900)

'Mac Cathmhaoil' ba shloinne d'Aodh le ceart, ach thugtaí 'Mac Aingil' air coitianta de bharr a chráifeachta. I nDún Pádraig, i gCo. an Dúin, a rugadh é, agus bhí sé ina oide agus ina anamchara tamall ag teaghlach Aodha Mhóir Uí Néill. I ndeireadh an 16ú céad, d'imigh sé chun na Spáinne mar ar oirníodh ina shagart é. Níos déanaí bhí páirt aige i mbunú na gcoláistí Éireannacha i Lobhán agus sa Róimh. Ceapadh ina Ardeaspag ar Ard Mhacha é sa bhliain 1626, ach cailleadh é sular éirigh leis filleadh ar Éirinn. Bhí cáil fhairsing air mar dhiagaire san Eoraip lena linn féin.

Scríobh Mac Aingil tráchtais phróis as Laidin agus as Gaeilge. An cúpla dán a luaitear leis, meadarachtaí scaoilte siollacha atá á n-úsáid iontu agus is ábhar fealsúnachta nó cráifeachta is bunábhar dóibh. An té ar mhaith leis léargas a fháil ar an difríocht idir traidisiún liteartha na hÉireann agus traidisiún liteartha Shasana san aois sin, níor mhiste dó an duan tíriúil Nollag seo a léamh taobh ar taobh le *Ode on the Morning of Christ's Nativity* a scríobh scoláire mór Laidine eile a bhí comhaimseartha le Mac Aingil, John Milton.

22

As: AN NAOIDHE NAOMH

Dia do bheatha, a naoidhe naoimh,
    isin mainséar cé taoi bocht,
meadhrach saidhbhir atá tú
    's glórmhar id dhún féin a-nocht.

Ar neamh dhíbh gan mháthair riamh,   5
    gan athair 'nar n-iath a-nos,
it fhírDhia riamh atá tú
    is id dhuine ar dtús a-nocht.

22] *Aodh Mac Cathmhaoil,* born in Downpatrick, Co. Down, was tutor and confidant to the family of the great Hugh O'Neill. He left Ireland for Spain at the end of the sixteenth century and became a Franciscan priest; he was later involved in the founding of the Irish colleges in Louvain and Rome. He was appointed Archbishop of Armagh in 1626 but died before he could return to Ireland. He had a European reputation in his own day as a theologian and saintly figure, whence the nickname Hugo Angelicus/*Aodh Mac Aingil.*

Mac Aingil was the author of various prose works in Latin and Irish. His few extant poems are philosophic or devotional, and written in loose syllabic metres. For an insight into the contrasting Irish and English literary traditions of the time, it is interesting to read the following Christmas hymn, with its great homeliness and simplicity, side by side with the *Ode on the Morning of Christ's Nativity* by *Mac Aingil's* contemporary, John Milton.

2 2

From: THE SACRED CHILD

God greet You, sacred Child,
   poor in the manger there,
yet happy and rich tonight
   in your own stronghold in glory.

Motherless once in Heaven,   5
   Fatherless now in our world,
true God at all times You are,
   but tonight You are human first.

Tabhair, a rí, gé nach ceart,
    áit id thuama don treas brúit,
i measc na ngadhar ón tsliabh,
    lér chosmhaile riamh ar ndúil.

A Mhuire, a mháthair, a ógh,
    oscail doras an chró dhamh
go n-adhrainn ardrí na ndúl —
    nach córa dhúinn ná do dhamh?

Do-ghéan seirbhís do Dhia i bhfos,
    faire go moch is go mall;
gadhair na mbuachaill ón tsliabh
    buailfead ón triath atá fann.

An t-asal fós is an damh
    ní leigfead i ngar dom rígh;
do-ghéan féin a n-áitsin dó —
    asal mé is bó Mhic Dé Bhí.

Do-bhéar uisce liom go moch,
    scuabfad urlár bocht Mhic Dé;
do-ghéan teine im anam fhuar
    's tréigfead tré dhúthracht mo chorp claon.

Nighfead a bhochtbhréide dhó,
    is dá dtuga, a ógh, cead damh,
mo cheirt féin do bhainfinn díom
    dá cur mar dhíon ar do mhac.

Biad mar chócaire 'gan bhiadh
    's im dhoirseoir do Dhia na ndúl,
's ó tá orthu go mór m-fhēidhm,
    iarrfad fair mo dhéirc do thriúr.

Grant room in Your cave, O King,
    (though not of right) to this third brute
among the mountain dogs
    – for my nature was ever like theirs.

Mary, Virgin and Mother,
    open the stable door
till I worship the King of Creation.   15
    Why not I more than the ox?

I will do God's service here,
    watchful early and late.
I will chase the hill-boys' dogs
    away from this helpless Prince.   20

The ass and the ox, likewise,
    I will not let near my King;
I will take their place beside Him,
    ass and cow of the living God!

In the morning I'll bring him water.   25
    I'll sweep God's Son's poor floor.
I'll light a fire in my cold soul
    and curb with zeal my wicked body.

I'll wash his poor garments for Him
    and, Virgin, if you let me,   30
I'll shed these rags of mine
    as a covering for your Son.

And I'll be the cook for His food.
    I'll be doorman for the God of Creation!
On behalf of all three I'll beg,   35
    since they need my help to speak.

Ní iarrfad airgead ná ór
acht uair san ló póg dom rígh;
do-bhéar mo chroidhe féin uaim
's glacfaidh é mar luach an trír.   40

A Phádraig ón leanbhsa fuair
bachall Íosa mar bhuaidh grás,
a ghein gan domblas id chlí,
's a Bhrighid, bí linn de ghnáth.

A phátrúin oiléan na naomh,   45
faghaidh grása ó Dhia dhúinn;
mar chruimh in uamhaidh Dé a-nocht
glacthar bráithrín bocht ó Dhún.

Míle fáilte a-nocht i gclí
le mo chroidhe dom rígh fial;   50
in dá nádúir ó do-chuaidh,
póg is fáilte uaim do Dhia.

Séathrún Céitinn (1580–c. 1644)

23] Rugadh an Céitinneach in aice le Cathair Dhúin
Iascaigh, Co. Thiobraid Árann. Chaith sé tamall ina shagart i
mBordeaux, mar ar bronnadh dochtúireacht le diacht air. Ina
dhiaidh sin d'fhill sé ar dheisceart na hÉireann, agus chaith a
dhúthracht le seanmóireacht agus le scríbhneoireacht. Is é an
saothar mór staire agus seanchais aige, *Foras Feasa ar Éirinn,* an
saothar próis is mó a chuaigh i bhfeidhm, b'fhéidir, ar
scríbhneoirí na Gaeilge ón 17ú céad i leith.
   Bíodh is nár chum sé líon mór dánta, caithfear Séathrún
Céitinn a áireamh ar dhuine de na húdair mhóra is túisce a
bhain leas as na meadarachtaí 'nua' aiceanta i gcuid
shubstaintiúil dá shaothar fileata.Tá *Óm sceol ar ardmhagh Fáil* ar

No silver or gold I'll ask
    but a daily kiss for my King.
I will give my heart in return
    and He'll take it from all three.   40

Patrick, who through this Child
    by grace got Jesus' crozier
– O born without body's bile –
    and Bridget... be with us always.

Patron of the Isle of Saints,   45
    obtain God's graces for us.
Receive a poor friar from Dún
    as a worm in God's cave tonight.

A thousand greetings in body tonight
    from my heart to my generous King.   50
In that He assumed two natures
    here's a kiss and a greeting to God!

Séathrún Céitinn (1580–c. 1644)

23] *Céitinn,* priest and scholar, was born near Cahir, Co.
Tipperary. Having spent some time in Bordeaux, and taken a
doctorate in Divinity, he returned to Munster where he
preached with great zeal and worked at his writings, notably the
highly influential history of Ireland, *Foras Feasa ar Éirinn.*
   His poetical output is not large, but he is one of the first
major literary figures to write a substantial part of his verse in
the 'new' accentual metres. *Óm sceol ar ardmhagh Fáil* is one of a
series of poems from the seventeenth century bewailing the
downfall of the great families of Ireland.
   The poem was probably composed after the Flight of the
Earls (1607), and it is a matter of interest that *Céitinn* in the last

cheann de na dánta iomadúla a scríobhadh san 17ú haois ag caoineadh 'an milleadh d'imigh ar mhórshleachta na hÉireann'. Is dócha gur tar éis Teitheadh na nIarlaí (1607) a cumadh é, agus is inspéise go molann an file sa cheathrú dheireanach go mb'fhéidir gurbh fhearr uaisle uile na hÉireann a chruinniú le chéile agus iad a sheoladh an cuan amach . . . .

Tá na cúig ghuta aiceanta céanna i ngach líne den dán, rud a fhágann déanamh an-ornáideach air. Mar seo atá tríd síos:

v / ó v / á v / á v / o v / í v

Eascraíonn cuid mhaith de mhaorgacht an chaointe seo ón gcodarsnacht idir rialtacht righin na meadarachta, agus éascaíocht rithimiúil na línte mar a labhraítear iad. Tá blas an Bhíobla ar an mbunsamhail a úsáideann an Céitinneach: an 'cogal' eachtrannach atá ag truailliú an tsíl dúchais.

23

ÓM SCEOL AR ARDMHAGH FÁIL

Óm sceol ar ardmhagh Fáil ní chodlaim oíche
's do bhreoigh go bráth mé dála a pobail dílis;
gé rófhada atáid 'na bhfál ré broscar bíobha,
fá dheoidh gur fhás a lán den chogal tríothu.

A Fhódla phráis, is náir nach follas díbhse   5
gur córa tál ar sháirshliocht mhodhail Mhíle;
deor níor fágadh i gclár do bhrollaigh mhínghil
nár dheolsad ál gach cránach coigríche.

Gach treod gan tásc tar sál dá dtogair síneadh
go hóirlios álainn ársa Chobhthaigh Chaoil chirt,   10
is leo gan ghráscar lámh ár ndonna-bhruíne,
's gach fód is fearr dár n-áitibh eochar-aoibhne.

verse feels it may be necessary to 'gather and winnow' all the nobles of the land, and send them into exile.

Each line of the poem conforms to a very ornate five-beat pattern of vowel sounds:

v / ó v / á v / á v / o v / í v

The majestic elegiac feeling it achieves owes a great deal to the manner in which the rigid metrical form is counterpointed by the freer rhythmic cadences of the lines as spoken. The Biblical image of the 'cockle' growing through pure Irish seed establishes the basic tone of the poem.

23

AT THE NEWS FROM FÁL'S HIGH PLAIN

At the news from Fál's high plain I cannot sleep.
I am sick till doom at the plight of its faithful folk.
Long have they stood as a hedge against hostile trash
but a lot of the cockle has grown up through them at last.

O brazen Fódla, it is shameful you do not see   5
it were fitter to nourish Míle's sweet high race.
Not a drop is left in the plain of your smooth bright breast
– drained dry by the litter of every alien sow.

Any worthless crew that thought to cross the sea
to the fair, gold, age-old *lios* of Cobhthach "the just"
– theirs without struggle of hands our mighty mansions
and the choicest swards of our lovely-bordered places.

Atáid foirne ag fás san gclársa Logha líofa
dár chóir bheith táir gé hard a rolla-scaoileadh;
síol Eoghain tláith 's an Tálfhuil bodhar cloíte   15
's na hóig ón mBántsrath scáinte i gcoigríochaibh.

Na tóisigh tháisc ón Nás gan bhogadh bhrí-nirt
i ngleo gér gháifeach ágh na lonna-bhuíne—
fá shróin an stáit ba gnáth a gcogadh i ndíormaibh;
ní dóibh ba nár ach cách gan chomhall dlí ar bith.   20

Dá mba beoga ardfhlaith Áine is Droma Daoile
's na leoghain láidre ón Máigh do bhronnadh maoine,
dar ndóigh níorbh áit don táinse in oscaill Bhríde
gan gheoin is gártha os ard dá dtoghaildíbirt.

Muna bhfóiridh Ceard na n-ardreann pobal
      chrích Chuirc   25
ar fhoirneart námhad ndána n-ullamh ndíoltach
ní mór nárbh fhearr gan chairde a bhfoscaindíolaim
's a seoladh slán i bhfán tar tonnaibh Chlíona.

24] Bíodh is go bhfuil séanadh á dhéanamh ar an ngrá sa dán
cáiliúil seo, is inspéise go bhfuil sé lán, san am céanna, de bhlas
na collaíochta.

24

A BHEAN LÁN DE STUAIM

A bhean lán de stuaim
      coingibh uaim do lámh:
ní fear gníomha sinn,
      cé taoi tinn dar ngrádh.

There's a new sort growing in the plain of Lugh the lithe
who are base by right, though they flourish their 'rolls' on
    high
– Eoghan's seed exhausted, Tál's blood troubled and
    broken,
and the youth of Bántsrath scattered in foreign lands.

From the worthy chiefs of Nás not a stir of strength,
though fierce that awesome army's fire in battle
– manoeuvring often under the nose of the State.
(Not theirs the shame that the law is honoured by none.)

If that high prince lived, of Áine and Drom Daoile,
or the great gift-generous lions of the Máigh,
this horde would have no place in the bend of the Bríde
– smashed, driven out, with outcry and loud wails.

If the Craftsman of Stars protect not Ireland's people
from violent vengeful enemies, bold and ready,
better gather and winnow them now without delay
and sail them out wandering safe on the waves of Clíona.

24] There is some doubt as to *Céitinn's* authorship of this classic
poem which renounces love with such sensuality.

24

O LADY FULL OF GUILE

O lady full of guile,
    take away your hand.
Though you sicken for my love,
    I am not an active man.

87

Féach ar liath dem fholt,   5
   féach mo chorp gan lúth,
féach ar thraoch dem fhuil—
   créad re bhfuil do thnúth?

Ná saoil mé go saobh,
   arís ná claon do cheann;   10
bíodh ar ngrádh gan ghníomh
   go bráth, a shíodh sheang.

Druid do bhéal óm bhéal—
   doiligh an scéal do chor—
ná bíom cneas re cneas: 15
   tig ón teas an tol.

Do chúl craobhach cas,
   do rosc glas mar dhrúcht,
do chíoch chruinngheal bhláith,
   tharraingeas mian súl.   20

Gach gníomh acht gníomh cuirp
   is luighe id chuilt shuain
do-ghéan féin tréd ghrádh,
   a bhean lán de stuaim.

Brian Mac Giolla Phádraig (c. 1580–c. 1652)

25] Scoláire agus file de chine uasal ab ea Brian Mac Giolla Phádraig. Rinneadh sagart de in Osraí, a dheoise féin, sa bhliain 1610. Timpeall na bliana 1651 ceapadh é ina bhiocáire ginearálta agus ina bhiocáire aspalda ar an deoise. Chuir fórsaí Chromaill chun báis é gan mhoill ina dhiaidh sin. Ní mhaireann ach dornán beag dá chuid dánta.

Consider my grey hairs.   5
    Consider my slack body.
Consider my tired blood.
    What is it you want?

Don't think I am perverse.
    You need not tilt your head.   10
Let's love without the deed
    for ever, spirit slender.

Take your mouth from mine:
    grave is your condition.
Touch not skin to skin   15
    – the heat leads on to lust.

Your branching curly hair,
    your eye as grey as dew,
your sweet pale rounded breast
    excite the eye alone.   20

All deeds but that of the flesh
    – and lying in your quilt –
I will do for love of you,
    o lady full of guile.

Brian Mac Giolla Phádraig (c. 1580 – c. 1652)

25]*Mac Giolla Phádraig*, a scholar and poet of noble descent, was
ordained priest in his native diocese of Ossory in the year 1610.
About the year 1651 he was appointed vicar general and
apostolic vicar of the diocese. Cromwellian forces put him to
death soon afterwards. Only a handful of his poems survive.

FAISEAN CHLÁIR ÉIBHIR

Och! mo chreachsa faisean chláir Éibhir:
loca cas ar mhac gach mná déarca,
cufa geal 'ma ghlaic is fáinne aerach
mar gach flaith d'fhuil Chais dár ghnáth Éire.

'S gach mogh nó a mhac go stairs go hard lé smig,   5
cor tar ais dá scairf is gáirtéar air,
a stoc tobac 'na chlab dá lántséideadh
's a chrobh ó alt go halt fá bhráisléidibh.

Is cor do leag mé cleas an phlás-tsaoilse:
mogh in gach teach ag fear an smáilBhéarla   10
's gan scot ag neach le fear den dáimh éigse
ach 'hob amach 's beir leat do shárGhaelgsa'.

Pádraigín Haicéad (c. 1600–1654)

26] Sagart den ord Doiminiceánach a rugadh i gceantar Chaisil ab ea Pádraigín Haicéad. Chaith sé tamall i Lobhán is é ina ógfhear; nuair a d'fhill sé ar Éirinn, chomh maith lena ghnó sagairt a dhéanamh, ghlac sé páirt i gcúrsaí polaitíochta. Bhí sé ar dhuine de na filí ba luaithe agus ab éifeachtúla a chum véarsaíocht aiceanta. Tá saothar substaintiúil filíochta againn óna lámh ach tá cuid mhaith de gafa le cúrsaí reatha a linne féin, agus rian na bolscaireachta polaitíochta air. Ní mór na dánta aige atá slán ná sásúil ar fad iontu féin; acht tá fuinneamh ollmhór intleachta le brath ar a shaothar trí chéile. Uaireanta, mar is léir ó *Do chuala inné*, bíonn a chuid véarsaí ag cur thar maoil le gangaid dá naimhde. idir naimhde eaglasta agus naimhde polaitiúla.

25

THESE FASHIONS ON THE PLAIN OF ÉIBHEAR

These fashions on the plain of Éibhear make me sick
– beggarwomen's sons with curling locks,
white cuffs around their wrists, and fancy rings,
like Ireland's one-time princes of Dál gCais,

slaveys and their sons starched to the chin,   5
garters upon them and their scarves thrown back,
tobacco pipe in jaw, at full blow,
and bracelets on their claws at every joint.

A trick of this false world has laid me low:
servants in every home with grimy English   10
but no regard for one of the poet class
save 'Out! and take your precious Gaelic with you!'

Pádraigín Haicéad (c. 1600 – 1654)

26] A Dominican priest from the area of Cashel, Co. Tipperary,
Haicéad spent some time in Louvain before returning to Ireland
to become actively involved in pastoral work and in national
politics. He was one of the earliest and most accomplished of
the poets to write accentual verse. A good deal of his substantial
poetical *opus* is centred on topical events of his day and is
inclined to be propagandist. While he has few completely
satisfying poems, all his work is informed by an enormous
intellectual energy and sometimes, as in *Do-chuala inné,* by a
great cantankerousness against his enemies, both political and
clerical.

Bíodh is gur shagart é Pádraigín Haicéad, ní raibh glacadh coitianta aige ach le haon údarás amháin: údarás na mBuitléarach, a sheanphátrúin in Éirinn. In uimhir 27 (iii) is cúis mhórtais don fhile é gur bhris sé a chos agus é thar lear—tamall beag éigin tar éis do dhuine de na Buitléaraigh sa bhaile a chos féin a bhriseadh.

26

DO CHUALA INNÉ

Iar gclos gur hordaíodh i gcaibidlibh na hÉireann gan bráthair do dhéanamh rainn ná amhráin.

Do chuala inné ag maothlach muinteardha
mar nuadhacht scéil ó chéile Chuinn is Chuirc
gur duairc le cléir an Ghaeilge ghrinnshlitheach,
suairceas séimh na saorfhear sinseardha.

Ní bhuaileabh féin i gcléith a gcointinne   5
ó chuaigh an ré 'narbh fhéidir linn friotal
gach smuaineadh d'éirgheadh d'éirim m'intinne,
uair fár bhaoghal faobhar m'intleachta;

go suaithfeadh sé gan saobhadh slimfhuinnimh
fá thuairim thaobh na gcléireach gcinsealach   10
nó anuas fá a mblaoscaibh maola millteacha
crua-ghlac ghéar do ghaethibh innlithe.

Fuaifidh mé mo bhéal le sring fhite
's ní luaifead réad dá bpléid bhig sprionlaithe,
ach fuagraim tréad an chaolraigh chuimsithe   15
's a bhfuath, a Dhé, tar éis mo mhuintire.

Though a priest, *Haicéad* generally seems to have been amenable to only one authority, that of the Butlers, his old patrons in Ireland. In poem no. 27 (iii), one of many occasional quatrains, the poet in exile muses on the fact that he has broken his foot shortly after one of the Butlers at home has broken his.

26

I HEARD FROM A DECENT MAN THE OTHER DAY

On hearing it has been ordered in the chapterhouses of Ireland that the friars make no more songs or verses.

I heard from a decent man the other day
a piece of news from the 'spouse of Conn and Corc':
that the Church condemns our Gaelic's subtle paths,
the polished pleasure of our noble fathers.

I will not spring at the flank of their argument   5
now that the time is past when I could utter
each thought erupting from the scope of my mind
– when the edge of my intellect was a thing to fear

showering with no loss of pliant force
into the general flank of those arrogant priests   10
or down on top of their bald malignant skulls
a hard sharp fistful of accomplished darts.

I will stitch my mouth up with a twisted string
and say no word about their mean complaining,
merely condemn the herd of narrow censors   15
and the hate they bear my people, O my God.

CEATHRÚNA

(i)

ISAN bhFRAINC

Isan bhFrainc im dhúscadh dhamh
in Éirinn Chuinn im chodladh;
  beag ar ngrádh uaidh don fhaire—
do thál suain ar síorfhaire.

(ii)

DO ROIBERD ÓG CARRÚN

Bruthgháir beannacht id bhaitheas anuas de ghnáth,
a chuid ghráidh ghlacas an chrann-chruit chuardach
    cháidh;
le sruthán seanma snasda go suadhach sámh
an dubhán alla do bhainis a cluasaibh cháich.

(iii)

IAR MBRISEADH MO CHOISE FÉIN
ISAN BHFRAINC

A chos bheag shiubhalach, fuiling i gclúid faoi chléith,
ós cor ag druidim níos goire dom mhuirnín é;
dob olc 'na choimhideacht mise, dá spiúntaoi mé,
's a chos sin briste, mun mbrisfinn mo chrúibín féin.

27

QUATRAINS

(i)

IN FRANCE

Awake, I am here in France.
When I sleep I'm in the Ireland of Conn.
Who would choose to watch and wake?
I am watchful – to suckle sleep.

(ii)

FOR ROBERT ÓG CARRÚN

Blessings on your head in a glowing heap for ever,
beloved, as you grip the great wooden carrying-harp.
With a stream of polished playing, profound and
    sweet,
you have banished the spiders' webs out of all our
    ears.

(iii)

AFTER BREAKING MY FOOT IN FRANCE

Little footloose foot, hidden in your splint, endure.
Your condition brings me closer to the one I love.
A poor partner I would be, when put to the proof,
if I failed – when he broke his foot – to break my own
    hoof.

28] Taoiseach de chine Normanach ab ea Piaras Feiritéar. I gCorca Dhuibhne a mhair na Feiritéaraigh le sinsearacht, agus tá fothrach an chaisleáin acu le feiceáil fós ann. Bhí mórmheas ar Phiaras ní hamháin i measc a mhuintire féin ach i measc na gcóilíneach Sasanach chomh maith: i measc na mban, mar shampla, ar scríobh sé dánta grá dóibh bhí Meig Ruiséal, gaol d'fhear ionaid na banríona in Éirinn 1594. Nuair a thosaigh an t-éirí amach sa bhliain 1641, thaobhaigh Piaras leis na Gaeil, agus goineadh é le linn ruathair ar chaisleán Thrá Lí. Crochadh go poiblí é i gCill Airne sa bhliain 1653.

Is laoch ag muintir Chorca Dhuibhne Piaras Feiritéar, agus is minic fós a bhíonn dréachtaí dá chuid filíochta á n-aithris acu. Ní mór dá shaothar atá ar marthain, ach tá léiriú beo ann ar fad—go háirithe ina chuid dánta caradais d'fhir—ar mheon a bhí fíneálta fileata thar an gcoitiantacht. Tá sé ráite gur chum an Feiritéarach filíocht Bhéarla, chomh maith, ach níl aon teacht uirthi anois. Dealraíonn sé, áfach, go bhfuil braithstintí áirithe a bhain le filíocht Bhéarla na linne sin fite trína shaothar Gaeilge. In Uimh. 29, mar shampla, labhraíonn sé ar dhínit an duine aonair mar a dhéanfadh aon fheaı liteartha a mhair in aimsir Shakespeare. Maidir le Uimhir 30, is ó bhéalaithris a fuarathas é. Chum Piaras é (más fíor) nuair a bhí sé ar a choimeád in uaimh óna naimhde. Tá léiriú greanta ann ar mhothú an té atá ar míthreoir.

28

LÉIG DHÍOT TH'AIRM, A MHACAOIMH MNÁ

Léig dhíot th'airm, a mhacaoimh mná,
  muna fearr leat cách do lot;
muna léige th'airmse dhíot,
  cuirfead bannaidhe ón rígh ort.

Feiritéar was a chieftain of Norman descent who ·uled in the Dingle peninsula, Co. Kerry, where the remnants of his ancestral castle still stand. He was esteemed not only by his own people but by the new Elizabethan colonists: among the women for whom he wrote courtly love-poems was Meg Russell, a relation of the Queen's viceroy in Ireland. In the rising of 1641, he threw in his lot with the native Irish and was wounded in an attack on Tralee castle. He was hanged publicly in Killarney in 1653.

Feiritéar is still a folk hero and a much-quoted poet among Irish speakers in the Dingle *Gaeltacht*. What survives of his work is slim, but all of it – and in particular his poetry of masculine friendship – bears testimony to an exceedingly sophisticated poetic temperament. He may have written verse in English, though none of it survives; certainly one senses English influences in his work. In poem no. 29, for instance, he speaks of the dignity of the individual as any contemporary of Shakespeare's might have done. No. 30 is reputed to have been composed by *Feiritéar* when hiding from his enemies in a cave; it is preserved in folk tradition only. There is a fine blend of helplessness and wit in its economic structure.

28

LAY YOUR WEAPONS DOWN, YOUNG LADY

Lay your weapons down, young lady.
Do you want to ruin us all?
Lay your weapons down, or else
I'll have you under royal restraint.

Má chuireann tú th'airm ar gcúl,　　　　　　5
　　folaigh feasta do chúl cas,
ná léig leis do bhráighe bhán
　　nach léig duine de chách as.

Má shaoileann tú féin, a bhean,
　　nár mharbhais aon theas ná thuaidh,　　10
do mharbh silleadh do shúl mín
　　cách uile gan scín gan tuaigh.

Dar leat féin gé maol do ghlún,
　　dar leat fós gé húr do ghlac,
do lot gach aon—tuig a chiall—　　　　　15
　　ní fearra dhuit scian nó ga.

Folaigh orthu an t-ucht mar aol,
　　ná faiceadh siad do thaobh bog,
ar ghrádh Chríost ná faiceadh cách
　　do chíoch roigheal mar bhláth dos.　　20

Folaigh orthu do rosc liath,
　　má théid ar mharbhais riamh leat;
ar ghrádh th'anma dún do bhéal,
　　ná faiceadh siad do dhéad geal.

Ní beag dhuit ar chuiris d'éag,　　　　　25
　　cé shaoile nach cré do chorp;
folaighthear leat th'airm go cóir—
　　ná déana níos mó de lot.

Más lór leat ar chuiris tim,
　　sula gcuirthear sinn i gcré,　　　　　30
a bhean atá rem ro-chloí,
　　na hairmsin díotsa léig.

These weapons put behind you: 5
   hide henceforth your curling hair;
do not bare that white breast
   that spares no living man.

Lady, do you believe
   you've never killed, to North or South?
Your mild eye-glance has killed at large
   without the need of knife or axe.

You may think your knee's not sharp
   and think your palm is soft:
to wound a man, believe me, 15
   you need no knife or spear!

Hide your lime-white bosom,
   show not your tender flank.
For love of Christ let no one see
   your gleaming breast, a tuft in bloom. 20

Conceal those eyes of grey
   if you'd go free for all you've killed.
Close your lips, to save your soul;
   let your bright teeth not be seen.

Not few you have done to death: 25
   do you think you're not mortal clay?
In justice, put your weapons down
   and let us have no further ruin.

If you've terrified all you want,
   lady who seek my downfall, 30
now – before I'm buried in earth –
   your weapons, lay them down.

Do shloinneadh, a mhacaoimh mná,
ní beag liom ar chách mar cheist:
do chuirfeadh soin th'ainm i gcéill
dá mbeith a agus é leis.

29

D'Eoin Ó Callanáin, An Lia

Ionmhain th'aiseag, a Eóghain,
mo-chean d'fhior an ghlaineolais,
  thóg fám chroidhe briocht loinne
  ón riocht ina rabhmairne.

Glóir 'na dhíol do Dhia Athar   5
bheith duitse gan deonachadh,
  a réalt eoil gan cheilt gan choir,
  's gan deoir rem dheirc id dheaghaidh.

Níorbh ionann éinneach oile
is tusa dhamhsa, a dheaghruire;   10
  fuaimeant uile ní mheall mé—
  is fearr duine ná daoine.

Do bhítheá dhamhsa, a dhreach nár,
id chomhairleach, id chompán,
  id bhráthair fhoile im fhail   15
  's i dtráthaibh oile id athair.

Ní fhaca éinneach thusa,
's níor éist bhós do bhriathra-sa,
  nár ligh do chás 'na chás air;
  's dar libh do bhás a bhás-soin.   20

100

What your surname is, young lady,
   I leave to puzzle the world.
But add an 'a' or an 'é'
   and it gives your Christian name away· · · ·

29

From: EOGHAN, I'M GLAD YOU'RE BETTER!

For Dr. Eoin Ó Callanáin

Eoghan, I'm glad you're better!
Hail, pure and learned man
   who roused my heart with ardour
   out of its former state.

Glory to God the Father   5
you met no evil doom,
   clear faultless star of knowledge,
   and I need not weep for you.

No one has meant the same to me,
virtuous knight, as you.   10
   No thing but Man I value
   – and a man's worth more than Man.

You were to me (chaste visage)
adviser and companion,
   blood brother at my side,   15
   at other times a father.

No one ever met you
or listened to your speech
   but made your part his part
   and would feel your death his own.   20

Ó do tharla-sa taobh rut,
mo chrádhsa crádh na gcarad;
a bheoil bhraisigh is dem fhuil,
a Eoin, th'aiseag is ionmhain.

30

CEATHRÚ

A Dhia atá thuas an trua leat mise mar táim,
im chaonaí uaigneach nach mór go bhfeicim an lá?
An braon atá thuas in uachtar lice go hard
ag titim im chluais agus fuaim na toinne lem sháil.

Fear Dorcha Ó Mealláin

31] Mí Lúnasa na bliana 1652, tar éis chogaí Chromail, chuir
Parlaimint Shasana acht i bhfeidhm chun déileáil leis na Gaeil
lastoir den tSionainn: 'Ordaíodh do gach Caitliceach (agus do
mhórán Ríogaithe), d'aicmí ab airde ná aicme an cheardaí agus
an sclábhaí, iad féin agus a dteaghlach a aistriú isteach i
gConnachta agus i gCo. an Chláir, mar ar tugadh geadáin
bheaga talún dóibh. Aon duine ar bhain an t-ordú sin leis agus
go bhfuarathas lastoir den tSionainn é tar éis an chéad lá
Bealtaine 1654, b'fhéidir le haon duine a bhuailfeadh leis é
chur chun báis. Níorbh fholáir, de ghnáth, an t-aistriú a
dhéanamh sa Gheimhreadh. Bhí an aimsir an-chrua, agus na
bóithre doshiúlta, nach mór. Cailleadh na céadta ar an slí'.
(Aistriúchán)* An dán seo le Fear Dorcha Ó Mealláin—an
t-aon dán is eol dúinn a chum sé—is fianaise chorraitheach é ar
conas mar a ghlac fear amháin le ordú barbartha seo Chromail.

Duanaire Gaedhilge, II, 134, R. Ní Ógáin.

My troubles, since we met,
are troubles shared in friendship.
Mouth of eloquence, blood of mine,
Eoghan, I'm glad you're better!

30

A QUATRAIN

O God up there, do you pity me now as I am.
a desolate waif scarce seeing the light of day?
A drop up there, on high, from the rocky
  roof,
falls into my ear... and the waves sound at my
  heels.

Fear Dorcha Ó Mealláin

31] Little is known of *Ó Mealláin* except that he was probably a
native of Co. Down, and may have been a priest. The following
is his only known work.

It arises from the effects of an Act of Parliament passed in
1652, following Cromwell's campaign in Ireland, aimed at the
dispossession of the British Parliament's defeated enemies east
of the Shannon. 'All Catholics (and many Protestant Royalists)
above the rank of tradesman or labourer were to remove
themselves and their families into Connacht and Clare, where
they were given small allotments. Any of those ordered away
found east of the Shannon after May 1st, 1654, might be killed
by whoever met them. The move had to be made mostly in
winter. The season was very severe, and the roads almost
impassable. Hundreds perished on the way'.*

The prayer in the first stanza of *Ó Mealláin's* poem is a version

---

* *Duanaire Gaedhilge II,* 134, R. Ní Ógáin.

Is dóichí gurbh ó Cho. an Dúin Ó Mealláin agus tá an dealramh ar an dán seo gur shagart ab ea é. An phaidir atá aige i dtosach a dháin, is leagan de phaidir í ba ghnách le daoine a rá agus iad ag dul ar thuras. Maidir leis an gcomparáid a dhéanann an file idir cás na nGael agus cás 'chlann Israel', gnáthchomparáid ab ea í sin i bhfilíocht an tseachtú céad déag.

31

AN DÍBIRT GO CONNACHTA

In ainm an Athar go mbuaidh,
   in ainm an Mhic fuair an phian,
in ainm an Spioraid Naoimh le neart,
   Muire 's a Mac linn ag triall.

Mícheál feartach ár gcuid stóir,   5
   Muire Ógh 's an dá aspal déag,
Brighid, Pádraig agus Eoin—
   is maith an lón creideamh Dé.

Colam Cille feartach caomh,
   's Colmán mhac Aoidh, ceann na gcliar,   10
beid linn uile ar aon tslí
   's ná bígí ag caoi fá dhul siar.

Nach dtuigeann sibh, a bhráithre gaoil
   cúrsaí an tsaoil le fada buan?
gé mór atá 'nár seilbh,   15
   beag bheas linn ag dul san uaigh.

Uirscéal as sin tuigthear libh:
   clann Israel a bhean le Dia,
san Éigipt cé bhí i mbroid,
   furtacht go grod a fuair siad.   20

of a prayer said traditionally before undertaking a journey. His comparison between the plight of the Irish and that of 'Israel's people' is a commonplace of seventeenth century poetry.

31

EXODUS TO CONNACHT

In the name of the Father full of virtue,
    in the name of the Son Who suffered pain,
in the name of the Holy Ghost in power,
    Mary and her Son be with us.

Our sole possessions: Michael of miracles,   5
    the virgin Mary, the twelve apostles,
Brigid, Patrick and Saint John
    – and fine rations: faith in God.

Sweet Colm Cille of miracles too,
    and Colmán Mac Aoidh, poets' patron,   10
will all be with us on our way.
    Do not bewail our journey West.

Brothers mine, do you not see
    the ways of the world a while now?
However much we may possess   15
    we'll go with little into the grave.

Consider a parable of this:
    Israel's people, God's own,
although they were in bonds in Egypt,
    found in time a prompt release.   20

Do-chuadar tríd an mhuir mhóir,
　go ndearnadh dhóibh ród nár ghann,
gur éirigh an fhairrge ghlas
　mar charraig 'mach os a gceann.

Iar ndul dhóibhsin fó thír　　　　　　　　　25
　fuair siad cóir ó Rí na rann,
furtacht, cabhair agus biadh
　ón Dia bhí riamh is tá ann.

Fuaradar ó neamh mar lón
　cruithneachta mhór—stór nár bheag—　30
mil dá chur mar cheo,
　uisce go leor ag teacht as creig.

Amhlaidh sin do-ghéanfar libh:
　do-ghéabhaidh sibh gach maith ar dtús;
atá bhur ndúithche ar neamh,　　　　　　35
　's ná bígí leamh in bhur gcúis.

A chlann chroí, déanaidh seasamh,
　's ná bígí ag ceasnamh le hanró;
Maoise a fuair ar agaill—
　cead a chreidimh ó Pharó.　　　　　　　40

Ionann Dia dhúinn agus dhóibh,
　aon Dia fós do bhí 'gus tá;
ionann Dia abhus agus thiar,
　aon Dia riamh is bheas go bráth.

Má ghoirthear dhaoibhse Páipis,　　　　　45
　cuiridh fáilte re bhur ngairm;
tugaidh foighead don Ardrí—
　Deo gratias, maith an t-ainm.

Through the mighty sea they passed,
    an ample road was made for them,
then the grey-green ocean rose
    out there above them like a rock.

When they came to dry land   25
    the King of Heaven minded them
– relief, succour and nourishment
    from the God Who ever was and is.

Food from Heaven they received:
    great wheat, in no small measure,   30
honey settling like a mist,
    abundant water out of rock.

Likewise it shall be done to you:
    all good things shall first be yours.
Heaven is your inheritance.   35
    Be not faint-hearted in your faith.

People of my heart, stand steady,
    don't complain of your distress.
Moses got what he requested,
    religious freedom – and from Pharaoh.   40

Identical their God and ours.
    One God there was and still remains.
Here or Westward God is one,
    one God ever and shall be.

If they call you "Papishes"   45
    accept it gladly for a title.
Patience, for the High King's sake.
    Deo Gratias, good the name!

107

A Dhia atá fial, a thriath na mbeannachta,
féach na Gaeil go léir gan bharanta;   50
má táimid ag triall siar go Connachta,
fágmaid 'nár ndiaidh fó chian ar seanchairde.

Dáibhí Ó Bruadair (c. 1625–1698)

32] Is é Dáibhí Ó Bruadair an chéad duine d'fhilí aitheantúla
an 17ú céad a rinne iarracht ar dhul le filíocht mar ghairm
bheatha, mar ba nós roimhe sin ag filí na scol. Rugadh é i
mBarrachaibh Móra, Co. Chorcaí, ach chaith sé formhór a
shaoil i Luimneach faoi scáth pátrún ar nós na nGearaltach.
Timpeall na bliana 1674, tharla céim síos éigin sa saol dó agus
b'éigean dó dul le sclábhaíocht feirme (Uimh. 38).
Chríochnaigh sé a shaol faoi ainnise agus faoi dhólás.
    File antorthúil ab ea Ó Bruadair, a raibh líofacht éachtach
teanga agus cumas samhlaíochta thar an gcoitiantacht aige.
Rinne sé cumasc fuinte ina chuid filíochta de sheanteanga
liteartha na bhfilí agus de bheotheanga labhartha a linne féin.
Tá tábhacht thar meon ag baint lena dhánta, ní hamháin mar
aistí filíochta, ach mar thuairisc ar stair na hÉireann agus ar
bhraithstint daoine sa dara leath den 17ú haois. Bíodh is gur
saothar an-ilghnéitheach a shaothar—ó thaobh téamaí agus
mothúchán de—caithfear a rá nach samhlófaí de ghnáth leis an
chineáltacht faoi leith atá á léiriú in Uimh. 32, agus 33.

God Who art generous, O Prince of Blessings,
behold the Gael, stripped of authority.
Now as we journey Westward into Connacht
old friends we'll leave behind us in their grief.

Dáibhí Ó Bruadair (c. 1625 – 1698)

32] *Ó Bruadair* is the first of the well-known seventeenth
century poets to try to live completely out of verse, in the
manner of the medieval professional poets. He was born in
Barrymore, Co. Cork, and spent much of his adult life in
Limerick, supported by patrons such as the Fitzgeralds. But by
the year 1674 he appears to have been reduced to labouring in
the fields (poem no. 38). He ended his life in misery.

Ó Bruadair was a prolific poet of formidable eloquence and
imaginative powers who blended the rich colloquial language
of his time with the older literary diction. His poems, apart
from their intrinsic poetic worth, are a valuable record of the
history and sensibility of the second half of the seventeenth
century. They span a wide variety of moods and themes among
which the extreme tenderness of poems 32 and 33 is by no
means typical.

32

ADORAMUS TE, CHRISTE

Adhraim thú, a thaibhse ar gcrú,
  a mhaighre an mhúir neámhdha,
d'athraigh le searc ón Athair go neart
  dár gcabhair i gceart Mháire;
mar ghréin tré ghloin do léimeadh libh   5
  d'aonscrios oilc Ádhaimh,
go rugais le crann duine 's a chlann
  a hifearn ceann Cásca.

A choinneall an chuain chuireas chum suain
  siosma na nguas ngáifeach,   10
achainim ort anam an bhoicht
  caigil, is coisc Sátan;
gé mise do thuill briseadh do thaoibh
  is tuilg na dtrí dtairne,
ná dún do dhearc lonnrach leasc   15
  riom, acht fear fáilte.

Tinne-de ár spéis id bhuime, a Mhic Dé,
  gur fionnadh de phréimh Dháibhí:
maighdean bhleacht do dheimhnigh reacht,
  radharc is rath máthar;   20
an fhinnegheal úr do ionaghair thú,
  a linbh, i gcúil chrábhaidh,
gloine mar í níor gineadh i gclí
  is ní thiocfa go fuíoll mbrátha.

32

ADORAMUS TE, CHRISTE

Ghost of our blood, I worship You,
   Hero on Heaven's rampart,
Who left for love a mighty Father
   – by Mary's grace – to save us.
You made a leap like sun through glass   5
   to abolish Adam's evil
and saved with a cross Man and his tribe
   at Eastertime from Hell.

Harbour-candle that lulls to rest
   the quarrel of deadly dangers,   10
the poor man's soul, I beg of You,
   save, and restrain Satan.
Your broken side is all my fault,
   and the tracks of the three nails,
but do not shut your calm bright eye   15
   upon me – make me welcome.

We regard Your nurse the more, God's son,
   that she was of David's line:
a virgin with milk, to prove the Law,
   with a mother's looks and grace,   20
bright, noble and fair to nurture You,
   Child, in a holy nook.
Pure like her never grew in womb
   nor will till the end of time.

33

TRUAGH LIOM GOL DEISE GO DIAN

Truagh liom gol deise go dian
    ar th'uaigh, a shoicheallach shámh;
gach maidean is muirt im shuan
    nuall ghuirt na lagbhan lán.

Go hailcneadh an fheartáin úd,   5
    leachtán lér loiteadh an ród,
acht a ngníomh níor mhuidh do mhéad,
    a ghéag do líon fuil san bhfód.

Do chodladh san gcillse thuas
    dod charaid ní cuimse an cás;   10
do ré níor fionnadh a raon
    do thaobh gur bioradh re bás.

D'Uíbh nGearailt, de bhorra-Bhaidhbh,
    do hongadh an mbeartghlain mbúidh;
ar Dháil gCais do chuir a clann,   15
    bann nár thais don truigh in úir.

34

MAIRG NACH FUIL 'NA DHUBHTHUATA

Mairg nach fuil 'na dhubhthuata,
    gé holc duine 'na thuata,
i ndóigh go mbeinn mágcuarda
    idir na daoinibh duarca.

112

33

I PITY THESE TWO CRYING HARD

I pity these two crying hard
    on your grave, my sweet blithe girl.
Dregs of my sleep each morning,
    sharp wail of these proud ladies.

Men have piled the grave-cairn up   5
    in a heap that stops the highway
yet have not matched your measure,
    limb that filled the sod with blood.

Your sleep up there in the churchyard
    is no small thing to your friends: 10
your life had not been fathomed
    when death pierced your side.

A Fitzgerald of the pride of the Badhbh
    this gentle innocent was anointed.
She settled with the Dál gCais   15
    – no mean match for this limb in earth.

34

O IT'S BEST BE A TOTAL BOOR

O it's best be a total boor
    (though it's bad be a boor at all)
if I'm to go out and about
    among these stupid people.

Mairg nach fuil 'na thrudaire
eadraibhse, a dhaoine maithe,
ós iad is fearr chugaibhse,
a dhream gan iúl gan aithne.

Dá bhfaghainn fear mo mhalarta,
ris do reacfainn an suairceas;
do-bhéarainn luach fallainge
idir é 'gus an duairceas.

Ós mó cion fear deaghchulaith
ná a chion de chionn bheith tréitheach;
truagh ar chaitheas le healadhain
gan é aniogh ina éadach.

Ós suairc labhartha is bearta gach buairghiúiste
gan uaim gan aiste 'na theangain ná suanúchas,
mo thrua ar chreanas le ceannaraic cruaphrionta
ó bhuaic mo bheatha nár chaitheas le tuatúlacht.

35

D'AITHLE NA BHFILEADH

Do chlainn Chon Connacht Uí Dhálaigh

D'aithle na bhfileadh n-uasal,
truaghsan timheal an tsaoghail;
clann na n-ollamh go n-eagna
folamh gan freagra faobhair.

Truagh a leabhair ag liatha,
tiacha nach treabhair bhaoise;
ar ceal níor chóir a bhfoilcheas,
toircheas bhfear n-óil na gaoise.

It's best to be, good people,   5
    a stutterer among you
since that is what you want,
    you blind ignorant crew.

If I found me a man to swap
    I'd give him my lovely skill.   10
He'd find it as good as a cloak
    around him against the gloom.

Since a man is respected more
    for his suit than for his talents
I regret what I've spent on my art,   15
    that I haven't it now in clothes.

Since happy in word and deed is each boorish clod
without music or metre or motherwit on his tongue,
I regret what I've wasted struggling with hard print
since the prime of life – that I might have spent as a boor.

35

THE HIGH POETS ARE GONE
For the family of Cúchonnacht Ó Dálaigh

The high poets are gone
    and I mourn for the world's waning,
the sons of those learned masters
    emptied of sharp response.

I mourn for their fading books,   5
    reams of no earnest stupidity,
lost – unjustly abandoned –
    begotten by drinkers of wisdom.

D'aithle na bhfileadh dár ionnmhas éigse is iúl
is mairg de-chonnairc an chinneamhain d'éirigh
    dhúinn: 10
a leabhair ag titim i leimhe 's i léithe i gcúil
's ag macaibh na droinge gan siolla dá séadaibh rún.

36

SEIRBHÍSEACH SEIRGTHE ÍOGAIR SRÓNACH SEASC

Seirbhíseach seirgthe íogair srónach seasc
d'eitigh sinn is eibear íota im scornain feacht,
beireadh síobhra d'eitill í gan lón tar lear,
an deilbhín gan deirglí nár fhóir mo thart.

Dá reicinn í 's a feileghníomh do-gheobhadh ceacht, 5
is beirt an tí go leigfidís im scórsa casc;
ó cheisnimh sí go bhfeirg linn is beoir 'na gar
don steiling í nár leige Rí na glóire i bhfad.

Meirgíneach bheirbhthe í gan cheol 'na cab
do theilg sinn le greidimín sa bpóirse amach;   10
cé cheilim ríomh a peidigraoi mar fhógras reacht,
ba bheag an díth dá mbeireadh sí do ghósta cat.

Reilgín an eilitín nach d'ord na mban
is seisce gnaoi dá bhfeicimíd sa ród ré maith;
a beith 'na daoi ós deimhin dí go deo na dtreabh 15
san leitin síos go leige sí mar neoid a cac.

After those poets, for whom art and knowledge were
    wealth,
    alas to have lived to see this fate befall us: 10
their books in corners greying into nothing
    and their sons without one syllable of their secret
    treasure.

36

A SHREWISH, BARREN, BONY, NOSEY SERVANT

A shrewish, barren, bony, nosey servant
refused me when my throat was parched in crisis.
May a phantom fly her starving over the sea,
the bloodless midget that wouldn't attend my thirst.

If I cursed her crime and herself, she'd learn a lesson.
The couple she serves would give me a cask on credit
but she growled at me in anger, and the beer nearby.
May the King of Glory not leave her long at her barrels.

A rusty little boiling with a musicless mouth,
she hurled me out with insult through the porch.   10
The Law requires I gloss over her pedigree
– but little the harm if she bore a cat to a ghost.

She's a club-footed slut and not a woman at all,
with the barrenest face you would meet on the open road,
and certain to be a fool to the end of the world.
May she drop her dung down stupidly into the porridge!

37] Dréacht é seo as aiste fhada phróis agus véarsaíochta den saghas a dtugadh filí na scol 'crosántacht' air. Ligeann an file air—agus é ag gabháil páirt an gheocaigh nó an chrosáin chuige féin—gur cineál sagairt é féin ar an bpósadh atá ar siúl. Bhíodh nathaireacht dhiamhair, agus uaireanta deisbhéalaí ghraosta, sna haistí seo.

Ní féidir a bheith ag brath rómhór ar an aistriúchán Béarla, toisc go bhfuil an buntéacs deacair nó truaillithe in áiteanna (go háirithe, l. 11 agus 12, agus l. 16 go dtí 20).

37

As: CUIRFEAD CLUAIN

Tar toinn tánag ar bord curraigh
   mar shórt sagairt
le fail phósta ón ngriollsa chugaibh;
   liomsa labhairt,

agus ráite gan ro chéille   5
   ó ló d'insin,
ag cur cháich ar fud a bpionsa
   cuid dem chinseal. . . .

Sagart súgach mé gan laidin,
   léi ní bhroicim,   10
ní fhuil im phortús puinn den tsaltair
   luim a loitim.

Cuirim óigbean uasal umhal
   suas go socair
lena céile do luighe ar leabaidh,   15
   ní buidhe an tsopghoil.

37] This is an extract from a lengthy prose-and-verse poem in which the poet, acting as *Crosán* or licensed jester, sees himself officiating at a wedding. Compositions of this kind, full of obscure light patter and sometimes of sexual double-talk, were a part of the medieval bard's stock in trade.

The translation is very tentative as the text is obscure or difficult in places (especially lines 11 and 12, and 16 to 20).

37

From: I'LL CAST MY SPELL

Over the waves I came in a curragh
   like a kind of priest
with a ring for you both from the magic salmon.
   It fell to me to speak

and I uttered from early morning   5
   sayings without much sense
to test them all to the hilt
   and show my mastery. . . .

I'm a cheerful priest, but with no Latin
   – I don't meddle with that.   10
There isn't much in my 'breviary'
   by way of a well-worn psalter.

I lift the high-born biddable maiden
   gently up
to lie in bed with her husband   15
   and the straw's no yellower for it.

Mar a scaoiltear glais de ghlúinibh
   clais do chárna
an tan tógbhaim daorchrios diúide
   Maonas cána.   20

Déanaid doras ar an obair
   leis na pógaibh
is dá éis súgra sop i súsa
   fána ndóirnibh.

Éirím astu bheith re teagasc,   25
   ní dár gcéimne,
d'uamhan easpaig Chill dá Channa
   nó Chinn Léime.

38

As: IS MAIRG NÁR CHREAN LE MAITHEAS SAOGHALTA

Is mairg nár chrean le maitheas saoghalta
do cheangal ar gad sul ndeacha in éagantacht,
's an ainnise im theach ó las an chéadluisne
nach meastar gur fhan an dadamh céille agam.

An tamall im ghlaic do mhair an ghléphingin,   5
ba geanamhail gart dar leat mo thréithe-se—
do labhrainn Laidean ghasta is Béarla glic
's do tharrainginn dais ba cleas ar chléireachaibh.

Do bheannachadh dhamh an bhean 's a céile cnis,
an bhanaltra mhaith 's a mac ar céadlongadh;
dá ngairminn baile is leath a ngréithe-sean,
ba deacair 'na measc go mbainfeadh éara dhom.

As knees are unlocked
   and the creases pile on each other
I take off the bashful imprisoning belt
   for Manus's club.   20

Let them begin the work
   with kisses,
then mattress-games under the blanket
   under-handed.

But I'll issue no more instructions   25
   – it's none of my business –
for fear of the bishop of Ceann Léime
   or Cill dá Channa.

38

from: WOE TO THAT MAN WHO LEAVES ON HIS -
     VAGARIES

Woe to that man who leaves on his vagaries
without busying himself tying up some worldly goods.
There is misery in my house from the first dawn-light,
and no one believes I've got one tatter of sense.

For as long as the shining penny was in my fist   5
my ways were charming and cheerful, you would think.
My speech was fluent Latin and cunning English!
I could describe a flourish to dazzle the scribes!

Wives and the mates of their flesh saluted me
and mothers and their boys before their breakfast.   10
If I were to ask for a village, with half its contents,
I'd find it hard to get a refusal among them.

Do ghabhainn isteach 's amach gan éad i dtigh
is níor aistear uim aitreabh teacht aréir 's aniogh;
dob aitheasc a searc fá seach le chéile againn   15
'achainghim, ceadaigh blaiseadh ár mbéile-ne'.

D'athraigh 'na ndearcaibh dath mo néimhe anois
ar aiste nach aithnidh ceart im chéimeannaibh;
ó shearg mo lacht le hais na caomhdhroinge,
d'aithle mo cheana is marcach mé dem chois.   20

Is annamh an tansa neach dom éileamhsa
is dá n'agrainn fear ba falamh a éiricsin;
ní fhaiceann mo thaise an chara chéibheann chlis
dar gheallamhain seal 'is leat a bhféadaimse'.

Gé fada le sail mo sheasamh tréithchuisleach   25
ó mhaidin go feascar seasc gan bhéilfhliuchadh,
dá dtairginn banna sleamhain séalaithe
ar chnagaire leanna, a casc ní bhéarainn sin.

Is tartmhar mo thasc ag treabhadh im aonarsa   30
le harm nar chleachtas feacht ba mhéithe me;
d'atadar m'ailt de reath na crélainne
is do mharta' an feac ar fad mo mhéireanna.

A Athair na bhfeart do cheap na céidnithe,
talamh is neamh is reanna is réithleanna,
earrach is teaspach, tartha is téachtuisce,   35
t'fheargain cas is freagair m'éagnachsa.

I could enter and leave a house, and no complaint;
turn up at the same house night and day – it was nothing.
Jointly and several, the burthen of their love
was: "Deign, I implore you, to take a taste of our meal!"

But I've taken a different colour now in their eyes
so that they see no right in my procedures.
To judge by this gentry now, my milk has turned
and after my time of respect I must ride on foot.   20

It is seldom anyone seeks my services,
while if I press them on people the pay is poor.
I find no more that cunning and sweet companion
who promised me once: "All I can do, it is yours."

I could stand at the counter long and wearily   25
from morn till night – arid, with unwet lips –
and not if I offered a surety sealed and shining
for a naggin of beer, could I lure it out of the cask.

It's a thirsty task, ploughing this lonely furrow,
with a weapon I never employed when I was rich: 30
this sword-play into the earth has swelled my ankles
and the shaft has martyred my fingers totally.

Father of Miracles, Who madest the first things
– Earth and Heaven and constellations and stars,
Spring and warmth, fruit and freezing water –   35
avert Thy wrath and answer my lamentation!

39] Is beag eolas atá ar Thadhg Rua ach gur mhair sé i dtuaisceart Chiarraí sa dara leath den 17ú haois. Níl foilsithe go dtí seo ach dhá dhán dá chuid.

39

DE BHEARTAIBH AN TSAOGHAIL TSLIM

De bheartaibh an tsaoghail tslim
d'fhear shaidhbhir nach baoghal táir;
madh daidhbhir atá gan chéill—
fáth nach téid an ceart 'na cháir.

Damh-sa do fíoradh an scéal: 5
an tan dob aoibhinn mo sheol
ba mór mo chairdeas 's mo ghaol;
ós bocht ni thig aon dom chóir.

Cé chím iad ní fhaicid mé,
má chíd mé ní fhaicid mé; 10
saoilid siad ar ndul dom spré
gé mise mé nach mé mé.

Lá samhraidh ó éirghe 'on ghréin—
tuigeadh gach aon créad an fáth—
muna bhfaicinn mo scáth féin, 15
nó scáth éin, ní fhaicim scáth.

Is é meas an tsaoghail mhóir,
ó bhraithid mo stór go gann,
dá dtagrainn an ceart 's an chóir
nach bí acht glór amaide ann. 20

39] Very little is known of *Ó Conchúir* except that he lived in North Kerry in the second half of the seventeenth century. Only two of his poems have been published.

39

A TRICK OF THIS TREACHEROUS WORLD

A trick of this treacherous world
    puts the rich above reproach.
If you're poor you have no sense
    and Justice goes undone.

I have had this thesis proved.   5
    When things were all set fair
I'd family and friends in plenty.
    Now I'm poor they keep their distance.

If I see them they don't see me.
    If they see me they still don't see me.   10
They hold, with my fortune gone,
    though I'm there it isn't me.

Any summer day, from sunrise
    (let everyone know why)
if I don't see my shadow, or a bird's,   15
    I'll see no shadow at all.

The great world is agreed,
    having seen my goods grow scarce,
though I utter the True and the Just
    it is nothing but idiot noise.   20

Dá mba mise mise a-rís,
ba gile ná an ghile mo shnódh,
gé hanois ní chuirid cás
im bhás ioná im bheathaidh fós.

Dá mba líonta d'ór mo thrunc   25
's mo bheith gan unsa de chéill,
adéaradh an maith 's an saith
m'eagna tar Solamh go dtéid.

A Dhé do chuir iad san riocht
is mise san chruth i dtáim,   30
cion ar chaill mise dá meas,
sirim ort, dom anam dáil.

Séamas Dall Mac Cuarta (1647?–1733)

40] In Ó Méith, i gCo. Lú, is dóichí a rugadh Séamas Dall.
Chaith sé a shaol, dealraíonn sé, ag gabháil timpeall ina
dhúiche féin agus cois Bóinne, ceantair ina raibh buíon filí agus
ceoltóirí ag saothrú leo san am. Bhí sé dall nó caoch as a óige,
sa tslí go raibh sé ag brath go mór ar a éirim fhileata chun a
bheatha a thuilleamh—rud nárbh fhurasta a dhéanamh in
éagmais na bpátrún saibhir a bhí ag dul i léig go tiubh an tráth
sin. Tá tuairim is caoga dán leis ar marthain.
    Tá blas an tseantraidisiúin liteartha ar dhánta leis, ach ar an
taobh eile tá dánta eile leis a bhfuil anáil amhrán comónta na
linne go trom orthu. Is san bhfoirm *Trí Rainn agus Amhrán*—trí
rann i véarsaíocht scaoilte shiollach agus ceathrú amháin sa
véarsaíocht aiceanta—atá na dánta is fearr aige. Tá cumasc
éifeachtach déanta aige sna dánta sin den sean agus den nua. Tá
bá leis an nádúr, tréith nach gnách i bhfilíocht na ré seo, le
brath go láidir ar a chuid filíochta. I gcás Uimh 40, tá sé ráite
gur bádh an lon dubh in áras éigin ina raibh aol.

But let me be me once more,
   then brighter than bright my face!
– though they couldn't care less at present
   whether I'm dead or alive.

If my trunk were filled with gold   25
   though I hadn't an ounce of sense
the high and the low would declare
   my judgment better than Solomon's.

O God Who fixed them in their station
   and me in the state I am,   30
the share of their love I've lost
   restore to my soul, I beg!

Séamas Dall Mac Cuarta (1647 ? – 1733)

40] *Mac Cuarta* was born probably in Omeath, Co. Louth, and seems to have spent most of his life moving about in his native district and in the Boyne valley, where he was one of an active group of poets and musicians. Either blind or of defective sight from youth, he depended to a great extent on his literary talents for his livelihood, at a time when substantial patronage was on the wane. Some fifty of his poems still survive.

His work shows a close affiliation with the older literary traditions on the one hand, and on the other the influence of contemporary popular song and balladry. The best of his poems are those in the form *Trí Rainn agus Amhrán* – three stanzas in loose syllabic verse and one stanza in song form – where both traditions are finely merged. A feeling for nature, common in early Irish poetry but uncommon in the classic poetry of the seventeenth and eighteenth centuries, is strongly present in *Mac Cuarta's* work. In poem No. 40 the blackbird is said to have drowned in lime-wash.

40

A iníon álainn Choinn Uí Néill
   is fada do shuan tar éis d'áir;
is nach gcluin uaisle do chine féin
   tú ag caoineadh do spré tar éis a bháis.

Ceiliúr an éin lúfair luaith,   5
   theastaigh uait, a fhaoileann bhán;
cha bhíonn tubaiste ach mar mbíonn spré,
   is déansa foighid ó ghreadadh lámh.

Ó ghreadadh lámh is ó shileadh rosc,
   glacsa tost, a fhaoileann úr;   10
a iníon álainn Choinn Uí Néill,
   fá bhás an éin ná fliuch do shúil.

A fhaoileann a d'fhás ó ardrí Uladh na rí,
fuirigh mar tá, is fearr é nó imeacht le baois;
fá d'éan beag a b'áille gáire ar imeall na gcraobh,   15
chan ceist duit a bhás go brách is é nite le haol.

41

Fáilte don éan is binne ar chraoibh,
   labhras ar chaoin na dtor le gréin;
domhsa is fada tuirse an tsaoil,
   nach bhfaiceann í le teacht an fhéir.

THE DROWNED BLACKBIRD

Lovely daughter of Conn Ó Néill,
  sleep long after your great loss.
Don't let your noble kinsmen hear you
  weeping after your treasure's death.

The song of that swift, nimble bird   5
  is gone for good, my beauty pale.
But where's the treasure brings no trouble?
  Hold a while, don't beat your hands.

Not beaten hands and streaming eyes
  but silence, my noble beauty.   10
Lovely daughter of Conn Ó Néill,
  the bird is dead, don't wet your eyes.

O beauty, grown from kings of royal Ulster,
be steady now; it is better than raving wild.
Your small bird laughing loveliest on the bough-tips,
fret no more for his death: he is washed in lime.

41

WELCOME, SWEETEST BIRD

Welcome, sweetest bird on branch,
  at the bushes' edge as the sun grows warm.
The world's long sorrow it is to me
  I see her not as the grass grows green.

Gach neach dá bhfaiceann cruth na n-éan,   5
    amharc Éireann, deas is tuaidh,
bláth na dtulach ar gach taoibh—
    is dóibh is aoibhne bheith á lua.

Cluinim, gé nach bhfaicim gné,
    seinm an éin darbh ainm cuach;   10
amharc uirthi i mbarraí géag,
    mo thuirse ghéar nach mise fuair.

Mo thuirse nach bhfuaireas bua ar m'amharc a dh'fháil
go bhfaicinn ar uaigneas uaisle an duilliúir ag fás;
cuid de mo ghruaim nach gluaisim ag cruinniú le cách,
le seinm na gcuach ar bhruach na gcoilleadh go sámh.

42

TITHE CHORR AN CHAIT

Uaigneach sin, tithe Chorr an Chait,
    is uaigneach a bhfir is a mná;
is dá bhfaighdís ór is fíon
    cha dtig aon díobh i gceann cháich.

I gceann cháich cha dtig siad   5
    ar ar cruthaíodh thiar is thoir;
ar ar cruthaíodh ó neamh go lár—
    ionann sin is béasa an bhroic.

Béasa an bhroic bheith ag tochailt faoi
    i ndorchadas oíche is lae;   10
ar ar cruthaíodh ó neamh go lár,
    i gceann cháich cha dtig sé.

All who have seen the forms of birds,   5
    the views of Ireland South and North,
the hillocks' flowers on every hand,
    love to talk about these things.

Though I see nothing, I can hear
    song of the bird they call the cuckoo.   10
My sharp sorrow I cannot have
    a sight of her in the branches' tops.

My sorrow I was not granted the gift of sight,
to see for myself the noble foliage growing;
it's part of my gloom I can't gather with everyone   15
when the cuckoos tranquilly sing by the edge of the woods.

42

THE HOUSES OF CORR AN CHAIT

The houses of Corr an Chait are cold
    and cold their men and women.
Not for gold or wine
    would one of them come to greet you.

They wouldn't come to greet you   5
    for the whole world, East and West,
for the world from Earth to Heaven.
    And that is the badger's habit.

It's the badger's habit to burrow down
    night and day in the dark.   10
For the world from Earth to Heaven
    he wouldn't come to greet you.

Ní hionmhuin leis an ríbhroc aoibhneas, aiteas, ná spórt,
ní hionmhuin leo saoi, ná draoi, ná cumadóir ceoil,
ní hionmhuin leo Séamas caoch ná cuidiú Néill Óig,
is fanadh gach aon mar a mbíd ag tochailt an phóir.

Cathal Buí Mac Giolla Ghunna (c. 1680–1756)

43] I gCo. Fhear Manach a rugadh Cathal Buí, dealraíonn sé.
Chaith sé tréimhse ag gabháil le sagartóireacht; ina dhiaidh sin
chuaigh sé le filíocht agus le réiciúlacht. Dornán beag dánta a
luaitear leis, ach tá daonnacht agus macántacht neamhghnách
ag baint lena bhformhór. Níl aon bhreith ag aon cheann acu,
ámh, ar An Bonnán Buí, ar an gcumasc mín atá ann den ghreann
is den truamhéil.

43

AN BONNÁN BUÍ

A bhonnáin bhuí, is é mo chrá do luí
  is do chnámha críon tar éis a gcreim,
is chan díobháil bídh ach easpa dí
  d'fhág tú 'do luí ar chúl do chinn;   5
is measa liom féin ná scrios na Traí
  thú bheith sínte ar leacaibh lom,
is nach ndearna tú díth ná dolaidh is tír
  is nárbh fhearr leat fíon ná uisce poill

Is a bhonnáin álainn, mo mhíle crá
  do chúl ar lár amuigh insa tslí,   10
is gur moch gach lá a chluininn do ghráig
  ar an láib agus tú ag ól na dí;
is é an ní adeir cách le do dheartháir Cathal
  go bhfaighidh mé bás mar súd, más fíor;
ní hamhlaidh atá—súd an préachán breá   15
  chuaigh a dh'éag ar ball, gan aon bhraon dí.

King-badger loves not gaiety, sport or pleasure;
these love not sage or druid or music-maker,
nor Seamus blind, nor Niall Óg's company.
So let them bide, burrowing in the dirt.

Cathal Buí Mac Giolla Ghunna (c. 1680 – 1756)

43] It is thought that *Mac Giolla Ghunna* was born in Co.
Fermanagh. He spent some time reading for the priesthood
before settling for the career of rake-poet. Of the handful of
poems attributed to him, most are marked by a rare humanity,
but none of them can match *An Bonnán Buí* with its finely-
judged blend of pathos and humour.

43

THE YELLOW BITTERN

Bittern, I'm sorry to see you stretched
  with your bones decayed and eaten away.
Not want of food but need of a drink
  has brought you so to lie face up.
I feel it worse than the ruin of Troy   5
  to see you stretched on the naked stones,
who caused no hurt nor harm in the world,
  as happy with boghole water as wine.

It hurts, fair bittern, a thousandfold
  – your fallen head on the open road,   10
whose honk I heard in the early mornings
  out on the mud as you took your drink.
Everyone tells your brother Cathal
  that's certainly how I'm going to die.
Not so. Behold this handsome bird   15
  lately dead for want of a drop.

A bhonnáin óig, is é mo mhíle brón
thú bheith romham i measc na dtom,
is na lucha móra ag triall chun do thórraimh
ag déanamh spóirt is pléisiúir ann;   20
dá gcuirfeá scéala in am fá mo dhéinse
go raibh tú i ngéibheann nó i mbroid fá dheoch,
do bhrisfinn béim ar an loch sin Vesey
a fhliuchfadh do bhéal is do chorp isteach.

Ní hé bhur n-éanlaith atá mise ag éagnach,   25
an lon, an smaolach, ná an chorr ghlas—
ach mo bhonnán buí a bhí lán den chroí,
is gur cosúil liom féin é ina ghné is a dhath;
bhíodh sé choíche ag síoról na dí,
agus deir na daoine go mbím mar sin seal,   30
is níl deor dá bhfaighead nach ligfead síos
ar eagla go bhfaighinnse bás den tart.

Dúirt mo stór liom ligean den ól
nó nach mbeinnse beo ach seal beag gearr,
ach dúirt mé léi go dtug sí bréag   35
is gurbh fhaide mo shaolsa an deoch úd a fháil;
nach bhfaca sibh éan an phíobáin réidh
a chuaigh a dh'éag den tart ar ball?—
a chomharsain chléibh, fliuchaidh bhur mbéal,
óir chan fhaigheann sibh braon i ndiaidh bhur mbáis.

Aodh Mac Gabhráin

44] Ní mór an t-eolas atá ar shaothar Aodha Mhic
Ghabhráin, file ó Cho. an Chabháin a mhair sa chéad leath den
18ú haois. Scríobh sé, chomh maith, *Pléaráca na Ruarcach,*
amhrán ar chuir an Cearbhallánach ceol leis, agus ar chuir
Swift aistriúchán Béarla air.

Sorrow, young bittern, a thousandfold
  to see you before me among the clumps,
and the big rats travelling toward your wake,
  taking part in the fun and games.   20
If only you'd sent me word in time
  that you were in trouble and needed a drink
I'd have dealt a blow at Vesey's lake
  would have wetted your mouth and your innards too.

Your other birds I don't lament,   25
  blackbird, thrush, or the grey crane,
but my yellow bittern full of heart
  so like myself in face and hue.
He was for ever taking a drink
  and they say I'm the same from time to time   30
– but I'll leave undrunk no drop I find
  for fear I'd catch my death of thirst.

My darling said give up the drink
  or I've only a little while to live
but I told her that she told a lie,   35
  the selfsame drink prolongs my life.
Have ye not seen this smooth-necked bird
  that died of thirst a while ago?
Wet your lips, my neighbours dear.
  There won't be a drop when you're dead and gone.

                Aodh Mac Gabhráin

44] *Mac Gabhráin* is a little known poet from Cavan who
flourished in the first half of the eighteenth century. He wrote
Pléaráca na Ruarcach set to music by Carolan and translated by
Swift as *O'Rourke's Feast*.

44

ACHASÁN AN MHARCAIGH

A ghearráin ler chailleas mo shearc,
gabh an diabhal, is fág m'amharc;
　go mba measa bhias tú bliain ó inniu,
　is dar anam m'athara ní súgra.

An bhfuil náire ort, a ghearráin gan chéill,　　　5
a stráidh dhiabhlaí an aiméis,
　m'fhágáil ar mo tharr san gcac,
　is ábhar mo mhná ar m'amharc?

Fiche marbhfháisc ort anocht,
is buan in do thóin mo mhallacht;　　　10
go bpioca na fiacha do dhá shúil,
　a straip dhiabhlaí an ghurrúin!

Tairne i mbeo go raibh in do bhonn,
is go ngearra an tiarach féith t'earbaill,
mairc bhéalghaile ar do dhroim,　　　15
　is tine ghealáin i mbéal do chacthoill.

Greim den bhféar nár chasa ort,
nó gráinne arbhair go Nollaig,
　nó aonbhraon uisce go brách,
　nó go bhfaighir bás d'antart.　　　20

Go mbaine spor na coise deise
sceilp de úll do leisese;
　caor thine in do thóin—
　nach bhfaca tú í san bhfuinneoig?

44

THE HORSERIDER'S REPROACH

Hack who hast cost me my love
go to Hell and get out of my sight!
   May you sicken a year and a day
   – I don't joke, by the soul of my sire.

Imbecile hack, where's your shame   5
– diabolical ignorant shirker –
   to drop me in dung on my front
   right where my intended could see me?

A score of death-squeezes tonight
and my curse on your buttocks for ever!   10
   May ravens pluck both of your eyes,
   diabolical whore with the haunch.

May your hoof catch a nail in the quick!
May the band cut the string of your tail!
   Slash-marks be all over your back,   15
   and lightning at the lip of your hole!

May you get not a mouthful of grass
nor a granule of corn until Christmas
   nor one drop of water for ever
   till you perish of terrible thirst.   20

May your right leg take out with its knob
a slice from the ball of your hip.
   May a thunderbolt enter your arse!
   Did you not see her there in the window?

45] Rugadh Aogán Ó Rathaille ar Screathan an Mhíl, i ndúiche sceirdiúil Shliabh Luachra, deich míle éigin lastoir de Chill Airne. Fuair sé scolaíocht mhaith ina óige, ní foláir, mar bhí eolas nár bheag aige ar Laidin, ar Bhéarla, ar stair agus ar litríocht na Gaeilge. Bhain a mhuintir, a bheag nó a mhór, leis an aicme phribhléideach: b'fhéidir gur de shliocht Mhic Aogáin a mháthair, cine ar díobh na hollúna oidhreachtúla ag an gCárthach Mór. D'fhéadfadh, go raibh an stráice talún ar Screathan an Mhíl ar cíos íseal ag muintir Rathaille ó Sir Nioclás Brún.

Tar éis bhriseadh na Bóinne (1690), toisc gur Chaitilicigh agus Seacaibítigh iad na Brúnaigh a bhí báúil leis na SeanGhaeil, coigistíodh an t-eastát ollmhór a bhí acu (c. 400,000 acra) fad ba bheo Sir Nioclás. Lean de sin gur ruaigeadh an Rathailleach chomh maith as a cheantar féin; do mhair sé tamall ina dhiaidh sin faoi ainnise in aice le Tonn Tóime, Caisleán na Mainge (Uimh. 45).

Plandálaithe a tháinig go hÉirinn in aimsir Eilíse ab ea na Brúnaigh. Ghabh siad tailte na gCárthach i gCúige Mumhan de réir a chéile— ach ina dhiaidh sin sheas siad leis na Cárthaigh agus uaireanta thug siad talamh saor ó chíos dóibh. Cé go raibh Aogán Ó Rathaille mór go maith le Brúnaigh, ní raibh a chroí chomh ceangailte iontu in aon chor agus a bhí ins na Cárthaigh. Cuireann an dá dhílseacht seo—a bhí uaireanta ag teacht trasna ar a chéile—a chuid fílíochta ar tinneall. Níor réitigh sé an scéal sin ar fad dó féin go dtí deireadh a shaoil (Uimh. 53).

Ina shaothar rinne Aogán Ó Rathaille iarracht chuthaigh ar theacht ar thuiscint éigin ar an léirscrios a bhí déanta air féin agus ar mhuintir na tíre. An chuid is fearr den bhfilíocht sin, is filíochta mhaorga mhórthaibhseach í ina bhfuil uaigneas anama do-inste.

Tá Aogán Ó Rathaille curtha i dteannta na gCárthach i Mainistir Mhucrois, i gCill Airne.

Aogán Ó Rathaille (c. 1675 – 1729)

45] *Aogán Ó Rathaille* was born in *Screathan an Mhíl* (Scrahanaveel), in the rugged *Sliabh Luachra* district some ten miles east of Killarney. He appears to have received a good formal schooling, being versed in Latin and English as well as in Irish literature and history. His parents – due perhaps to some marriage connection with the Egans, traditional *ollaves* to the McCarthymore family – seem to have been reasonably prosperous; they may have held the rentals of a large parcel of land from Sir Nicholas Browne for a modest fee.

The Brownes, of old Elizabethan planter stock, were Catholic, Jacobite and favourable to the native Irish. After the defeat of King James at the Battle of the Boyne in 1690, their vast estates (c. 400,000 acres) were confiscated for the lifetime of Sir Nicholas. *Ó Rathaille,* in consequence, had to leave his native district. He lived for a time in poor circumstances at *Tonn Tóime,* at the edge of Castlemaine Harbour, some twelve miles west of Killarney (poem no. 45).

For all his close links with the Brownes, *Ó Rathaille* was more emotionally involved with the McCarthys, whom the Brownes supplanted (and thereafter often supported). This twin – and sometimes contradictory – allegiance caused a tension in his poetry which he does not seem to have resolved until the end of his life (poem no. 53).

His poetry, the best of which has a heroic desolation and grandeur, is in many ways a result of his effort to come to terms with the chaos in which he and his people found themselves.

Ó Rathaille is buried with the McCarthys in Muckross Abbey, Killarney.

45

IS FADA LIOM OÍCHE FHÍRFHLIUCH

Is fada liom oíche fhírfhliuch gan suan, gan srann,
gan ceathra, gan maoin caoire ná buaibh na mbeann;
anfa ar toinn taoibh liom do bhuair mo cheann,
's nár chleachtas im naíon fíogaigh ná ruacain abhann.

Dá maireadh an rí díonmhar ó bhruach na Leamhan 5
's an ghasra do bhí ag roinn leis lér thrua mo chall
i gceannas na gcríoch gcaoin gcluthar gcuanach gcam,
go dealbh i dtír Dhuibhneach níor bhuan mo chlann.

An Carathach groí fíochmhar lér fuadh an mheang
is Carathach Laoi i ndaoirse gan fuascladh fann; 10
Carathach, rí Chinn Toirc, in uaigh 's a chlann,
's is atuirse trím chroí gan a dtuairisc ann.

Do shearg mo chroí im chlíteach, do bhuair mo leann,
na seabhaic nár fríth cinnte, agár dhual an eang
ó Chaiseal go Toinn Chlíona 's go Tuamhain thall, 15
a mbailte 's a dtír díthchreachta ag sluaghaibh Gall.

A thonnsa thíos is airde géim go hard,
meabhair mo chinnse cloíte ód bhéiceach tá;
cabhair dá dtíodh arís ar Éirinn bhán, 20
do ghlam nach binn do dhingfinn féin id bhráid.

45

THE DRENCHING NIGHT DRAGS ON

The drenching night drags on: no sleep or snore,
no stock, no wealth of sheep, no horned cows.
This storm on the waves nearby has harrowed my head
– I who ate no winkles or dogfish in my youth!

If that guardian King from the bank of the Leamhan
    lived on,   5
with all who shared his fate (and would pity my plight)
to rule that soft, snug region, bayed and harboured,
my people would not stay poor in Duibhne country.

Great Carthy, fierce and fine, who loathed deceit;
with Carthy of the Laoi, in yoke unyielding, faint;   10
and Carthy King of Ceann Toirc with his children,
    buried;
it is bitterness through my heart they have left no trace.

My heart has dried in my ribs, my humours soured,
that those never-niggardly lords, whose holdings ranged
from Caiseal to Clíona's Wave and out to Thomond,
are savaged by alien hordes in land and townland.

You wave down there, lifting your loudest roar,
the wits in my head are worsted by your wails.
If help ever came to lovely Ireland again
I'd wedge your ugly howling down your throat!   20

46] Tráth ar thug an Rathailleach cuairt ar Chaisleán an Tóchair (Co. Chorcaí), in ionad Thaidhg an Dúna Cárthach—an chroí mhóir a bhí i seilbh na háite tráth—fuair sé roimhe an cóilíneach, Warner . . . . Tá aoibh an tsonais ar an dán seo (agus ar Uimh. 48), rud nach gnách i saothar an Rathailligh.

46

DO SHIÚLAIGH MISE AN MHUMHAIN MHÍN

Do shiúlaigh mise an Mhumhain mhín
's ó chúinne an Doire go Dún na Rí;
mo chumha níor briseadh cé'r shúgach sinn
 go feicsint brugh Thaidhg an Dúna.

Do mheasas im aigne 's fós im chroí   5
an marbh ba mharbh gur beo do bhí,
ag carabhas macra, feoil is fíon,
 punch dá chaitheamh is branda.

Feoil de bhearaibh is éanlaith ón dtoinn,
ceolta 's cantain is craos na dí,   10
rósta blasta 's céir gan teimheal,
 conairt is gadhair is amhastrach.

Drong ag imeacht is drong ag tíocht
is drong ag reacaireacht dúinn go binn,
drong ar spallmaibh úra ag guí   15
 's ag leaghadh na bhFlaitheas go ceansa.

Nó go bhfuaras sanas ó aon den chúirt
gurb é Warner ceannasach séimh glan subhach
do bhá sa mbaile gheal aosta chlúil,
 flaith nárbh fhann roimh dheoraí.   20

46] *Ó Rathaille,* visiting Togher Castle (Co. Cork), formerly owned by a McCarthy, *Tadhg an Dúna,* noted for his great generosity, found it occupied by one of the new colonists. This poem has a measure of good humour in it (as has poem no. 48) unusual in *Ó Rathaille's* work.

46

I WALKED ALL OVER MUNSTER MILD

I walked all over Munster mild,
and from Doire corner to Dún na Rí,
my grief unchecked (though cheerful once)
  -- to Tadhg an Dúna's mansion.

There to my mind and heart it seemed   5
that the vanished dead returned to life:
young men revelling, meat and wine,
  punch being drunk, and brandy;

meat from spits, birds of the wave,
music, singing, great thirst for drink,   10
tasty roasts, clean honeycombs,
  hound-packs, dogs and barking;

people leaving, people arriving,
people pleasantly chatting with us,
people praying on the cool flags   15
  meekly melting the heavens.

Till one in that court reminded me
it was lordly Warner – mild, chaste, gay –
dwelt now in that ancient famous house,
  a prince not mean to the wanderer.   20

'S é Dia do chruthaigh an saoghal slán
's tug fial in ionad an fhéil fuair bás,
ag riar ar mhuirear, ar chléir, ar dháimh,
curadh nach falsa mórchroí.

47] Dréacht é seo as caoineadh fada ar Dhónall Ó Ceallacháin
a cailleadh sa bhliain 1709. Is fiú a thabairt faoi deara gurbh
fhéidir rabairne agus féile den saghas seo a shamhlú fós le teach
mór Gaelach i dtosach an 18ú céad. Is í Clíona, duine de
bhanríonacha na síog, a labhraíonn anseo.

47

As: CÚIRT UÍ CHEALLACHÁIN

'Do dhearcas,' ar sí, ''na rí-bhrugh ceolmhar
síodaí breaca is bratacha sróill ghlain,
coilg dá ngormadh, othair ag ól miodh,
is laochra ag imirt ar fichill na fóirne;

cuilte dá ndeargadh ar maidin 's am nóna,   5
córú cleiteach ag barrfhionnaibh óga,
fíon ar briseadh dá ibhe, agus mórtas,
feoil ar bhearaibh, is beathuisce ar bhordaibh;

dronga ag taisteal gan mhairg don nósbhrugh,
dronga ag titim 's a gcuisleanna breoite,   10
dronga ar meisce gan cheilg don chomharsain,
dronga borba ag labhairt go glórach . . .

poirt ar chruitibh dá seinm go ceolmhar,
startha dá léamh ag lucht léinn is eolais,
mar a mbíodh trácht gan cháim ar ordaibh
is ar gach sloinne dár gineadh san Eoraip;

God, Who created the world aright,
gave a generous man for the one who died
to serve his household, scribes and poets
  – a true, great-hearted hero.

47] This is an extract from a long elegy on *Dónall Ó Ceallacháin*
who died in the year 1709. It is noteworthy that a Gaelic 'Big
House' at the beginning of the eighteenth century could still be
thought of as dispensing such lavish hospitality. *Clíona,* a queen
of the *sídh,* speaks the lines.

47

From: THE COURT OF Ó CEALLACHÁIN

"I saw", said she, "in that palace of music,
speckled silks, sheer satin cloth,
blades being sharpened, mead for the sick,
warriors playing with the *ficheall* teams,

quilts got ready morning and evening,   5
fair-haired women tossing the feathers,
wine broke open and drunk in uproar,
spits of meat and tables of whiskey,

crowds for the great house merrily heading,
crowds collapsing with fevered pulse,   10
drunken crowds, no harm to their neighbours,
and ignorant crowds conversing loudly....

harp-tunes playing melodiously,
histories read by the learned and wise,
with flawless accounts of every Order   15
and family name that arose in Europe,

dóirse gan dúnadh ar dhúntaibh ómrach',
céir dá lasadh ar gach balla agus seomra,
caisc dá mbriseadh don bhfoirinn gach nóiment,
's gan trá lachta ag teacht san ól san.   20

48] Aoir mhagaidh é seo ar dhuine gan aird, Ó Síobharáin, a
ghoid coileach ó shagart. Ba dhóigh leat, ámh, gur mó ar
deireadh a bhí an Rathailleach ag magadh faoi féin anseo i
dtaobh gan aon chumhacht a bheith aige feasta, mar fhile, chun
a gceart a sheasamh do dhaoine. Tar éis ré an Rathailligh fuair
an 'Whereas' nó an barántas fileata an-leathantas i measc fhilí na
Mumhan.

48

AR CHOILEACH A GOIDEADH Ó SHAGART MAITH

WHEREAS Aonghus fáithchliste,
sagart cráifeach críostaitheach,
do theacht inniu im láthairse
le gearán cáis is fírinne:

gur cheannaigh coileach ardshleachta   5
dá chearcaibh sráide is tíoghbḥaile,
ba bhreátha scread is bláthmhaise
is baic le scáil gach líondatha.

Thug sé caogad mínscilling
ar an éan dob aoibhinn cúlbhrice,   10
gur sciob síofra draíochta é
ó aonach cinn na dúiche seo.

doors never shut on amber dwellings,
candles lighting each wall and room,
casks for the company always opened
and never an ebb in the tide of drink...." 20

48| *Ó Rathaille* here is as much wryly mocking his own inability,
as a poet, to influence the course of justice, as he is satirizing the
nonentity *Ó Síobharáin,* who stole the priest's cock. After *Ó
Rathaille's* time the 'whereas' or warrant became a feature of
Munster poetry.

48

A GOOD PRIEST'S STOLEN COCK

WHEREAS the learned Aengus
a pious Christian priest
came today before me
to make a sworn complaint

that having bought a high-born cock 5
for his street- and household-hens,
of finest squawk, and blooming,
neck shaded every sheen,

and fifty lovely shillings paid
for this bird of beauteous comb, 10
some druid phantom snatched it
at the district's foremost fair.

Ba ghá dá shamhail d'áirithe
coileach screadaithe is dúistithe
do bheith dá fhaire ar shámhchodladh   15
in am gach easpairt urnaithe.

M'ordú dhíbh, an t-ábhar sin,
a bháillí stáit mo chúirte-se,
déinidh cuartú ardshlite,
is sin le díograis dúthrachta.   20

Ná fágaidh lios ná síchnocán
ina gcluinfidh sibh glór na gliogarnáil
gan dul i ndiaidh an tSíobharáin
do rinne an gníomh le plundaráil.

WHERESOEVER cuainseachán   25
ina bhfaighidh sibh an tórpachán,
tugaidh chūghamsa é ar ruainseachán
go gcrochad é mar dhreoileacán.

FOR YOU SO DOING, d'oibliogáid,
ag so uaim díbh bhur n-údarás,   30
mar scríobhas mo lámh le cleiteachán
an lá so d'aois an Uachtaráin.

49]   Dán de dhánta móra *baroque* na Gaeilge is ea *Gile na Gile*.
Tá géarimní agus cineáltacht shimplí ar chúl an ornáideachais
ar fad, áfach. B'fhéidir gurb é seo an chéad cheann de na trí
móraislingí a chum Aogán. Is í *Éire* an spéirbhean a
mbuaileann an file léi—díreach mar a bhíodh an scéal ag
mórán filí eile níos déanaí san 18ú céad.

Certain such a one requires
a squawking alarum cock
to guard him from soft slumber   15
at time of prayerful vespers.

For which cause I direct,
State-bailiffs of my Court,
examine every highway,
and that with earnest care.   20

Omit no *lios* or fairy hill
where you hear cluck or cackle
but press pursuit of Síobharán
who did this plunderous deed.

WHERESOEVER hiding-hole   25
you find the little fatgut
bring him here on a piece of string
till I hang him like a wretch.

FOR YOUR SO DOING, as is required,
herewith my authority   30
by my written hand, done with a quill,
this day of the President's reign.

49] *Gile na Gile* is one of the great baroque poems in the Irish
language. Intense anxiety and simple tenderness underlie its
highly ornamented surface. It is possibly the earliest of
Ó *Rathaille's* three major *aisling* poems. The vision-woman
encountered here – as in many later eighteenth century poems –
is *Éire*.

49

GILE NA GILE

Gile na gile do chonnarc ar slí in uaigneas,
criostal an chriostail a goirmroisc rinn-uaine,
binneas an bhinnis a friotal nár chríonghruama,
deirge is finne do fionnadh 'na gríosghruannaibh.

Caise na caise i ngach ribe dá buí-chuachaibh,   5
bhaineas an cruinneac den rinneac le rinnscuabadh,
iorra ba ghlaine ná gloine ar a broinn bhuacaigh,
do gineadh ar ghineamhain di-se san tír uachtraigh.

Fios fiosach dom d'inis, is ise go fíor-uaigneach,
fios filleadh don duine don ionad ba rí-dhualgas,   10
fios milleadh na droinge chuir eisean ar rinnruagairt,
's fios eile ná cuirfead im laoithibh le fíor-uamhan.

Leimhe na leimhe dom druidim 'na cruinntuairim,
im chime ag an gcime do snaidhmeadh go fíorchrua me;
ar ghoirm Mhic Mhuire dom fhortacht, do bhíog
      uaimse,   15
is d'imigh an bhruinneal 'na luisne go bruín Luachra.

Rithim le rith mire im rithibh go croí-luaimneach,
trí imeallaibh corraigh, trí mhongaibh, trí shlímruaitigh;
don tinne-bhrugh tigim—ní thuigim cén tslí fuaras—
go hionad na n-ionad do cumadh le draíocht dhruaga.

Brisid fá scige go scigeamhail buíon ghruagach
is foireann de bhruinnealaibh sioscaithe dlaoi-chuachach;
i ngeimhealaibh geimheal me cuirid gan puinn suaimhnis,
's mo bhruinneal ar broinnibh ag broinnire
      broinnstuacach.

49

BRIGHTNESS MOST BRIGHT

Brightness most bright I beheld on the way, forlorn.
Crystal of crystal her eye, blue touched with green.
Sweetness most sweet her voice, not stern with age. → Banhba?
Colour and pallor appeared in her flushed cheeks.

Curling and curling, each strand of her yellow hair   5
as it took the dew from the grass in its ample sweep;
a jewel more glittering than glass on her high bosom
– created, when she was created, in a higher world.

True tidings she revealed me, most forlorn,
tidings of one returning by royal right,   10
tidings of the crew ruined who drove him out,
and tidings I keep from my poem for sheer fear.

Foolish past folly, I came to her very presence
bound tightly, her prisoner (she likewise a prisoner...).
I invoked Mary's Son for succour: she started from me
and vanished like light to the fairy dwelling of Luachair.
→ Jesus

Heart pounding, I ran, with a frantic haste in my race,
by the margins of marshes, through swamps, over bare
    moors.
To a powerful palace I came, by paths most strange,
to that place of all places, erected by druid magic.   20

All in derision they tittered – a gang of goblins
and a bevy of slender maidens with twining tresses.
They bound me in bonds, denying the slightest comfort,
and a lumbering brute took hold of my girl by the
    breasts. ↳ England?

151

D'iniseas di-se, san bhfriotal dob fhíor uaimse,
nár chuibhe di snaidhmeadh le slibire slímbhuartha 25
's an duine ba ghile ar shliocht chine Scoit trí huaire
ag feitheamh ar ise bheith aige mar chaoin-nuachar.

Ar chloistin mo ghutha di goileann go fíor-uaibhreach
is sileadh ag an bhfliche go life as a gríosghruannaibh;
cuireann liom giolla dom choimirc ón mbruín uaithi—
's í gile na gile do chonnarc ar slí in uaigneas.

An Ceangal

Mo threighid, mo thubaist, mo thurainn, mo bhrón, mo
    dhíth!
an soilseach muirneach miochairgheal beoltais caoin
ag adharcach foireanndubh mioscaiseach cóirneach buí,
's gan leigheas 'na goire go bhfillid na leoin tar toinn.

50] Idir na blianta 1709 agus c. 1715 bhí súil in airde gan sos
leis an Stíobhartach, Mac Rí Séamas, ar chósta an iarthair.
Cuireadh mórán de lucht aitheantais Aogáin Uí Rathaille—ina
measc, Sir Nioclás Brún—i bpríosún toisc gur dhiúltaigh siad
móid a ghlacadh i gcoinne an Phrionsa.
    Is scáthán an dán seo ar an aisling gheal a bhí ag na
Seacaibítigh—agus ar an díomá a lean í.

50

AN AISLING

Maidean sul smaoin Titan a chosa do luaill
ar mhullach cnoic aoird aoibhinn do lodamar suas,
tarrastar linn scaoth bhruinneal soilbhir suairc—
gasra bhí i Sídh Seanadh, solasbhrugh thuaidh.

I said to her then, in words that were full of truth, 25
how improper it was to join with that drawn gaunt
    creature
when a man the most fine, thrice over, of Scottish blood
was waiting to take her for his tender bride. ↳ James II ?

On hearing my voice she wept in high misery
and flowing tears fell down from her flushed cheeks. 30
She sent me a guard to guide me out of the palace
– that brightness most bright I beheld on the way, forlorn.

The Knot

Pain, disaster, downfall, sorrow and loss!
Our mild, bright, delicate, loving, fresh-lipped girl
with one of that black, horned, foreign, hate-crested crew
and no remedy near till our lions come over the sea.

50] Between the years 1709 and c. 1715 there were constant
expectations of a landing on the West coast of Ireland by the
Stuart Pretender. Many of Ó Rathaille's acquaintances,
including Sir Nicholas Browne, were jailed for refusing to take
an oath renouncing their Prince.
   This *aisling* reflects the Irish Jacobite dream, and the reality.

50

THE VISION

One morning ere Titan had thought to stir his feet,
on the top of a fine high hill I had laboured up,
I chanced on a pleasant flock of joyous girls,
a troop from Sídh Seanadh's bright mansions to the
    North.

Fearastar scím dhraíochta nár dhorcha snua 5
ó Ghaillimh na líog lí-gheal go Corcaigh na gcuan:
barra gach crainn síorchuireas toradh agus cnuas,
meas daire ar gach coill, fírmhil ar chlochaibh go buan.

Lasaid sin trí coinnle go solus nach luaim
ar mhullach Chnoic aoird Fhírinne Conallach Rua, 10
leanastar linn scaoth na mban gcochall go Tuamhain,
is fachtaimse dhíobh díograis a n-oifige ar cuairt.

D'fhreagair an bhríd Aoibhill, nár dhorcha snua:
'fachain na dtrí gcoinnle do lasadh ar gach cuan,
in ainm an rí dhíograis bheas againn go luath 15
i gceannas na dtrí ríochta, 's dá gcosnamh go buan'.

As m'aisling do shlímbhíogas go hachomair suas
is do mheasas gurbh fhíor d'Aoibhill gach sonas dár
    luaigh;
is amhlaidh bhíos tímchreathach doilbhir duairc,
maidean sul smaoin Titan a chosa do luaill. 20

51] Bhí dóchas ard ann sna blianta 1719/20 go bhfóirfeadh na
Spáinnigh ar chúis an Stíobhartaigh, ach mheath an dóchas sin
arís gan aon mhoill. An cheathrú dheireanach san aisling seo —
an aisling dhéanach ó lámh an Rathaillligh, is dócha —
cuireann sé an t-éadóchas géar a braitheadh in Éirinn in iúl
nuair a theip ar an gcabhair ón Spáinn. Feiceann an file anois
an spéirbhean, *Éire,* ag fáil bháis os comhair a shúl.
    Meadaracht an amhráin chomónta — meadaracht nár
chleacht an Rathailleach go minic — atá sa dán seo. Ní foláir
nó is é an Stíobhartach '*Mac an Cheannaí*', agus go dtagraíonn an
teideal sin do sheanscéal Gaeilge mar ar tuigeadh 'slánaitheoir
nó 'fuascailteoir' leis an ainm.

A film of enchantment spread, of aspect bright,   5
from the shining boulders of Galway to Cork of
    the harbours:
clusters of fruit appearing in every treetop,
acorns in woods, pure honey upon the stones.

Three candles they lit, of indescribable light,
on Cnoc Fírinne's lofty summit in Conallach Rua.   10
Then I followed the flock of cloaked women as far
    as Thomond
and questioned them on their diligent round of tasks.

Then answered the lady Aoibhill, of aspect bright,
they had cause to light three candles above the harbours:
in the name of the faithful king who is soon to come
to rule and defend the triple realm for ever.
                        ↳ Is this Ireland/England/Scotland
I started up – soft, sudden – out of my dream
believing the good news Aoibhill told me was true,
but found that I was nerve-shaken, downcast and morose
that morning ere Titan had thought to stir his feet.   20

51] Hopes of Spanish aid for the Jacobite cause were high in
the years 1719 and 1720 but diminished sharply within a few
short years. The final verse of this *aisling* – probably Ó Rathaille's
last – reflects the grave disappointment at the news from Spain.
The poet pictures the woman *Éire* dying before his eyes.

   Mac an Cheannaí ('The Merchant's Son') is one of the few
Ó Rathaille poems written in popular eighteenth century song-
rhythms. The title refers to the Stuart Pretender, and is possibly
taken from an old Irish tale where it has the connotation of
'redeemer' or 'saviour'.

155

51

MAC AN CHEANNAÍ

Aisling ghéar do dhearcas féin
    ar leaba 's mé go lagbhríoch,
an ainnir shéimh darbh ainm Éire
    ag teacht im ghaor ar marcaíocht,
a súile glas, a cúl tiubh casta,   5
    a com ba gheal 's a mailí,
dá mhaíomh go raibh ag tíocht 'na gar
    a díogras, Mac an Cheannaí.

A beol ba bhinn, a glór ba chaoin,
    is ró-shearc linn an cailín,   10
céile Bhriain dár ghéill an Fhiann,
    mo léirchreach dhian a haicíd:
fá shúistibh Gall dá brú go teann,
    mo chúileann tseang 's mo bhean ghaoil;
beidh sí 'na spreas, an rí-bhean deas,   15
    go bhfillfidh Mac an Cheannaí.

Na céadta tá i bpéin dá grá
    le géarshearc shámh dá cneas mhín,
clanna ríthe, maca Míle,
    dragain fhíochta is gaiscígh;   20
gnúis ná gnaoi ní mhúsclann sí
    cé dubhach fá scíos an cailín —
níl faoiseamh seal le tíocht 'na gar
    go bhfillfidh Mac an Cheannaí.

THE REDEEMER'S SON
(*Mac an Cheannaí*)

A bitter vision I beheld
  in bed as I lay weary:
a maiden mild whose name was Éire
  coming toward me riding,
with eyes of green hair curled and thick,   5
  fair her waist and brows,
declaring he was on his way
  – her loved one *Mac an Cheannaí.*

Her mouth so sweet, her voice so mild,
  I love the maiden dearly,   10
wife to Brian, acclaimed of heroes
  – her troubles are my ruin!
Crushed cruelly under alien flails
  my fair-haired slim kinswoman:
she's a dried branch, that pleasant queen,
  till he come, her *Mac an Cheannaí.*

Hundreds hurt for love of her
  – her smooth skin – in soft passion:
kingly children, sons of Míle,
  champions, wrathful dragons.   20
Her face, her countenance, is dead,
  in weariness declining,
and nowhere near is there relief
  till he come, her *Mac an Cheannaí.*

A ráite féin, is cráite an scéal,   25
    mo lánchreach chlé do lag sinn,
go bhfuil sí gan cheol ag caoi na ndeor,
    's a buíon gan treoir gan maithghníomh,
gan fiach gan feoil, i bpian go mór,
    'na hiarsma fó gach madaí,   30
cnaíte lag ag caoi na ndearc
    go bhfillfidh Mac an Cheannaí.

Adúirt arís an bhúidhbhean mhíonla
    ó turnadh ríthe 'chleacht sí,
Conn is Art ba lonnmhar reacht,   35
    ba foghlach glac i ngleacaíocht,
Críomhthainn tréan tar toinn tug géill,
    is Luighdheach Mac Céin an fear groí,
go mbeadh sí 'na spreas gan luí le fear
    go bhfillfeadh Mac an Cheannaí.   40

Do-bheir súil ó dheas gach lá fá seach
    ar thráigh na mbarc an cailín,
Is súil deas-soir go dlúth tar muir,
    mo chumha anois a haicíd,
a súile siar ag súil le Dia,   45
    tar tonntaibh fiara gainmhe;
cloíte lag beidh sí gan phreab
    go bhfillfidh Mac an Cheannaí.

A bráithre breaca táid tar lear
    na táinte shearc an cailín;   50
níl fleadh le fáil, níl gean ná grá
    ag neach dá cairdibh, admhaím;
a gruanna fliuch, gan suan gan sult,
    fá ghruaim is dubh a n-aibíd,
's go mbeidh sí 'na spreas gan luí le fear 55
    go bhfillfidh Mac an Cheannaí.

A fearful tale, by her account   25
    – her weakness my heart's ruin!
She, musicless and weeping tears,
    her faint troops leaderless;
no meat or game; she suffers much
    – a scrap for every dog;   30
wasted, weak, with mourning eyes,
    till he come, her *Mac an Cheannaí*.

The sweet mild woman spoke again:
    her former kings being fallen
– Conn and Art of violent reigns   35
    and deadly hands in combat;
strong Críomthainn home with hostages,
    Luighdheach Mac Céin the sturdy –
dried branch she'll stay, with no man lie,
    till he come, her *Mac an Cheannaí*.   40

Her eye looks South day after day
    to the shore for ships arriving,
to sea Southeast she gazes long
    (her troubles are my grief!)
and a Westward eye, with hope in God,   45
    o'er wild and sandy billows
– defeated, lifeless, powerless,
    till he come, her *Mac an Cheannaí*.

Her dappled Friars are overseas,
    those droves that she held dear;   50
no welcome, no regard or love,
    for her friends in any quarter.
Their cheeks are wet; no ease or sleep;
    dressed in black, for sorrow
– dried branch she'll stay, with no man lie,
    till he come, her *Mac an Cheannaí*.

Adúrtsa léi ar chlos na scéal,
   i rún gur éag do chleacht sí,
thuas sa Spáinn go bhfuair an bás —
   's nár thrua le cách a ceasnaí;   60
ar chlos mo ghotha i bhfogas di
   chorraigh a cruth 's do scread sí
is d'éalaigh an t-anam d'aonphreib aisti —
   mo léansa an bhean go neamhbhríoch.

52] Sa bhliain 1720, cailleadh seanphátrún an Rathailligh, Sir
Nioclás Brún. Tháinig a chuid tailte sin in oidhreacht anois dá
mhac, Vailintín, a oileadh i Sasana. Bhí áthas an domhain ar an
bhfile ina thaobh seo: tuigeadh dó, in ainneoin gur theip an
Stíobhartach, go mbeadh an saol i gceantar Chill Airne á riar
anois arís faoi mar a bhí roimh 1690. Scríobh sé *Epithalamium*
ardmheanmnach do Sir Vailintín ar a phósadh — ach tamall
ina dhiaidh sin chuir sé seirfean croí air (mar is léir ón dán seo)
nach ngéillfeadh Sir Vailintín aisce áirithe dó. Is é is dóichí a
bhí á lorg ag Aogán ná go mbuanódh an Brúnach óg arís é ina
sheanseilbh agus ina sheanghradam.
   Tá amhras ann i dtaobh an téacs sa dhá véarsa dheireanacha.

52

VAILINTÍN BRÚN

Do leathnaigh an ciach diachrach fám sheana-chroí dúr
ar thaisteal na ndiabhal n-iasachta i bhfearann Choinn
   chughainn;
scamall ar ghriain iarthair dár cheartas ríocht Mumhan
fá deara dhom triall riamh ort, a Vailintín Brún.

I told her, when I heard her tale,
   in a whisper, he was dead,
that he had found death up in Spain,
   that no one heard her plaint.   60
She heard my voice beside her;
   her body shook; she shrieked;
her soul departed in a leap.
   Alas, that woman lifeless.

in this Lorraine?

52] In 1720 *Ó Rathaille's* old patron Sir Nicholas Browne died,
and his English-educated son, Sir Valentine, inherited his
estates. The poet was obviously delighted at the prospect of a
resumption of the pre-1690 order of things, despite the
Jacobite debâcle. He wrote a joyous *Epithalamium* for Sir
Valentine on his marriage – but learned with bitterness
sometime afterward (as is apparent from this poem) that Sir
Valentine would not (or could not) accede to a special request
of his – in all probability a plea for the restoration of his
ancestral lands and privileges.

The text of the last two verses seems imperfect.

52

VALENTINE BROWNE

A mist of pain has covered my dour old heart
since the alien devils entered the land of Conn;
our Western Sun, Munster's right ruler, clouded
– there's the reason I'd ever to call on you,
   Valentine Browne.

Caiseal gan cliar, fiailteach ná macraí ar dtúis   5
is beanna-bhruig Bhriain ciarthuilte, 'mhadraíbh úisc,
Ealla gan triar triaithe de mhacaibh rí Mumhan
fá deara dhom triall riamh ort, a Vailintín Brún.

D'aistrigh fia an fialchruth do chleachtadh sí ar dtúis
ó neadaigh an fiach iasachta i ndaingeanchoill Rúis,   10
seachnaid iaisc griantsruth is caise caoin ciúin,
fá deara dhom triall riamh ort, a Vailintín Brún.

Dairinis thiar, iarla níl aici 'en chlainn úir,
i Hamburg, mo chiach! iarla na seabhach síoch
      subhach —
seana-rosc liath ag dianghol fá cheachtar díobh súd   15
fá deara dhom triall riamh ort, a Vailintín Brún.

Clúmh na n-ealtan meara snámhas le gaoith
mar lúireach dealbh cait ar fásach fraoigh,
diúltaid ceathra a lacht a thál dá laoigh,
ó shiúil Sir Val i gceart na gCárthach gcaoin.   20

Do stiúraigh Pan a dhearca in arda críoch
ag tnúth cár ghabh an Mars do bhásaigh sinn;
músclaid athaigh ghearra lānn an trír
ag brú na marbh trasna ó sháil go rinn.

First, Cashel's company gone, its guest-houses and youth;
the gabled palace of Brian flooded dark with otters;
Ealla left leaderless, lacking royal Munster sons
– there's the reason I'd ever to call on you,
    Valentine Browne.

The deer has altered her erstwhile noble shape
since the alien raven roosted in Ros's fastness;   10
fish fled the sunlit stream and the quiet current
– there's the reason I'd ever to call on you,
    Valentine Browne.

Dairinis in the West with no Earl of the noble race;
in Hamburg, to our cost, that Earl over gay peaceful
    hawks;
and these old grey eyes weeping for both these things
– there's the reason I'd ever to call on you,
    Valentine Browne.

Feathers of the swift bird-flock drift on the wind
tattered like a cat's fur in a waste of heather;
cattle deny the flow of milk to their calves
– since 'Sir Val' walked into the rights of the gentle
    Carthy.   20

Into the uplands Pan directed his gaze
to see where that Mars vanished, who left us to die.
Dwarf monsters have taken up the Blade of the Three
and hacked our dead across from heel to top.

53] Tionónta dealbh ar eastát an Bhrúnaigh ab ea Aogán Ó
Rathaille i ndeireadh a shaoil. Ní hamháin go raibh a shúil
curtha de chabhair an Stíobhartaigh aige (Uimh. 51), ach ní
raibh aon dóchas anois aige, ach oiread, go bhfóirfeadh Sir
Vailintín Brún air (Uimh. 53). Déanann sé achoimre ar a
mhothú i leith na mBrúnach i véarsa 5 anseo, agus ar a mhothú
i leith na gCárthach i véarsa 6; agus sa véarsa deireanach, mar
chríoch ar a scéal, toghann sé an tsíoraíocht a chaitheamh i
dteannta na gCárthach, na seanphátrúin shinseartha.

Is dóichí gur chum Aogán *Cabhair ní Ghairfead* ar bhás an
Chárthaigh Mhóir (c.1729) — an té deireanach arbh fhiú an
teideal a thabhairt air. Bhí an file féin, dealraíonn sé, ag saothrú
an bháis san am sin chomh maith.

53
CABHAIR NÍ GHAIRFEAD

Cabhair ní ghairfead go gcuirthear mé i gcruinn-
    chomhrainn —
dar an leabhar dá ngairinn níor ghaire-de an ní
    dhomh-sa;
ár gcodhnach uile, glac-chumasach shíl Eoghain,
is tollta a chuisle, 'gus d'imigh a bhrí ar feochadh.

Do thonnchrith m'inchinn, d'imigh mo
    phríomhdhóchas,   5
poll im ionathar, biora nimhe trím dhrólainn,
ár bhfonn, ár bhfothain, ár monga 's ár mínchóngair
i ngeall le pinginn ag foirinn ó chrích Dhóbhair.

Do bhodhar an tSionainn, an Life, 's an Laoi cheolmhar,
abhainn an Bhiorra Dhuibh, Bruice 'gus Bríd, Bóinne,
com Loch Deirg 'na ruide 'gus Toinn Tóime
ó lom an cuireata cluiche ar an rí coróinneach.

53] *Ó Rathaille,* an impoverished tenant of the Browne estate, despaired at the end of his life not only of Stuart intervention in Irish affairs (poem no. 51), but also of any restoration of his own status by Sir Valentine Browne (poem no. 52). *Cabhair ní Ghairfead* was composed during the poet's last illness, most likely on the occasion of the death of the last effective McCarthymore (c. 1729). *Ó Rathaille* sums up his feelings for the Brownes in stanza 5 and for the McCarthys in stanza 6 and opts in the last stanza for an eternity with his family's ancestral patrons, the McCarthys.

53

NO HELP I'LL CALL

No help I'll call till I'm put in the narrow coffin.
By the Book, it would bring it no nearer if I did!
Our prime strong-handed prop, of the seed of Eoghan
– his sinews are pierced and his vigour is withered up.

Wave-shaken is my brain, my chief hope gone.   5
There's a hole in my gut, there are foul spikes through
    my bowels.
Our land, our shelter, our woods and our level ways
are pawned for a penny by a crew from the land of Dover.

The Sionainn, the Life, the musical Laoi, are muffled
and the Biorra Dubh river, the Bruice, the Bríd,
    the Bóinn.
Reddened are Loch Dearg's narrows and the Wave of
    Tóim
since the Knave has skinned the crowned King in the
    game.

Mo ghlam is minic, is silimse síordheora,
is trom mo thubaist 's is duine mé ar míchōmhthrom,
fonn ní thigeann im ghaire 's mé ag caoi ar bhóithre 15
ach foghar na Muice nach gontar le saīgheadóireacht.

Goll na Rinne, na Cille 'gus chríche Eoghanacht,
do lom a ghoile le huireaspa ar díth córach;
an seabhac agá bhfuilid sin uile 's a gcíosóireacht,
fabhar ní thugann don duine, cé gaol dó-san.   20

Fán dtromlot d'imigh ar chine na rí mórga
treabhann om uiseannaibh uisce go scímghlórach;
is lonnmhar chuirid mo shrutha-sa foinseoga
san abhainn do shileas ó Thruipill go caoin-Eochaill.

Stadfadsa feasta — is gar dom éag gan mhoill   25
ó treascradh dragain Leamhan, Léin is Laoi;
rachad 'na bhfasc le searc na laoch don chill,
na flatha fá raibh mo shean roimh éag do Chríost.

Aodh Buí Mac Cruitín (c. 1670 – 1755)

54] Is mó an aithne atá ar Aodh Buí Mac Cruitín de bharr a
shaothair scolártha ná de bharr a shaothair fhileata. Rugadh
láimh le Lios Ceannúir i gCo. an Chláir é, chaith sé seal sa
reisimint Éireannach i bhFlóndras agus tamall eile (más fíor)
ina oide ag an Dauphin. D'fhoilsigh sé graiméar Gaeilge
(Lobhán, 1728), *A Vindication of the Antiquity of Ireland* (B. Á.
Cliath, 1717), agus foclóir Béarla-Gaeilge i gcomhar leis an
Ath. Ó Beaglaoich (Páras, 1732).

Pairlimint Chlainne Tomáis is teideal d'aoir nimhneach phróis

Incessant my cry; I spill continual tears;
heavy my ruin; I am one in disarray.
No music is nigh as I wail about the roads   15
except for the noise of the Pig no arrows wound.

That lord of the Rinn and Cill, and the Eoghanacht
     country
– want and injustice have wasted away his strength.
A hawk now holds those places, and takes their rent,
who favours none, though near to him in blood.   20

Our proud royal line is wrecked; on that account
the water ploughs in grief down from my temples,
sources sending their streams out angrily
to the river that flows from Truipeall to pleasant Eochaill.

I will stop now – my death is hurrying near   25
now the dragons of the Leamhan, Loch Léin and the
     Laoi are destroyed.
In the grave with this cherished chief I'll join those kings
my people served before the death of Christ.

Aodh Buí Mac Cruitín (c. 1670 – 1755)

54] *Aodh Buí Mac Cruitín* is known more for his work on Irish
grammar and lexicography than for his poetry. Born near
Liscannor, Co. Clare, he spent some time in an Irish regiment
in Flanders and afterwards may have been tutor for some years
to the Dauphin. He published an Irish grammer (Louvain,
1728), *A Vindication of the Antiquity of Ireland* (Dublin, 1717), and
collaborated on an English-Irish dictionary (Paris, 1732).

Pairlimint Chlainne Tomáis (The Parliament of Clan Thomas) is
the title of a savage seventeenth century prose satire on the

ón 17ú céad mar ar tugadh faoi na 'fáslaigh' aineolacha a bhí
tagtha chun cinn ar fud na hÉireann. Is follas gur fhág an aoir
sin a rian ar dhán Aodha Bhuí. Tá téama den saghas céanna in
Uimh. 25 agus 34.

54

DO CHLANN TOMÁIS

Ar aonach má théid sin aon uair de ló
beidh béabhar ar bhaothlach i mbuaic a shrón'
ag déanamh na scléipe nár dhualgas dó,
a chaolsporaibh gléasta is a bhuatais chrón.

An tan téid sin le chéile i scuaine ag ól   5
ní féidir a n-éisteacht le fuaim a ngeoin';
tan théifid a mbéalaibh i gcuachaibh teo
beidh a ngaol le gach éinne den uaisle is mó.

Déarfaidh an braobaire is buartha 'en chóip:
'is mé féin is mo chéile is uaisle ar bord,   10
is ó Éibhear mac Éibhir do ghluais mo phór
is tá gaol ag Ó Néill thoir, dar Duach, le Mór.'

Do bhéarfar an t-éitheach gan fuaradh dhó,
is beidh spéice ag gach n-aon acu thuas 'na dhóid,
pléascfaid a chéile le tuargaint treon   15
's is bog réabtha bheidh béil aca, cluasa is srón.

'uncultured' classes of Irish people who, with the disappearance of the native nobility, had come to prominence. *Mac Cruitín's* poem treats of a similar theme, as do poems nos. 25 and 34.

54

FOR CLANN TOMÁIS

Off to the fair, any hour of the day,
each clod has a beaver on top of his nose,
cutting a figure he never was used to,
in tan riding boots and thin polished spurs.

And when they go drinking, all in a flock,   5
you can't hear your ears with the noise of their shouts.
When they've heated their mouths in the fiery bowls
then they're relatives all of the nobliest-born.

The most feverish boor in the crowd will declare:
"Myself and the wife are the best at this table.   10
My line is descended from Éibhear Mac Éibhir
and by Damn but Ó Néill is connected with Mór!"

He'll be given the lie, and with no hesitation,
and every man there takes a stick in his fist.
Hammering heavy, each other they batter,   15
their lips and bruised noses and ears in a tatter.

Diarmaid Ó Súilleabháin (1680 – 1750)

55] Ní mór an trácht a bhíonn inniu ar Dhiarmaid Ó
Súilleabháin. Ó cheantar an Neidín, i gCo. Chiarraí, ab ea é.
Ba nós coitianta é fadó gé a ithe lá Fhéile Michíl (29ú Meán
Fómhair). Dhéanadh na feirmeoirí láidre, áfach, caora nó
ainmhí eile a mharú an lá sin.

55

A MHÍCHÍL DO-CHÍ SINN

A Mhíchíl do-chí sinn ar easpa an anlainn
ar fhíoraíbh gan im, saill, ná bainne gamhnach,
fá dhaorchíos don ghallbhuín-se a chreach na
    ceantair —
mar dhíolaíocht san chuibhrinn sin glac an gandal!

Glac gandal san am so, a Mhíchíl aoird,   5
is cé cranda lag fann me go síoraí 'om shnoí,
Francaigh san cheantar dá dtíodh díobh puinn
do gheallfainn-se reamharmhart mar chuibhrinn díbh.

Is é m'angar gan teannta lem dhrom agam,
's níor gandal dob anlann Dé Domhnaigh im
    thigh,   10
ach reamharmhart nár ghamhnach is togha na molt
is branda maith Francach le toll an toirc.

55] *Ó Súilleabháin* was a little known poet from the Kenmare area of Co. Kerry.

A goose was the traditional fare on the feast of Saint Michael the Archangel (29th September). Well-to-do farmers, however, killed a sheep or other animal.

55

SAINT MICHAEL, BEHOLD US

In want of meat-sauce, Saint Michael, behold us,
in straits with no butter, fat meat or cows' milk,
taxed hard by these strangers who ravage our regions....
So accept for thy portion this gander in payment.

A gander this one time, exalted Michael;   5
for worn as I am – weak, withered, exhausted –
if a sign of the French should appear in the country
for thy portion I'd promise a whole fatted ox.

My misfortune it is I've no wealth at my back.
Not ganders our house had for sauce of a Sunday,   10
but an ox (and no stripling), the choicest of ewes
and the finest French brandy up the boar's backside!

56] File, scoláire, agus feirmeoir láidir ó cheantar Ráth Luirc ab ea Seán Clárach Mac Dónaill. Léiríonn sé an-luí le cás an Stíobhartaigh ina shaothar trí chéile. Tiarna talún gráiniúil in Eatharlach, i gCo. Thiobraid Árann, ab ea an Coirnéal Dawson.

56

TAISCIDH, A CHLOCHA

Ar bhás Shéamais Dawson

Taiscidh, a chlocha, fá choigilt i gcoimeád criadh
an feallaire fola 's an stollaire, Dawson liath;
a ghaisce níor cloiseadh i gcogadh ná i gcath lá glia,
ach ag creachadh 's ag crochadh 's ag coscairt
    na mbochtán riamh.

Dob fhairsing a chostas i solasbhrugh cheannard
    Bhriain,   5
ba dhaingean a dhoras 's an doicheall istigh fán' iadh
in Eatharlaigh osaidh in oscaill idir dhá shliabh,
gur cheangail an ghorta den phobal dá gcur fá riail.

A gheata níor oscail le hosna na ndonán ndian,
níor fhreagair a ngolfairt 's dá gcolainn níor
    fhriotháil bia;   10
dá dtarraingid brosna, scolb nó scothán fiar
do bhainfeadh na srothanna fola as a slinneáin thiar.

56] Poet, scholar and strong farmer, *Seán Clárach Mac Dónaill* lived his life in his birthplace near Charleville, Co. Cork, and was mostly known for his Jacobite songs. Colonel Dawson was a hated landlord from Aherlow, Co. Tipperary.

56

KEEP FAST UNDER COVER, O STONES
On the death of James Dawson

Keep fast under cover, o stones, in closet of clay
this grey-haired Dawson, a bloody and treacherous
    butcher.
Not in struggle or strife in the fight are his exploits
    known
but ravaging and hanging and mangling the poor for ever.

Though lavish his spending on the proud bright palace of
    Brian
his door was shut solid, locked on the meanness within.
In peaceful Eatharlach, in an angle between two hills,
Famine he fastened on the people to keep them in thrall.

To the wails of the abject he opened not his gate
and answered no cry, nor gave them food for their
    bodies.   10
If they dragged off brushwood or sticks or bits of bushes
he would draw down streams of blood from their
    shoulderblades.

Mo shailmse ar sodar gan dochar gan díomá
　　id dhiaidh
ar leacaibh 'od loscadh i gCocytus ag síorfháil pian;
gach madra fola ó Chorcaigh go Baile Áth' Cliath,　　15
go leanaid go hobann do lorg 's a gcoirp fá chriaidh.

Seo an t-áras i bhfuil Dawson fá leacaibh sínte,
chuir táinte le fán is do chreach na mílte,
d'fhág mná bochta 's garlaigh ag taisteal tíortha —
guím sáite go brách thú 'od loscadh i dtinte.　　20

Reachta an tsaoil do réab go fíorghnáthach,
madra craosach taodach mínáireach;
Eaglais Dé gan traochadh dá síorcháible;
is Flaithis na naomh ar Shéamas 'na dheargfhásach.

Ba mhór do rachmas seal sa tsaolsa beo,　　25
ba chruaidh do bhreath ar lagaibh bhíodh gan treoir;
is buan an t-acht do ceapadh thíos fád chomhair —
fuacht is tart is teas is tinte 'od dhó.

Mo-nuar! mo chreach! nár tachtadh mílte 'ed shórt
is Seán, do mhac, an spreas, id choimhdeacht leo;　　30
i ndíol gach stair is cleas dár thíonscnais fós,
biaidh cuanairt chlamh le hairc 'od straoilleadh leo.

Cuibhreach daingean ar reathacha an ana-chúinse
le righinghad garbh ó Eatharla', a thalamh dúchais;
saígheadtar eatarthu an t-aismearlach i measc na
　　ndeamhnaibh —　　35
an *decree* sin feasta acu ar t'anam, a mhadra allta.

My psalm, may it canter hot on your heels behind you
where you burn in perpetual pangs on Cocytus' flags,
and may every like bloodhound from Cork to Dublin
    city   15
swift follow your spoor bodily into the earth.

Behold the dwelling where Dawson is stretched under
    stones,
who sent out droves to wander and ravaged thousands,
left wretched women and babies to roam the country
– and I pray you stay rammed for ever in burning fires.

The laws of this life, as a matter of course, he rent,
a ravenous dog, wayward and lacking in shame,
ever and always disrupting the Church of God
– and may sainted Heaven for Séamas be a raging desert.

Great were your riches once, when you were alive,   25
and cruel your doom on the weak and leaderless,
but a steadfast statute was passed for you below:
cold and thirst and heat and burning fires!

My sorrow and pain your sort are not choked in
    thousands,
together with Seán your son, that withered stick.   30
For every trickster's deed that you ever contrived
may a hungry mangy dog-pack tear you asunder.

Around this monster's joints be fetters firm
of hard harsh osiers, native to Eatharlach.
May demons drag the craven round amongst them   35
– this sentence, savage dog, on your soul for ever!

Brúigh, a leac, a dhraid 's a dhrandal crón,
a shúile, a phlait, a theanga, a tholl dubh mór,
gach lúith, gach alt, go prap den chamshliteoir,
mar shúil ná casfaidh tar ais ná a shamhailt go deo. 40

Cé go rabhais-se mustarach iomarcach santach riamh,
biaidh do chiste 'ge cimire gann id dhiaidh,
do cholann ag cruimhe dá piocadh go hamplach dian
is t'anam ag fiuchadh sa gcoire gan contas blian.

Art Mac Cumhaigh (1738–1773)

57] I bparóiste an Chreagáin, Co. Ard Mhacha, a rugadh Art
Mac Cumhaigh. Ba iad na Niallaigh, a ndéantar tagairt dóibh
sa tríú véarsa deireanach den dán, ba phátrúin ag filí sa
cheantar sin le sinsearacht. B'éigean d'Art, áfach, a shaol a
chaitheamh le mionsclábhaíocht d'fhonn a bheatha a
thuilleamh. Is pléisiúrtha mar aisling, b'fhéidir, *Úr-chill an
Chreagáin* ná mórán d'aislingí ró-shnoite na Mumhan sa dara
leath den 18ú céad (féach Uimh. 59). Tá neamhurchóid agus
simplíocht ann nach bhfuil iontu siúd. Ní luaitear an
Stíobhartach in amhrán Airt, ná níl aon dóchas ann ach oiread
go ndéanfaí fóirithint ar an tír.

57

ÚR–CHILL AN CHREAGÁIN

Ag Úr-Chill an Chreagáin chodail mé aréir faoi bhrón,
is le héirí na maidne tháinig ainnir fá mo dhéin le póig,
bhí gríosghrua ghartha aici agus loinnir ina céibh mar ór,
is gurbh é íocshláinte an domhain bheith ag amharc ar
    an ríoghain óig.

O gravestone, grind his snarl and his yellow gums,
his eyes and skull and tongue and great black hole,
all joints and sinews (and quick!) of this hump of slime
that he or his like may never appear again.   40

Though arrogant ever, disdainful and avaricious,
your fortune will fall to a miser after you,
your carcass be picked by hungry and busy maggots,
and your soul boil for years without number in the Great
    Pot.

Art Mac Cumhaigh (1738 – 1773)

57] *Mac Cumhaigh* was born in Creggan, Co. Armagh, where a
branch of the O'Neills, referred to in the third last verse of his
song, were the traditional patrons of poetry in former times.
He had to make his living doing odd labouring jobs. *Úr-chill an
Chreagáin,* in its simple innocence, is a more attractive *aisling,*
perhaps, than some more polished vision-songs by the late
eighteenth century Munster poets (see poem no. 59). The Stuart
Pretender is not mentioned in *Mac Cumhaigh's* poem, nor is any
other hope held out.

57

THE CHURCHYARD OF CREAGÁN

By the churchyard of Creagán in sorrow last night I slept
and at dawning of day a maiden came up with a kiss.
She had ember-bright cheeks and a light in her locks
    like gold
– it would cure the world's ills to behold that young
    princess.

177

'A fhialfhir charthanaigh ná caitear tusa i ndēalramh
    bróin   5
ach éirigh ' do sheasamh agus aistrigh liom siar sa ród,
go tír dheas na meala nach bhfuair Gallaibh ann cead
    réim go fóill,
mar' bhfaighir aoibhneas ar hallaíbh do do mhealladh
    le siansa ceoil.'

'Cha dhiúltfainn do chuireadh ar a gcruinníonn siad na
    ríthe d'ór
ach gur cladhartha liom scarúint le mo charaid tá sa tír
    go fóill;   10
an céile úd a mheallas le mo ghealladh tráth bhí sí óg,
dá dtréigfinn anois í gur fiosach domh go mbeadh sí i
    mbrón.'

'Cha shaoilim gur caraid duit a maireann de do
    ghaoltaibh beo,
tá tú faofa, gan earra, bocht earraoideach baoth, gan
    dóigh;
nach mb'fhearr dhuitse imeacht le hainnir na
    maothchrobh meor,   15
ná an tír so bheith ag fonóid faoi gach rabhán dá ndéan tú
    a cheol?'

'A ríoghan deas mhilis, an tú Helen fár trēaghdadh sló,
nó an de naoi mná deasa thú ó Pharnassus bhí déanta i
    gcló,
goidé tír insa chruinne dar hoileadh thú, a réalt gan cheo,
ler mhian leat mo shamhailse bheith ag cogarnaigh leat
    siar sa ród?'

"Good generous sir, be not thrown into sorrowful state

away from England

but arise, come West, and travel the road with me
to that honey-sweet land still untouched by alien rule → *British*
to find pleasure in halls there, wooed by the strains of
    music."

"For the gold all kings have amassed I wouldn't refuse
    you,
but base it would be to desert friends still in this place.
The wife that I wooed with promises in her youth,
to abandon her now would leave her in sorrow, I know."

"They're no friends, I would think – your relations that
    still remain.
You are naked and lost, a poor fool with no hope or
    goods.
Would you not better leave with this delicate-fingered
    girl
than be jeered in your home over every ballad you make?'

→ *Trojan War reference*

"O pleasant sweet princess, are you Helen caused ruin to
    hordes?
Or one of the nine from Parnassus so shapely in form?
Or where in the world were you reared, unclouded star,
that you want to go whispering West with my likes on the
    road?"
                                                              20

179

'Ná fiafraigh dhíom ceastaibh óir cha chodlaim ar an
    taoibh so 'Bhóinn,
is síogaí beag linbh mé a hoileadh le taoibh
    Ghráinneoig,'
i mbruín cheart na n-ollamh bím go follas ag dúscadh an
    cheoil,
san oíche ag Teamhair, is ar maidin i gclár Thír Eoghain.'

'Is é mo ghéarghoin tinnis gur theastaigh uainn Gaeil
    Thír Eoghain,   25
agus oidhríbh an Fheadha, gan seaghais faoi léig 'ár
    gcomhair,
géagaibh glandaite Néill Fhrasaigh nachar dhiúlt do
    cheol,
chuirfeadh éide fá Nollaig ar na hollaimh bheadh ag
    géilleadh dóibh'.

'Ó trēaghdadh na treabhaibh bhí in Eachroim, is faraoir
    fón mBóinn,
sliocht Íre, na flathaibh bhéarfadh foscadh do gach
    draoi gan ghleo,   30
nach mb'fhearr dhuitse isna liosaibh agus mise le do
    thaoibh gach neoin,
ná saighde chlann Bhullaí bheith ag tolladh fríd do chroí
    go deo?'

'A ríoghan deas mhilis, más cinniúin domh tú féin mar
    stór,
tabhair léigse is gealladh domh sul fá n-aistre mé leat siar
    sa ród:
má éagaim fán tSeanainn, i gcrích Mhanainn, nó san
    Éiphte mhór,   35
gurb ag Gaeil chumhra an Chreagáin a leagfar mé i
    gcré faoi fhód.'

"Question me not: not this side of the Bóinn do I sleep.
A child of the *sídh,* I was reared beside Gráinneog.
It is known in true homes of the learned I awaken music
– at nightfall in Teamhair, in the morning on the plain of
    Tír Eoghain."

"My sharp sore sickness that the Gaels of Tír Eoghain are
    gone,
and the heirs of the Fews there sad under slabs beside us
– Niall Frasach's fair kin who never turned poets away
but at Christmas gave robes to the learned who did
    them service."

"Since the wreck of the tribes at Eachroim and, O, by the
    Bóinn
– Ír's people, those princes that readily welcomed sages –
better come to our dwellings, and I by your side each
    noon,
than John Bull's arrows endlessly riddling your heart."

"O pleasant sweet princess, if you're fated to be my love,
a compact – a promise – ere I take the road West with you:
though I die by the Sionainn, in Man, or in mighty
    Egypt,
bury me under this sod with Creagán's sweet Gaels."

58] Sa cheantar céanna i gCiarraí inar rugadh Aogán Ó Rathaille is ea a rugadh Eoghan Rua. Bhí sé ó am go chéile ina mháistir scoile, ina spailpín, agus ina bhall de chabhlach (nó d'arm) Shasana. Tá mórán aislingí (ar nós *Ceo Draíochta*) againn óna lámh: iad ar fad an-cheolmhar, agus cumas éachtach ceardaíochta iontu. Is mó an léargas agus an daonnacht a bhíonn, de ghnáth, sna dánta a chum sé (ar nós Uimh. 58) ar ócáidí pearsanta.

Bíonn trácht fós ar Eoghan Rua i nGaeltachtaí na Mumhan: déantar véarsaí leis a aithris, labhraítear ar a dheisbhéalaí agus ar a eachtraí seoigh.

58

As: A CHARA MO CHLÉIBH

Chuig Séamais Mhic Gearailt

A chara mo chléibh 's a Shéamais ghreannmhair
    ghráigh
d'fhuil Ghearaltaigh Ghréagaigh éachtaigh armnirt
    áigh,
maide glan réidh i ngléas bíodh agat dom rámhainn
's mar bharra ar an scléip cuir léi go greanta bacán.

M'armsa i ngléas tar t'éis go snasta ó tá   5
's ó thosach mo shaoil an léann mo thartsa nár bháigh,
ní stadfad dem réim go dtéad don Ghaillimh lem
    rámhainn,
mar a ngeabhad gach lae mo réal is marthain mar phá.

Eoghan Rua Ó Súilleabháin (1748–1784)

58] *Ó Súilleabháin* was born in the same area of County Kerry as
Ó Rathaille; he was a schoolmaster and labourer in many parts
of Ireland and spent some time abroad in the British service,
navy or army. A great many of his compositions (like poem no.
59) are of the *aisling* type; these are all extremely musical and of
astonishing technical virtuosity, but some of his occasional
non-political verse (poem no. 58) has more insight and
humanity.

   'Eoghan Rua' is still spoken of and quoted in Irish-speaking
districts in Munster as one of the great wits and playboys of the
past.

58

from: SÉAMAS, LIGHT-HEARTED AND LOVING FRIEND OF MY
BREAST

To Séamas Fitzgerald

Séamas, light-hearted and loving friend of my breast,
Greek-Geraldine-blooded, valiant and terrible in arms,
supply in good order one smooth clean shaft for my spade
and, to finish the show, add tastefully one foot-piece.

When you have done, and my weapon's in elegant order,
since the learning won't pay in a lifetime to drown my
    thirst
I'll not pause in my going till I've brought my spade to
    Galway
where daily I'll get my pay: my keep and a sixpence.

Ar chaitheamh an lae más tréith nó tuirseach mo
    chnámha
's go mbraithfidh an maor nach éachtach m'acmhainn
    ar rámhainn,   10
labharfad féin go séimh ar Eachtra an Bháis
nó ar chathaibh na nGréag sa Trae d'fhúig flatha go
    tláith.

Ar Shamson an laochais déanfad labhairt i dtráth
's ar Alexander tréan ba chraosach seasamh le námhaid,
ar cheannas na Saesars éachtach armnirt áigh   15
nó ar Heactor an laoch d'fhúig céadta marbh sa pháirc;

ar Chaitcheann mac Tréan sa bhFéinn chuir easpa
    'gus ár
's ar imeachta Dheirdre i scéimh 's i bpearsa rug barr.
Le bladaireacht chlaon 'na dhéidh sin canfad dó dán —
sin agatsa, a Shéamais, fé mar chaithfeadsa an lá.   20

Ar chaitheamh an lae dá réir sin gheabhad mo phá
's i mbrollach mo léine déan é a cheangal le cnáib;
don bhaile ar mo théacht beidh mé i meanmain ard
's ní scaipfead ar aon chor réal go dtagad id dháil.

Mar is fear tú mar mé do chéas an seana-thart lá,   25
racham araon faoi scléip go tabhairne an stáid;
is rabairneach ghlaofam *ale* is dramanna ar clár,
is taisce go héag ní dhéan d'aon leathphingin pá.

At the end of the day, if my bones be weary or weak,
and the foreman consider my spadecraft less than
     heroic,   10
I'll discourse serenely upon *The Adventure of Death*
or the wars of the Greeks at Troy, that exhausted princes.

Then I will speak in due course of Samson the hero,
Alexander the mighty, hungry to face the foe,
of the reign of the Caesars, valiant and terrible in arms,
or Hector the hero who left hundreds dead on the field,

of Caitcheann Mac Tréin who wrought slaughter and loss
     on the Fianna,
and the doings of Deirdre, in body and beauty supreme;
to finish, deceiving and rambling, I'll chant him a poem
– and there for you, Séamas, is how I will spend the day.

Passing the day in such manner, I'll take my pay
and tie it with hempen rope in the front of my shirt.
Then in the best of good humour I'll come to town
and not squander a part of a sixpence until we meet.

For you're one like myself, tormented by thirst in your
     time.
In the pub by the road let us look for excitement together:
'Ale!' I will lavishly order, and drinks to the counter,
and I'll save not a halfpenny pay till the day I die!

59

CEO DRAÍOCHTA

Ceo draíochta i gcoim oíche do sheol mé
  trí thíorthaibh mar óinmhid ar strae,
gan príomhcharaid díograis im chóngar
  's mé i gcríochaibh tar m'eolas i gcéin;
do shíneas go fíorthuirseach deorach   5
  i gcoill chluthair chnómhair liom féin,
ag guíochan chun Rí ghil na glóire
  's gan ní ar bith ach trócaire im béal.

Bhí líonrith im chroí-se gan gó ar bith
  sa choill seo gan glór duine im ghaor,   10
gan aoibhneas ach binnghuth na smólach
  ag síorchantain ceoil ar gach géig,
lem thaoibh gur shuigh sí-bhruinneall mhómhrach
  i bhfír is i gcló-chruth mar naomh;
'na gnaoi do bhí an lí gheal le rósaibh   15
  i gcoimheascar, 's níorbh eol dom cé ghéill.

Ba trinseach tiubh buí-chasta ar órdhath
  a dlaoi-fholt go bróig leis an mbé,
a braoithe gan teimheal is mar an ómra
  a claonroisc do bheo-ghoin gach laoch;   20
ba bhinn blasta fírmhilis ceolmhar
  mar shí-chruit gach nóta óna béal,
's ba mhín cailce a cí' cruinne i gcóir chirt
  dar linne nár leonadh le haon.

Feacht roïmhe sin cé bhíos-sa gan treoir cheart,   25
  do bhíogas le ró-shearc don bhé
's do shíleas gurbh aoibhneas mór dom
  an tsí-bhean do sheoladh faoim dhéin;

59

A MAGIC MIST

Through the deep night a magic mist led me
   like a simpleton roaming the land,
no friends of my bosom beside me,
   an outcast in places unknown.
I stretched out dejected and tearful   5
   in a nut-sheltered wood all alone
and prayed to the bright King of Glory
   with 'Mercy!' alone on my lips.

My heart, I declare, full of turmoil
   in that wood with no human sound nigh,   10
the thrush's sweet voice the sole pleasure,
   ever singing its tunes on each bough.
Then a noble *sídh*-girl sat beside me
   like a saint in her figure and form:
in her countenance roses contended   15
   with white – and I know not which lost.

Furrowed thick, yellow-twisting and golden
   was the lady's hair down to her shoes,
her brows without flaw, and like amber
   her luring eye, death to the brave.   20
Sweet, lovely, delicious – pure music –
   the harp-notes of the *sídh* from her lips,
breasts rounded, smooth, chalk-white, most proper
   – never marred by another, I swear.

Though lost to myself till that moment,   25
   with love for the lady I throbbed
and I found myself filled with great pleasure
   that she was directed my way.

187

im laoithibh do scríobhfad im dheoidh duit
    mar a scaoileas mo bheol seal ar strae
's gach caoinstair dár ríomhas don óig dheis
    is sinn sínte ar fheorainn an tsléibhe.

'A bhrídeach na righinrosc do bhreoigh mé
    le díograis dod shnó 'gus dod scéimh
an tú an aoilchnis trír dísceadh na mórthruip   35
    mar scríobhtar i gcomhrac na Trae,
nó an rí-bhruinneall mhíolla d'fhúig comhlag
    cathmhíle na Bóirmhe 's a thréad
nó an ríoghan do dhlígh ar an mórfhlaith
    ón mBinn dul dá tóraíocht i gcéin?'   40

Is binn blasta caoin d'fhreagair domhsa
    's í ag síorshileadh deora trí phéin
'Ní haoinbhean dár mhaís mise id ghlórthaibh,
    's mar chímse ní heol duit mo thréad;
's mé an bhrídeach do bhí sealad pósta   45
    fá aoibhneas i gcoróinn chirt na réx
ag rí Chaisil Chuinn agus Eoghain
    fuair mírcheannas Fódla gan phlé'.

'Is dubhach bocht mo chúrsa 's is brónach
    'om dhúrchreimeadh ag coirnigh gach lae   50
fá dhlúthsmacht ag búraibh gan sóchas,
    's mo phrionsa gur seoladh i gcéin;
tá mo shúilse le hÚrMhac na glóire
    go dtabharfaidh mo leoghan faoi réim
'na dhúnbhailtibh dúchais i gcóir mhaith   55
    ag rúscadh na gcrónphoc le faobhar.'

'A chúileann tais mhúinte na n-órfholt
    de chrú chirt na coróinneach gan bhréag,
do chúrsa-sa ag búraibh is brón liom
    faoi smúit, cathach ceomhar gan scléip;   60

188

How it fell, I write out in these verses
    – how I let my lips speak unrestrained,   30
the sweet things that I told the fair maiden
    as we stretched on the green mountain-slope:

"Are you, languid-eyed lady who pierced me
    with love for your face and your form,
the Fair-One caused hordes to be slaughtered   35
    as they write in the Battle of Troy?
Or the mild royal girl who let languish
    the chief of Boru and his troop?
Or the queen who decreed that the great prince
    from Howth follow far in pursuit?"   40

Delicious, sweet, tender, she answered,
    ever shedding tears down in her pain:
"I am none of those women you speak of,
    and I see that you don't know my clan.
I'm the bride wed in bliss for a season   45
    – under right royal rule – to the King
over Caiseal of Conn and of Eoghan
    who ruled undisputed o'er Fódla.

"Gloomy my state, sad and mournful,
    by horned tyrants daily devoured,   50
and heavy oppressed by grim blackguards
    while my prince is set sailing abroad.
I look to the great Son of Glory
    to send my lion back to his sway
in his strong native towns, in good order,   55
    to flay the swarth goats with his blades."

"Mild, golden-haired, courteous fair lady,
    of true royal blood, and no lie,
I mourn for your plight among blackguards,
    sad and joyless, dark under a pall.   60

189

'na dhlúthbhrogaibh dúchais dá seoladh
   Mac cúntach na glóire, do réx,
is súgach do rúscfainnse crónphoic
   go humhal tapaidh scópmhar le piléir.'

'Ár Stíobhard dá dtíodh chūghainn thar sáile   65
   go críoch inis Áilge faoi réim
le *fleet* d'fhearaibh Laoisigh 's an Spáinnigh
   is fíor le corp áthais go mbeinn
ar fhíor-each mhear ghroí thapa cheáfrach,
   ag síorchartadh cách le neart piléar,   70
's ní chloífinnse m'intinn 'na dheáidh sin
   chun luí ar sheasamh garda lem ré.'

Tadhg Gaelach Ó Súilleabháin (1715–1795)

60] Saolaíodh Tadhg Gaelach, is dócha, in aice le Drom
Collachair, Co. Luimnigh, ach chaith sé formhór a shaoil i
gCo. Phort Láirge, mar ar cailleadh é. Chaith sé saol aerach
seal—go dtí gur bhuail taom trom aithrí é. Ina dhiaidh sin
chuaigh sé an-mhór le filíocht dhiaga. Foilsíodh dánta leis i
bhfoirm leabhair — *Pious Miscellany* — sa bhliain 1802, agus
cuireadh athchló ar an leabhar go minic ina dhiaidh sin.
Bhíodh na dánta aige á ngabháil coitianta le ceol sna séipéil ar
fud na Mumhan sa 19ú céad. Fuair dánta aithrí de shaghas
Uimh. 60 an-leathantas san 18ú haois.

60

DUAIN CHROÍ ÍOSA

Gile mo chroí do chroí-se, a Shlánaitheoir,
is ciste mo chroí do chroí-se a dháil im chomhair;
ós follas gur líon do chroí dem ghrá-sa, a stóir,
i gcochall mo chroí do chroíse fág i gcomhad.

If your King to his strong native mansions
   the Son of Glory should send, in His aid,
those swarth goats – swift, freely and willing –
   with shot would I joyfully flay!"

"If our Stuart returned o'er the ocean   65
   to the lands of Inis Áilge in full course
with a fleet of Louis' men, and the Spaniard's,
   by dint of joy truly I'd be
on a prancing pure steed of swift mettle
   ever sluicing them out with much shot   70
– after which I'd not injure my spirit
   standing guard for the rest of my life."

Tadhg Gaelach Ó Súilleabháin (1715 – 1795)

60] *Tadhg Gaelach Ó Súilleabháin* was born probably near Drumcollogher, Co. Limerick, but spent the greater part of his life in Waterford, where he died. He led a gay life for a time, but experienced a sudden conversion and devoted his life afterwards to devout poetry. A selection of his work was published in 1802 under the title *Pious Miscellany* and was reprinted many times. His poems were commonly sung as hymns in churches throughout Munster in the nineteenth century. The confessional poem became a standard type in eighteenth century Irish poetry.

60

A POEM TO THE HEART OF JESUS

The light in my heart, O Saviour, is Thy heart,
the wealth of my heart, Thy heart poured out for me.
Seeing that Thy heart, Love, filled with love for me
leave Thy heart in keeping, hooded in mine.

Ar fhuilingis trínne, a Rí ghil ard na gcomhacht,   5
ní thigeann im smaointe a shuíomh ná a thrácht i gcóir,
's gur le gora-ghoin nimhe do chroí 's do chneá-sa,
  a stóir,
do bhrostaigh na mílte saoi go sámh i gcoróinn.

A Athair 's a Íosa ' dhíon led bhás mé beo,
's do dhealbh mo ghnaoi gan críochnadh ceard id chló,
nach danartha an gníomh, a Chríost, nár ghrás-sa fós
ach gach uile ní 'na mbíonn do ghráin don tsórt.

Ar shealbhaigh Maois ded dhlí-se i bpáirt an tslóigh,
dob annamh mo chroí-se síoch ná sásta leo,
ach fala 'gus fraoichnimh, craois ag carnadh stóir   15
le heasmailt gach n-aoin 's na mílte cáin ba mhó.

Le hatuirse cnaíte faoina ndearna geobhad
ag taisteal gach tíre i gcríochaibh Fháilbhe 's Eoghain,
ag aithris mo ghníomhartha 's ag caoi le gárta bróin,
's ag screadaigh go scíosmhar tríd, ag tál na ndeor.   20

An uair chasfadsa arís led ghuí-se, a bhláth na n-ord,
fá thearmainn Chríost is díon a ghrás 'om chomhad,
biaidh garbhchnoic fraoigh na líog do chráigh mé
     romham
'na machairí míne síoda 's 'na mbánta sróill.

Ceangal

Ar fán cé bhís-se, a Rí ghil naofa ó neamh,   25
go cráite trínne i slí nach léir a mheas,
do ghrá-sa, a Chríost, níor mhaís gur réab an tsleagh
áras dín id chroí don tsaol ar fad.

The pains we have caused Thee, bright high King of
    the Powers,   5
their nature and number, truly my mind cannot hold.
The noxious hot hurt in Thy heart and Thy wound,
    O Love,
sweetly hurried the just in thousands to their Crown.

Father and Jesus, Whose death has saved my life,
Who fashioned my face in Thy form, without
    craftsman's toil,   10
is it not barbarous, Christ, I have yet not loved
save in those matters Thou holdest in disgust?

What Moses received of Thy law, on the hosts' behalf,
my heart was not often at peace with, nor content
– but gluttony, greed, spite and venomous rage,   15
reviling of men, and thousands of sins more serious.

Weary with sorrow for what I have done, I will go
to journey all parts of the land of Fáilbhe and Eoghan
confessing my deeds and mourning with cries of grief,
wailing in woe for it all, and shedding tears.   20

And when I return and have prayed to Thee, Flower of the
    Orders,
in the refuge of Christ, with the guard of His grace about
    me,
the harsh stony heathery hills that troubled me once
will alter to silk smooth plains and pastures of satin.

The Knot

Holy bright King, although Thou hadst strayed from
    Heaven
tormented amongst us in ways that can never be
    measured,
Thy love Thou hadst hidden, O Christ, till the lance tore
a mansion secure in Thy heart for the whole world.

193

61] Glaoitear burdúin ar cheathrúna gonta cóngaracha den fhilíocht aiceanta. Is í an aigne chéanna atá ar a gcúl is atá ar chúl na ndánfhocal (Uimh. 21). As lámhscríbhinní a fuarthas na solaoidí anseo, ach bíonn burdúin den chineál seo le fáil ó bhéalaithris, chomh maith.

An burdún a chuirtear i leith Eoghain Rua (thíos) deirtear gur chum sé é nuair a chuir sagart as a shuíochán compordach cois tine é lá stáisiúin agus gurbh éigean dó 'suí ar an móin' i dtóin an tí.

61

BURDÚIN FÁIN

Do threascair an saol is shéid an ghaoth mar smál
Alastrann, Caesar, 's an méid sin a bhí 'na bpáirt;
tá an Teamhair 'na féar, is féach an Traoi mar tá,
is na Sasanaigh féin do b'fhéidir go bhfaīghidís bás!

*

Uireasa oidis bheir dorchadas tlás is ceas
ar thuilleadh agus ormsa i bhfogas don táin nár cheart,
mar do ritheadar bodaigh i mbrogaibh na dáimhe isteach
is do bhaineadar solas na scoile de chách ar fad.

*

A lucht chleachtas an phóit go mór is feoil Aoine,
's gach iomlat spóirt ó bhord go leaba aoibhinn,
flaitheas na Glóire más dóigh gur gealladh díbhse,
mealladh go mór iad ord na gCaipisíneach.

*

61] Epigrammatic verses in accentual metres are termed *burdúin*. They served the same function in general as did the *dánfhochail* (no. 21). The following examples are all from manuscripts, but similar verses are frequently found in the oral tradition.

The *burdún* ascribed below to *Eoghan Rua Ó Súilleabháin* is reputed to have been spoken by him when the priest at a 'station' dispossessed him of his comfortable place by the fire, leaving him to find seating accommodation 'in the turf' at the back of the room.

61

SOME EPIGRAMS

The world laid low, and the wind blew – like a dust –
Alexander, Caesar, and all their followers.
Tara is grass; and look how it stands with Troy.
And even the English – maybe they might die.

*

Loss of our learning brought darkness, weakness and woe
on me and mine, amid these unrighteous hordes.
Oafs have entered the places of the poets
and taken the light of the schools from everyone.

*

You who indulge in drink, in meat on Fridays,
and all the pleasures from table to blissful bed,
if the promise of Heavenly glory applies to you
then much has the Capuchin Order been misled.

*

Is iongnadh an toisc 's an cor 'na bhfuilim i bpéin —
mo thuiscint óm thoil, 's mo thoil ag druidim óm chéill;
ní tuigtear dom thoil gach locht dom thuiscint is léir,
's má tuigtear, ní toil léi ach toil a tuisceana féin.

*

Araoir im leaba is mé atuirseach tréith im luí,
do bhíos trí ainbhios sealad ag éad le Críost,
thug cíos gach fearainn do Ghallaibh in aolghort Fhlainn,
agus Gaoil dá leagadh, dá gcreachadh is dá gcéasadh
   'shíor.

Do bhíodar tamall go carthanach déirceach caoin,
ba bhinn a manaigh, a n-easpaig 's a gcléir ag guí;
más fíor gur peaca thit artha rinn faolchoin díobh,
a Chríost, cé an Sacsanach seascair nár réab do dhlí?
                                  —*Donncha Dall Ó Laoghaire* (fl. 1720)

*

Ní ins an ainnise is measa linn bheith síos go deo
ach an tarcaisne a leanas sinn i ndiaidh na leon;
má tá an tAthair-Mhac mar an eaglais, níl brí 'nár ngnó,
is ní fearra dhúinn an t-aifreann ná suí ar an móin.
                                  —*Eoghan Rua Ó Súilleabháin*

*

Nach ait an nós seo ag mórchuid d'fhearaibh Éireann,
d'at go nó le mórtas maingiléiseach!
Cé tais a dtreoir ar chódaibh Galla-chléire,
ní chanaid glór ach gósta garbh-Bhéarla.
                                  —*Dáibhí Ó Bruadair (?)*

Strange is the cause, and the kind, of my suffering:
my reason adrift from my will, my will from good sense.
My will cannot grasp the defects that are clear to my
    reason,
and even when it does it reasons the way that it wills.

*

Last night as I lay in my bed, enfeebled and faint,
I uttered (unthinking a while) complaints to Christ
that he handed the lime-fields of Flann, every one, to the
    stranger
while the Gael was laid low and ceaselessly robbed and
    tormented.

They were gentle, alms-giving and friendly in their time,
their bishops, their monks and their clergy melodious
    at prayer....
If it's true that their sins fell upon them and turned them
    to wolves
– show me, O Christ, a snug Saxon didn't mangle Thy
    law!

—Donncha Dall Ó Laoghaire (fl. 1720)

*

Being sunk at all times in misery is not the worst,
but the scorn that pursues us, now that the lions are gone.
If the Father-Son's like to His Church all our doings are
    vain
and we might as well sit in the turf as be going to Mass.

– Eoghan Rua Ó Súilleabháin

*

Is it not strange how most of the men of Ireland
have swelled of late with ostentatious pride?
Though slack their grasp on the foreign scholars' writings
they'll speak no tongue but the ghost of a clumsy English.

—Dáibhí Ó Bruadair (?)

62] Duine de Chonallaigh ghustalacha Dhoire Fhíonáin, i gCo. Chiarraí, agus aintín do Dhónall Ó Conaill, an Fuascailteoir, ab ea Eibhlín Dhubh. Sa bhliain 1767, in aghaidh tola a muintire, phós sí Art Ó Laoghaire, fear óg teasaí a raibh tréimhse seirbhíse tugtha thar lear aige mar chaptaen sna Husáir Ungáracha, agus a bhí fillte abhaile ar Éirinn san am. Mhair an bheirt go compordach ar sheantailte Mhuintir Laoghaire in aice le Maigh Chromtha, Co. Chorcaí, go dtí gur éirigh idir Art agus Abraham Morris, ArdSirriam na dúiche. Chuir Art roimhe Morris a mharú, maidin an 4ú Bealtaine 1773. Sceitheadh a rún le Morris agus maráíodh Art féin níos déanaí an lá sin i gCarraig an Ime, Co. Chorcaí.

Tá leaganacha difriúla de *Chaoineadh Airt Uí Laoghaire*, agus dréachtaí fánacha a bhaineann leis, faighte ó bhéalaithris i gCo. Chorcaí agus i gCo. Chiarraí. Cuid mhaith de na buntéamaí sa dán, is téamaí traidisiúnta iad. Ina ainneoin sin, agus in ainneoin gur léir go raibh lámh ag daoine eile seachas aici féin i gcumadh an chaointe, tá dólás agus pearsantacht Eibhlín Dhubh le léamh chomh láidir sin tríd síos, gur féidir gan aon bhaol údar an dáin a thabhairt uirthi. Tá *Caoineadh Airt Uí Laoghaire,* ní hamháin ar cheann de mhórchaointe na Gaeilge, ach ar cheann de mhórdhánta grá na Gaeilge, chomh maith.

Eibhlín Dhubh Ní Chonaill (fl. 1770)

62| *Eibhlín Dhubh Ní Chonaill* was one of the well-to-do O'Connell family of Derrynane, Co. Kerry, and aunt of Daniel O'Connell, the Liberator. In the year 1767, againt the wishes of her people, she married *Art Ó Laoghaire,* a hot-blooded young captain of the Hungarian Hussars, back from service on the continent. They lived in some style on the ancestral *Ó Laoghaire* lands near Macroom, Co. Cork. *Ó Laoghaire,* outlawed after a bitter quarrel with Abraham Morris, the High-Sheriff of the district, set out to kill him on the morning of 4th May 1773. His intention was revealed to Morris who took evasive action. *Ó Laoghaire* himself was shot dead later that day by the High-Sheriff's bodyguard in Carriginima, Co. Cork.

The *Lament for Art Ó Laoghaire* is preserved in various versions and fragments in the oral tradition of the people of Cork and Kerry. It contains a great deal of thematic material traditionally found in keens, and it is probable that others apart from *Eibhlín* had a hand in shaping the version from which the following extracts are taken. But it bears so clearly, in the main, the stamp of *Eibhlín Dhubh's* grief and personality that one has little hesitation in ascribing its over-all composition to her. It is one of the great laments and one of the great love poems in the Irish language.

199

62

I

*B'fhéidir gur aithris Eibhlín na dréachtaí seo os cionn an choirp
i gCarraig an Ime.*

Mo ghrá go daingean tu!
Lá dá bhfaca thu
ag ceann tí an mhargaidh,
thug mo shúil aire dhuit,
thug mo chroí taitneamh duit,   5
d'éalaíos óm charaid leat
i bhfad ó bhaile leat.

Is domhsa nárbh aithreach:
Chuiris parlús á ghealadh dhom,
rúmanna á mbreacadh dhom,   10
bácús á dheargadh dhom,
brící á gceapadh dhom,
rósta ar bhearaibh dom,
mairt á leagadh dhom;
codladh i gclúmh lachan dom   15
go dtíodh an t-eadartha
nó thairis dá dtaitneadh liom.

Mo chara go daingean tu!
is cuimhin lem aigne
an lá breá earraigh úd,   20
gur bhreá thíodh hata dhuit
faoi bhanda óir tarraingthe;
claíomh cinn airgid,
lámh dheas chalma,
rompsáil bhagarthach —   25

62

I

The extracts in this section appear to have been uttered by Eibhlín over her husband's body in Carriginima.

My steadfast love!
When I saw you one day
by the market-house gable
my eye gave a look
my heart shone out   5
I fled with you far
from friends and home.

And never was sorry:
you had parlours painted
rooms decked out   10
the oven reddened
and loaves made up
roasts on spits
and cattle slaughtered;
I slept in duck-down   15
till noontime came
or later if I liked.

My steadfast friend!
It comes to my mind
that fine Spring day   20
how well your hat looked
with the drawn gold band,
the sword silver-hilted,
your fine brave hand
and menacing prance,   25

fír-chritheagla
ar námhaid chealgach —
tú i gcóir chun falaracht
is each caol ceannann fút.
D'umhlaídís Sasanaigh 30
síos go talamh duit,
is ní ar mhaithe leat
ach le haon-chorp eagla,
cé gur leo a cailleadh tu,
a mhuirnín mh'anama 35

Mo chara thu go daingean!
is nuair thiocfaidh chūgham abhaile
Conchúr beag an cheana
is Fear Ó Laoghaire, an leanbh,
fiafróid díom go tapaidh 40
cár fhágas féin a n-athair.
'Neosad dóibh faoi mhairg
gur fhágas i gCill na Martar.
Glaofaid siad ar a n-athair,
is ní bheidh sé acu le freagairt 45

Mo chara thu go daingean!
is níor chreideas riamh dod mharbh
gur tháinig chūgham do chapall
is a srianta léi go talamh,
is fuil do chroí ar a leacain 50
siar go t'iallait ghreanta
mar a mbítheá id shuí 's id sheasamh.
Thugas léim go tairsigh,
an dara léim go geata,
an tríú léim ar do chapall. 55

Do bhuaileas go luath mo bhasa
is do bhaineas as na reathaibh

and the fearful tremble
of treacherous enemies.
You were set to ride
your slim white-faced steed
and Saxons saluted
down to the ground,
not from good will
but by dint of fear
– though you died at their hands,
my soul's beloved . . . .

My steadfast friend!
And when they come home,
our little pet Conchúr
and baby Fear Ó Laoghaire,
they will ask at once
where I left their father.
I will tell them in woe
he is left in Cill na Martar,
and they'll call for their father
and get no answer . . . .

My steadfast friend!
I didn't credit your death
till your horse came home
and her reins on the ground,
your heart's blood on her back
to the polished saddle
where you sat – where you stood....
I gave a leap to the door,
a second leap to the gate
and a third on your horse.

I clapped my hands quickly
and started mad running

chomh maith is bhí sé agam,
go bhfuaras romham tu marbh
cois toirín ísil aitinn,   60
gan Pápa gan easpag,
gan cléireach gan sagart
do léifeadh ort an tsailm,
ach seanbhean chríonna chaite
do leath ort binn dá fallaing —   65
do chuid fola leat 'na sraithibh;
is níor fhanas le hí ghlanadh
ach í ól suas lem basaibh.

Mo ghrá thu go daingean!
is éirigh suas id sheasamh   70
is tar liom féin abhaile,
go gcuirfeam mairt á leagadh,
go nglaofam ar chóisir fhairsing,
go mbeidh againn ceol á spreagadh,
go gcóireod duitse leaba   75
faoi bhairlíní geala,
faoi chuilteanna breátha breaca,
a bhainfidh asat allas
in ionad an fhuachta a ghlacais.

                              II

*Nuair a shroich deirfiúr Airt (ó Chorcaigh) teach an tórraimh in aice
Mhaigh Chromtha, fuair sí, de réir an tseanchais, Eibhlín roimpi sa
leaba. Seo roinnt den bhriatharchath a bhí eatarthu.*

Deirfiúr Airt   Mo chara is mo stór tú!   80
                  is mó bean chumtha chórach
                  ó Chorcaigh na seolta
                  go Droichead na Tóime,

                     204

as hard as I could,
to find you there dead
by a low furze-bush   60
with no Pope or bishop
or clergy or priest
to read a psalm over you
but a spent old woman
who spread her cloak corner   65
where your blood streamed from you,
and I didn't stop to clean it
but drank it from my palms.

My steadfast love!
Arise, stand up   70
and come with myself
and I'll have cattle slaughtered
and call fine company
and hurry up the music
and make you up a bed   75
with bright sheets upon it
and fine speckled quilts
to bring you out in a sweat
where the cold has caught you.

II

*Tradition has it that Art's sister found Eibhlín in bed when she
arrived from Cork City for the wake in the Ó Laoghaire home. Her
rebuke to Eibhlín led to a sharp verbal contest.*

Art's sister   My friend and my treasure!   80
Many fine-made women
from Cork of the sails
to Droichead na Tóime

do tabharfadh macha mór bó dhuit
agus dorn buí-óir duit,   85
ná raghadh a chodladh 'na seomra
oíche do thórraimh.

Mo chara is m' uan tú!
is ná creid sin uathu,
ná an cogar a fuarais,   90
ná an scéal fir fuatha,
gur a chodladh a chuas-sa.
Níor throm suan dom:
ach bhí do linbh ró-bhuartha,
's do theastaigh sé uathu   95
iad a chur chun suaimhnis.

A dhaoine na n-ae istigh,
'bhfuil aon bhean in Éirinn,
ó luí na gréine,
a shínfeadh a taobh leis,   100
do bhéarfadh trí lao dho,
ná raghadh le craobhacha
i ndiaidh Airt Uí Laoghaire
atá anso traochta
ó mhaidin inné agam? . . .   105

M'fhada-chreach léan-ghoirt
ná rabhas-sa taobh leat
nuair lámhadh an piléar leat,
go ngeobhainn é im thaobh dheas
nó i mbinn mo léine,   110
is go léigfinn cead slé' leat
a mharcaigh na ré-ghlac

would bring you great herds
and a yellow gold handful,   85
and not sleep in their room
on the night of your wake.

Eibhlín Dhubh   My friend and my lamb!
Don't you believe them
nor the scandal you heard   90
nor the jealous man's gossip
that it's sleeping I went.
It was no heavy slumber
but your babies so troubled
and all of them needing   95
to be settled in peace.

People of my heart,
what woman in Ireland
from setting of sun
could stretch out beside him   100
and bear him three sucklings
and not run wild
losing Art Ó Laoghaire
who lies here vanquished
since yesterday morning? . . .   105

Long loss, bitter grief
I was not by your side
when the bullet was fired
so my right side could take it
or the edge of my shift   110
till I freed you to the hills,
my fine-handed horseman!

Mo chreach ghéarchúiseach
ná rabhas ar do chúlaibh
nuair lámhadh an púdar,   115
go ngeobhainn é im chom dheas
nó i mbinn mo ghúna,
is go léigfinn cead siúil leat
a mharcaigh na súl nglas,
ós tú b'fhearr léigean chucu.   120

III

*Cuireann Eibhlín a mórtas as a fear céile in iúl go lánphoiblí sna
dréachtaí seo. B'fhéidir gur aithris sí an méid seo tar éis don chorp a
bheith réitithe le haghaidh an adhlactha.*

Eibhlín Dhubh Mo chara thu is mo shearc-mhaoin!
Is gránna an chóir a chur ar ghaiscíoch
comhra agus caipín,
ar mharcach an dea-chroí
a bhíodh ag iascaireacht ar ghlaisíbh   125
agus ag ól ar hallaíbh
i bhfarradh mná na ngeal-chíoch.
Mo mhíle mearaí
mar a chailleas do thaithí.

Greadadh chūghat is díth   130
a Mhorris ghránna an fhill!
a bhain díom fear mo thí,
athair mo leanbh gan aois:
dís acu ag siúl an tí,
's an tríú duine acu istigh im chlí,   135
agus is dócha ná cuirfead díom.

Mo chara thu is mo thaitneamh!
Nuair ghabhais amach an geata
d'fhillis ar ais go tapaidh,

208

Art's sister   My sharp bitter loss
I was not at your back
when the powder was fired   115
so my fine waist could take it
or the edge of my dress,
till I let you go free,
my grey-eyed rider,
ablest for them all.   120

III

These lines, with their public adulation of Art, were probably uttered by Eibhlín after her husband's body had been prepared for burial.

Eibhlín Dhubh   My friend and my treasure trove!
An ugly outfit for a warrior:
a coffin and a cap
on that great-hearted horseman
who fished in the rivers   125
and drank in the halls
with white-breasted women.
My thousand confusions
I have lost the use of you.

Ruin and bad cess to you,   130
ugly traitor Morris,
who took the man of my house
and father of my young ones
– a pair walking the house
and the third in my womb,   135
and I doubt that I'll bear it.

My friend and beloved!
When you left through the gate
you came in again quickly,

209

do phógais do dhís leanbh,   140
do phógais mise ar bharra baise.
Dúraís, 'A Eibhlín, éirigh id sheasamh
agus cuir do ghnó chun taisce
go luaimneach is go tapaidh.
Táimse ag fágáil an bhaile,   145
is ní móide go deo go gcasfainn.'
Níor dheineas dá chaint ach magadh,
mar bhíodh á rá liom go minic cheana.

Mo chara thu is mo chuid!
A mharcaigh an chlaímh ghil,   150
éirigh suas anois,
cuir ort do chulaith
éadaigh uasail ghlain,
cuir ort do bhéabhar dubh,
tarraing do lámhainní umat.   155
Siúd í in airde t'fhuip;
sin í do láir amuigh.
Buail-se an bóthar caol úd soir
mar a maolóidh romhat na toir,
mar a gcaolóidh romhat an sruth,   160
mar a n-umhlóidh romhat mná is fir,
má tá a mbéasa féin acu —
's is baolach liomsa ná fuil anois . . . .

Mo ghrá thu is mo chumann!
's ní hé a bhfuair bás dem chine,   165
ná bás mo thriúr clainne;
ná Dónall Mór Ó Conaill,
ná Conall a bháigh an tuile,
ná bean na sé mblian 's fiche
do chuaigh anonn thar uisce   170
'déanamh cairdeasaí le rithe —

you kissed both your children,   140
kissed the tips of my fingers.
You said: "Eibhlín, stand up
and finish with your work
lively and swiftly:
I am leaving our home   145
and may never return."
I made nothing of his talk
for he spoke often so.

My friend and my share!
O bright-sworded rider   150
rise up now,
put on your immaculate
fine suit of clothes,
put on your black beaver
and pull on your gloves.   155
There above is your whip
and your mare is outside.
Take the narrow road Eastward
where the bushes bend before you
and the stream will narrow for you   160
and men and women will bow
if they have their proper manners
– as I doubt they have at present . . . .

My love, and my beloved!
Not my people who have died   165
– not my three dead children
nor big Dónall Ó Conaill
nor Conall drowned on the sea
nor the girl of twenty six
who went across the ocean   170
alliancing with kings

ní hiad go léir atá agam dá ngairm,
ach Art a bhaint aréir dá bhonnaibh
ar inse Charraig an Ime! —
marcach na lárach doinne   175
atá agam féin anso go singil —
gan éinne beo 'na ghoire
ach mná beaga dubha an mhuilinn,
is mar bharr ar mo mhíle tubaist
gan a súile féin ag sileadh.   180

Mo chara is mo lao thu!
A Airt Uí Laoghaire
Mhic Conchúir, Mhic Céadaigh,
Mhic Laoisigh Uí Laoghaire,
aniar ón nGaortha   185
is anoir ón gCaolchnoc,
mar a bhfásaid caora
is cnó buí ar ghéagaibh
is úlla 'na slaodaibh
'na n-am féinig.   190
Cárbh ionadh le héinne
dá lasadh Uíbh Laoghaire
agus Béal Átha an Ghaorthaigh
is an Gúgán naofa
i ndiaidh mharcaigh na ré-ghlac   195
a níodh an fiach a thraochadh
ón nGreanaigh ar saothar
nuair stadaidís caol-choin!
Is a mharcaigh na gclaon-rosc —
nó cad d'imigh aréir ort?   200
Óir do shíleas féinig
ná maródh an saol tu
nuair cheannaíos duit éide.

– not all these do I summon
but Art, reaped from his feet last night
on the inch of Carriginima.
The brown mare's rider   175
deserted here beside me,
no living being near him
but the little black mill-women
– and to top my thousand troubles
their eyes not even streaming.   180

My friend and my calf!
O Art Ó Laoghaire
son of Conchúr son of Céadach
son of Laoiseach Ó Laoghaire:
West from the Gaortha   185
and East from the Caolchnoc
where the berries grow,
yellow nuts on the branches
and masses of apples
in their proper season   190
– need anyone wonder
if Uíbh Laoghaire were alight
and Béal Átha an Ghaorthaigh
and Gúgán the holy
for the fine-handed rider   195
who used tire out the hunt
as they panted from Greanach
and the slim hounds gave up?
Alluring-eyed rider,
o what ailed you last night?   200
For I thought myself
when I bought your uniform
the world couldn't kill you!

213

Déanann deirfiúr Airt a caoineadh féin anseo. Nuair a luann sí, na mná óga a bhí mór le Art, spriúchann Eibhlín.

Deirfiúr Airt Mo ghrá is mo rún tu!
            's mo ghrá mo cholúr geal!   205
            Cé ná tánag-sa chūghat-sa
            is nár thugas mo thrúip liom,
            níor chúis náire siúd liom
            mar bhíodar i gcúngrach
            i seomraí dúnta   210
            is i gcomhraí cúnga,
            is i gcodladh gan mhúscailt.

            Mura mbeadh an bholgach
            is an bás dorcha
            is an fiabhras spotaitheach,   215
            bheadh an marc-shlua borb san
            is a srianta á gcroitheadh acu
            ag déanamh fothraim
            ag teacht dod shochraid
            a Airt an bhrollaigh ghil   220

            Mo chara is mo lao thu!
            Is aisling trí néallaibh
            do deineadh aréir dom
            i gCorcaigh go déanach
            ar leaba im aonar: 225
            gur thit ár gcúirt aolda,
            cur chríon an Gaortha,
            nár fhan friotal id chaol-choin
            ná binneas ag éanaibh,
            nuair fuaradh tu traochta   230

Art's sister makes her own formal contribution here to the keen. Her reference to Art's women-friends brings a spirited reply from Eibhlín.

Art's sister   My love and my darling!
My love, my bright dove!   205
Though I couldn't be with you
nor bring you my people
that's no cause for reproach,
for hard pressed were they all
in shuttered rooms   210
and narrow coffins
in a sleep with no waking.

Were it not for the smallpox
and the black death
and the spotted fever   215
those rough horse-riders
would be rattling their reins
and making a tumult
on the way to your funeral,
Art of the bright breast....   220

My friend and my calf!
A vision in dream
was vouchsafed me last night
in Cork, a late hour,
in bed by myself: 225
our white mansion had fallen,
the Gaortha had withered,
our slim hounds were silent
and no sweet birds,
when you were found spent   230

ar lár an tslé' amuigh,
gan sagart, gan cléireach,
ach seanbhean aosta
do leath binn dá bréid ort
nuair fuadh den chré thu,   235
a Airt Uí Laoghaire,
is do chuid fola 'na slaodaibh
i mbrollach do léine.

Mo ghrá is mo rún tu!
's is breá thíodh súd duit,   240
stoca chúig dhual duit,
buatais go glúin ort,
Caroilín cúinneach,
is fuip go lúfar
ar ghillín shúgach —   245
is mó ainnir mhodhúil mhúinte
bhíodh ag féachaint sa chúl ort.

Eibhlín Dhubh Mo ghrá go daingean tu!
's nuair théitheá sna cathracha
daora, daingeana,   250
bíodh mná na gceannaithe
ag umhlú go talamh duit,
óir do thuigidís 'na n-aigne
gur bhreá an leath leaba tu,
nó an bhéalóg chapaill tu,   255
nó an t-athair leanbh tu.

Tá fhios ag Íosa Críost
ná beidh caidhp ar bhaitheas mo chinn,
ná léine chnis lem thaoibh,
ná bróg ar thrácht mo bhoinn,   260
ná trioscán ar fuaid mo thí,
ná srian leis an láir ndoinn,

out in midst of the mountain
with no priest or cleric
but an ancient old woman
to spread the edge of her cloak,
and you stitched to the earth,   235
Art Ó Laoghaire,
and streams of your blood
on the breast of your shirt.

My love and my darling!
It is well they became you   240
– your stocking, five-ply,
riding-boots to the knee,
cornered Caroline hat
and a lively whip
on a spirited gelding,   245
many modest mild maidens
admiring behind you.

Eibhlín Dhubh   My steadfast love!
When you walked through the servile
strong-built towns,   250
the merchants' wives
would salute to the ground
knowing well in their hearts
a fine bed-mate you were
a great front-rider   255
and father of children.

Jesus Christ well knows
there's no cap upon my skull
nor shift next to my body
nor shoe upon my foot-sole   260
nor furniture in my house
nor reins on the brown mare

ná caithfidh mé le dlí,
's go raghad anonn thar toinn
ag comhrá leis an rí,   265
's mura gcuirfidh ionam aon tsuim
go dtiocfad ar ais arís
go bodach na fola duibhe
a bhain díom féin mo mhaoin.

V

De bharr constaicí dlí, dealraíonn sé nár cuireadh Art i reilig a
shinsear. Cuireadh an corp go sealadach; agus cúpla mí ina dhiaidh sin,
ní foláir, aistríodh é go mainistir Chill Cré, Co. Chorcaí. B'fhéidir gur
chuir Eibhlín na dréachtaí seo a leanas lena caoineadh ar ócáid an dara
adhlacadh.

Eibhlín Dhubh   Mó ghrá thu agus mo rún!   270
Tá do stácaí ar a mbonn,
tá do bha buí á gcrú;
is ar mo chroí atá do chumha
ná leigheasfadh Cúige Mumhan
ná Gaibhne Oileáin na bhFionn.   275
Go dtiocfaidh Art Ó Laoghaire chúgham
ní scaipfidh ar mo chumha
atá i lár mo chroí á bhrú,
dúnta suas go dlúth
mar a bheadh glas a bheadh ar thrúnc   280
's go raghadh an eochair amú.

A mhná so amach ag gol
stadaidh ar bhur gcois
go nglaofaidh Art Mhac Conchúir deoch,
agus tuilleadh thar cheann na mbocht,   285
sula dtéann isteach don scoil —
ní ag foghlaim léinn ná port,
ach ag iompar cré agus cloch.

218

but I'll spend it on the law;
that I'll go across the ocean
to argue with the King,   265
and if he won't pay attention
that I'll come back again
to the black-blooded savage
that took my treasure.

V

Due to some legal obstruction, the body of Art Ó Laoghaire was not buried in the ancestral graveyard, and temporary burial arrangements had to be made. It was possibly some months later that the body was transferred to the monastery of Kilcrea, Co. Cork. Eibhlín appears to have uttered the following passage of her lament on the occasion of the second burial.

Eibhlín Dhubh   My love and my beloved!   270
Your corn-stacks are standing,
your yellow cows milking.
Your grief upon my heart
all Munster couldn't cure,
nor the smiths of Oileán na bhFionn. 275
Till Art Ó Laoghaire comes
my grief will not disperse
but cram my heart's core,
shut firmly in
like a trunk locked up   280
when the key is lost.

Women there weeping,
stay there where you are,
till Art Mac Conchúir summons drink
with some extra for the poor
– ere he enter that school   285
not for study or for music
but to bear clay and stones.

219

Brian Merriman (1749–1803)

63| In aice le hInis Díomáin, Co. an Chláir, is dóichí a rugadh Brian Merriman, agus ceaptar gur mac tabhartha le duine uasal ón gceantar sin é. Chaith sé tamall fada sa bhFiacail ina mhúinteoir scoile agus ina fheirmeoir tionsclach; i ndeireadh a shaoil d'aistrigh sé go cathair Luimnigh mar ar cailleadh é. Tá greann, fuinneamh agus líofacht éachtach sa Chúirt, agus mórán téamaí is smaointe a fhaightear sa chuid is *burlesque* d'amhráin ghrá is de Chúirteanna Grá na meán-aoiseanna. Ba dhóigh leat gur gáire dóite roinnt den gháire a dhéanann Brian Merriman i gCúirt an Mheán Oíche: is léir uaireanta ón dán gur luigh scéal a ghiniúna féin ar a chroí. Dhá dhán eile—nach bhfuil le moladh—a luaitear leis.

An chúirt a gcuirtear síos uirthi sa dán fada seo (c. 1000 líne), is tionól ban í a bhfuil Aoibheall banríon na síóg ón Chraig Liath (Co. an Chláir) ina huachtarán air. Tá dréachtaí anseo againn as gach ceann de chúig mhór-ranna an dáin (prológ, trí mhonalóg dhrámata agus eipealóg).

63

As: CÚIRT AN MHEÁN OÍCHE

I

Siúlann an file amach dó féin maidin shamhraidh agus castar spéirbhean air . . . .

BA GHNÁTH mé ag siúl le ciumhais na habhann
ar bháinseach úr 's an drúcht go trom,
in aice na gcoillte, i gcoim an tslé',
gan mhairg, gan mhoill, ar shoilse an lae.
Do ghealadh mo chroí nuair chínn Loch Gréine,   5
an talamh, 's an tír, is íor na spéire;
taitneamhach aoibhinn suíomh na sléibhte
ag bagairt a gcinn thar dhroim a chéile.

Brian Merriman (1749? – 1803)

63] Brian Merriman was reputedly born near Ennistymon, County Clare, the illegitimate son of a country gentleman. He taught school and farmed industriously for many years in Feakle, Co. Clare, before moving to Limerick city where he lived until his death. *Cúirt an Mheán Oíche,* a poem of gargantuan comic eloquence and energy, carries within it a rich tradition of conventions and ideas associated with the more burlesque medieval love-songs and Courts of Love. It is possible also that the poem reflects – with perverse humour – the personal hurt Merriman appears to have felt at the circumstances of his birth.

Apart from *Cúirt an Mheán Oíche* only two other poems – neither of them of any quality – have been ascribed to him.

The court described in Merriman's 1000-line poem is an assembly of women, presided over by *Aoibheall,* a queen of the *sídh* at Craig Liath, Co. Clare. The following extracts are taken from each of the five major sections of the poem: the prologue – a parody of the standard *aisling* – three dramatic monologues and the epilogue.

63

From: THE MIDNIGHT COURT

I

The poet walks out on a summer's morning, and encounters a vision woman . . . .

By the brink of the river I'd often walk,
on a meadow fresh, in the heavy dew,
along the woods, in the mountain's heart,
happy and brisk in the brightening dawn.
My heart would lighten to see Loch Gréine,   5
the land, the view, the sky horizon,
the sweet and delightful set of the mountains
looming their heads up over each other.

Do ghealfadh an croí bheadh críon le cianta,
caite gan bhrí, nó líonta de phianta,   10
an séithleach searbh gan sealbh gan saibhreas
d'fhéachfadh tamall thar bharra na gcoillte
ar lachain 'na scuainte ar chuan gan cheo
's an eala ar a bhfuaid 's í ag gluaiseacht leo;
na héisc le meidhir ag éirí in airde,   15
péirse im radharc go taibhseach tarrbhreac,
dath an locha agus gorm na dtonn
ag teacht go tolgach torannach trom.
Bhíodh éanlaith i gcrainn go meidhreach mómhar
is léimneach eilte i gcoillte im chóngar,   20
géimreach adhairce is radharc ar shlóite,
tréanrith gadhar is Reynard rómpu.

AR MAIDIN inné bhí an spéir gan cheo,
bhí Cancer ón ngréin 'na caorthaibh teo,
is í gofa chun saothair t'réis na hoíche,   25
is obair an lae sin raeimpi sínte.
Bhí duilliúr craobh ar ghéaga im thimpeall,
fiorthann is féar go slaodach taoibh liom,
glasra fáis is blátha is luíbheanna,
scaipfeadh chun fáin dá chráiteacht smaointe.   30
Bhí mé cortha is an codladh am thraochadh,
shín mé thoram ar cothrom sa bhféar glas
in aice na gcrann, i dteannta trínse,
taca lem cheann, is mo hanlaí sínte.
Ar cheangal mo shúl go dlúth le chéile   35
greamaithe dúnta i ndú-ghlas néallta,
is m'aghaidh agam foilithe ó chuilibh go sásta
i dtaibhreamh d'fhuiling mé an chuilithe chráite
do chorraigh, do lom, do pholl go hae me,
im chodladh go trom, gan mheabhair gan éirim.   40

It would brighten a heart worn out with time,
or spent, or faint, or filled with pain   10
—or the withered, the sour, without wealth or means—
to gaze for a while across the woods
at the shoals of ducks on the cloudless bay
and a swan between them, sailing with them,
at fishes jumping on high for joy,   15
the flash of a stripe-bellied glittering perch,
the hue of the lake, the blue of the waves
heavy and strong as they rumble in.
There were birds in the trees, content and gay,
a leaping doe in the wood nearby,   20
sounding horns, a crowd in view,
and Reynard ahead of the galloping hounds.

Yesterday morning the sky was clear.
The Sun was in Cancer, a blazing mass,
just setting to work as the night was ending,
the task for the day stretched out before it.   25
Foliage branched on the boughs above me,
the grasses close at hand were dense
with verdant growth and flowers and herbs
to drive all careworn thoughts away.   30
Weary I was, sleep bore me down,
and level I stretched in the verdant grass
not far from the trees, in a handy hollow,
and propped my head and stretched my limbs.
I firmly fastened shut my eyes,   35
securely fixed and locked in sleep,
my face contentedly covered from flies,
when I suffered in dream a swirling torment
that stripped and racked me and pierced my heart
in a heavy swoon, as I lost my wits   40

BA GHAIRID mo shuan nuair chuala, shíl mé,
an talamh máguaird ar luascadh im thimpeall,
anfa aduaidh is fuadach fíochmhar
is calaithe an chuain ag tuargain tínte.
Siolladh dem shúil dár shamhlaíos uaim   45
do chonac mé chūgham le ciumhais an chuain
an mhásach bholgach tholgach thaibhseach
chnámhach cholgach ghoirgeach ghaibhdeach;
a haeirde cheart, má mheas mé díreach,
sé nó seacht de shlata is fuíollach,   50
péirse beacht dá brat ag sraoilleadh
léi san tslab le drab, is ríobal.
Ba mhuar, ba mhiair, ba fiain le féachaint
suas 'na héadan créachtach créimeach;
b'anfa ceantair, scanradh saolta,   55
a draid 's a drandal mantach méirscreach.
A Rí gach má! Ba láidir líofa
a bíoma láimhe is lán-staf inti,
is comhartha práis 'na bharr ar spíce
is comhachta báille in airde air scríofa.   60

ADÚIRT go doirgeach d'fhocla dána:
'múscail, corraigh, a chodlataigh ghránna!
Is dubhach do shlí bheith sínte id shliasta
is cúirt 'na suí 's na mílte ag triall ann.
Ní cúirt gan acht gan reacht gan riail   65
ná cúirt na gcreach mar chleacht tú riamh,
an chúirt seo ghluais ó shluaite séimhe
ach cúirt na dtrua, na mbua is na mbéithe. . . .'

I hadn't slept long when it seemed I heard
the neighbouring lands all rocking around me,
and a northerly gale in a fearful blast
hammering sparks from the harbour jetty.
One glance of my eye and it seemed to me   45
by the harbour's edge I saw advancing
a frightful, fierce, fat, full-bummed female,
thick-calved, bristling, bony and harsh,
her height exact—if I guessed it right—
six yards or seven, with something over.   50
An even perch of her cloak trailed off
away in the mud, bemired and foul.
She was huge and grim; an aspect wild
sat on her scarred and eaten brow.
Incarnate horror—a fright to the land!—   55
was the grin of her gums, all chapped and gapped.
And, King of all heroes, her plank-like hand
grasped a pole with sinewy power
with a brazen symbol spiked on top
and a bailiff's powers inscribed across it.   60

She harshly spoke, in accents blunt:
"Awake, vile sleepyhead! Stir yourself
out of your misery, flat on your flank
with the Court in session and thousands flocking
—no baseless Court devoid of law,   65
no plundering Court of the kind you're used to,
but the Circuit Court of a gentle people,
a merciful, capable Court of maidens . . . . "

II

Labhraíonn bean óg le maithe na cúirte i dtaobh a cuid trioblóidí: í ag lorg céile i dtír nach bhfuil na fir óga ag pósadh.

* * *

"IS DEARFA bhím am shíorthaspánadh
ar mhachaire mhín gach fíoriomána,   70
ag rínce, báire, rás is radaireacht,
tínte cnámh is ráfla is ragairne,
aonach, margadh is Aifreann Domhnaigh
ag éileamh breathnaithe, ag amharc 's ag togha fir.
Chaitheas mo chiall le fiach gan éifeacht,   75
dhalladar riamh mé, is d'iadar m'ae ionnam,
t'réis mo chumainn, mo thurraing 's mo ghrá
    dhóibh,
t'réis ar fhulaing mé d'iomada cránais,
t'réis ar chaitheas le caitheamh na scálaí,
béithe balbha, is cailleacha cártaí.   80

NÍL cleas dá mbéidir léamh ná trácht air
le teacht na ré nó t'réis bheith lán di,
um Inid, um Shamhain, ná ar shiúl na bliana
ná tuigim gur leamhas bheith ag súil le ciall as!
Níorbh áil liom codladh go socair aon uair díobh 85
gan lán mo stoca de thorthaibh fém chluasa,
is deimhin nárbh obair liom troscadh le cráifeacht,
is greim ná blogam ní shlogainn trí trátha;
in aghaidh na srotha do thomainn mo léine
ag súil trím chodladh le cogar óm chéile;   90
is minic do chuaigh mé ag scuabadh ón stáca,
m'ingne is gruaig fán luaithghríos d'fhágainn,
chuirinn an tsúist fá chúl na gaibhle,
chuirinn an ramhan go ciúin fán adhart chūgham,
chuirinn mo choigeall i gcillín na hátha,   95
chuirinn mo cheirtlín i dtiníl Rághnaill,
```
```

II

A young woman tells the court of her trouble in finding a husband in a country where the young men refuse to marry.

* * *

"I'm certainly always on display
at every field where the game's fought hard,   70
at dances, hurling, races, courting,
bone-fires, gossip and dissipation,
at fairs and markets and Sunday Mass—
to see and be seen, and choose a man.
But I've wasted my sense in the hopeless hunt;   75
they deceived me ever and wrung my guts
after my wooing and lapse and love
and all I've suffered of awful anguish,
and all I spent on tossing the cups,
on muttering women, and hags with cards!   80

There isn't a trick you can hear or read of
when the moon is new, or reaches the full,
at Shrovetide, Samhain—the whole year through—
but I've found it silly to seek for sense in it.
I never could settle me down to sleep   85
without fruit in a sock beneath my ear;
I found it no trouble to fast devoutly
—three vigils I'd swallow no bite or sup;
I'd rinse my shift against the stream
for a whisper in dream from my future spouse;   90
many a time I have swept the corn-stack,
I've left my nails and my hair in the ash,
I'd place the flail behind the fork
and peacefully under my pillow, a spade;
in the kiln by the ford, I'd place my distaff,   95
in Raghnall's lime-kiln, my ball of thread,

chuirinn an ros ar chorp na sráide,
chuirinn sa tsop fúm tor gabáiste.
Níl cleas acu súd dá ndúras láithreach
ná hagrainn cúnamh an Deamhain 's a bhráithre!   100
'S é fáth mo scéil go léir 's a bhrí dhuit
—táim gan chéile t'réis mo dhíchill,
fáth mo sheanchais fhada, mo phian-chreach!
Táim in achrann daingean na mblianta,
ag tarraing go tréan ar laethaibh liatha,   105
is eagal liom éag gan éinne 'om iarraidh . . . ."

III

*Tugann seanduine freagra. Deir sé leis an gcúirt gurb é saol ainnis
mígheanmnaí na mná óige faoi deara an cruachás ina bhfuil sí. Tugann
sé tuairisc ar a phósadh féin agus ar an mbob a buaileadh air. (Níos
déanaí, mar chuid den impí aige ar Aoibheall chun deireadh a chur leis
an bpósadh, molann sé leanaí tabhartha go hard.)*

PREABANN anuas go fuadrach fíochmhar
seanduine suarach is fuadach nīmhe fé,
a bhaill ar luascadh is luas anáile air,
dradhain is duais ar fuaid a chnámha,   110
ba d'reoil án radharc go deimhin don chúirt é,
ar bhord na taibhse im eisteacht dúirt sé:-

"DOCHAR is díobháil is síorchrá cléibh ort,
a thoice le míostá 'e shíol gá is déirce!
Is dóch nach iongantas laigeacht na gréine   115
is fós gach tubaist dár imigh ar Éire,
mar mheath gach ceart gan reacht gan dlí againn,
ár mba a bhí bleacht gan lacht gan laoigh acu,
is dá dtagadh níos mó de mhórscrios tíortha —
is gach faisean dá nócht ar Mhór 's ar Shíle!   120

228

out in the street, a seed of flax,
and under my bedding a head of cabbage.
There isn't a trick I have just related
but I prayed of the Devil and all his brethren!   100
But the point and purpose of my tale
is I've done my best and I've still no man;
hence, alas, my long recital!
In the knot of the years I am tangled tight,
I am heading hard for my days of grey   105
and I fear that I'll die without anyone asking . . . . "

III

*An old man retorts, pointing out to the court that the young girl's own
low life and promiscuous habits are the cause of her trouble. He tells how
he himself was deceived in marriage. (Later—in support of his plea that
marriage should be abolished—he embarks on a paean in praise of
bastards.)*

Then up there leaped a mangy elder
in venomous haste, all fire and fuss
with shivering limbs and palpitations
and fury and frenzy in all his bones   110
—a woeful sight for the Court, in truth—
and I heard him say at the witness table:

"Hurt and harm and perpetual heart-scald!
—you infamous slut of a line of beggars.
No wonder, I say, that the sun shines weak,   115
no wonder the horrors that happen in Ireland
—no law nor order, Justice blighted,
our milch cows giving no milk or calves,
and the rest of the ruin that's over the land—
with these latest fashions on Mór and Síle!   120

229

A thoice gan chríoch, nach cuimhin le táinte
olcas na síolrach daoine ó dtángais?
Gan focal le maíomh id shinsir ghránna
ach lopaigh gan bhrí, lucht mír is mála.
Is aithnid dúinne an snamhaire is athair duit,   125
gan charaid gan chlú gan chúl gan airgead
'na leibide liath gan chiall gan mhúineadh,
gan mheidhir gan mhias gan bhia gan anlann,
gan faic ar a ghabhal, is a dhrom gan chóta,
ach gad ar a chom, is a bhonn gan bhróga.   130
Creididh, a dhaoine, dá ndíoltaí ar aonach
eisean 's a bhuíon, t'réis íoc gach éilimh,
dar colainn na naomh, ba dícheall muar do
pota maith dí lena fhuíollach a fhuascailt!

NACH MUAR an tóbhacht 's an gleo i measc daoine
trua 'uire det shórt, gan bhó gan chaora,
búclaí id bhróga is clóicín síoda ort,
ciarsúir póca ag góil na gaoithe!
Dallair an saol go léir led thaibhse—
is aithnid dom féin thú ar dtaobh do chaidhpe;   140
is deacair dom labhairt, do lom is léir dom,
is fada do dhrom gan chabhair ón léine
— is togha drochdhuine do thuigfeadh 'na gá thu
is feabhas do rufa led mhuinchille cáimric.
Tá canabhas saor chun sraod go bhásta   145
is cá bhfios don tsaol nach stays é ad fháscadh!
Feiceann an tír ort frínse is fáinne
is ceileann do laímhne grís is gága;
ach aithris ar bórd, nó ineosad féin é,
an fada nár ól tú deoir léd bhéile?   150
A chonartaigh bhoicht na gcos gan ionladh,
dochar id chorp le Bucks gan anlann.

Slovenly slut, don't we all remember
your own descent from an evil people?
There's nothing to praise in your ugly elders,
all pedlars and beggars and useless louts.
We know the crawler you had for a father   125
without friend or fame or backing or cash,
a grey-haired slob without sense or learning,
plate or pleasure, or food or sauce,
not a rag to his crotch, and a coatless back,
a twig round his waist, and soleless shoes.   130
O people, believe, if himself and his lot
were sold at a fair, 'twould be all he could do
after paying their debts—by the saintly dead!—
to buy a good tankard of drink with the leavings!

"It's a terrible scandal and show for the people   135
that a wretch like yourself, without cattle or sheep,
should have shoes with a buckle, a silken cloak,
and a pocket hanky a-flap on the breeze!
You can baffle the world with the show you put on
but I know what you are by the cut of your cap.   140
I am almost speechless—I know you have nothing:
it's a while since your back had the help of a shift
but it's only the wicked would know it was missing
with the fancy cuff on your cambric sleeve.
Canvas in plenty you have on your waist   145
and nobody knows it's not stays that hold you.
Frillies and rings you show to the world
while your rashes and cracks are by gloves disguised.
Confess to the Court—or I'll tell it myself—
how long since you drank a good drop with
        your meal!   150
A wretched soft heap, with dirty feet,
you are hard on your body, with Bucks and no meat!

Is furas, dar liom, do chúl bheith taibhseach,
chonac lem shúile an chúil 'na loigheann tú,
garbh nó mín, ní síntear fút ann   155
barrach ná líon dar sníomhadh le túirne,
ach mata 'na smoirt, gan chuilt gan chlúdadh,
dealbh gan luid gan phluid gan súsa,
i gcúil bhotháin gan áit chun suí ann,
ach sú sileáin is fáscadh aníos ann,   160
fiaile ag teacht go fras gan choimse
is rian na gcearc air trasna scríofa,
lag ina dhrom is na gabhla ag lúbadh,
is clagarnach dhonn go trom ag tuirlingt . . . .

MO DHÍTH gan easpa nár tachtadh le bia mé   165
an oíche baisteadh nó as sin gur iarr mé
síneadh ar leabain le hainnir do liaith mé
is scaoil le gealaigh gan charaid gan chiall mé!
'S é tásc do gheobhainn ag óg 's ag aosta
gur breallán spóirt ag ól 's ag glaoch í,   170
i mbotháin ósta is bóird á bpléascadh
ar lár 'na lóiste ag pósta is aonta.
B'fhada á mheilt a teist 's a tuairisc,
b'fhada gur chreid mé a bheag nó a mhuar de;
dob eaglach le gach beirt dá gcuala é   175
go rachainn im peilt im gheilt gan tuairisc.

FÓS ní ghéillfinn, caoch mar bhí mé,
do ghlór-gan-éifeacht éinne mhaígh é,
ach magadh nó greim-gan-feidhm gan chéill
— gur aithris a broinn dom deimhin gach scéil!   180
Níor chúrsaí leamhais ná dúrdam bréige é,
dúirt-bean-liúm-go-ndúirt-bean-léi é,
ach labhair an bheart i gceart 's in éifeacht:
bhronn sí mac i bhfad roimh ré orm;

It's easy enough get your hair to gleam
—but my eyes have seen the hutch where you lie
with nothing stretched under you (rough or smooth,
the crudest tow, or wheel-spun linen)
but a rubbishy mat without cover or quilt,
not a plaid or a rug or a stitch, stripped bare
in the back of a hut with no place to sit
but the soot dripping wet and the rising damp,   160
weeds appearing in great profusion
and the signs of hens inscribed across it,
a weakened ridge and bending beams
and a brown downpour profusely falling . . . .

"My total loss that I failed to choke   165
on the night I was christened!—or ere I lusted
to bed with that woman who turned me grey
and drove me wild, without friend or wits.
Everyone, old and young, could tell me
how game she was in the country pubs   170
to drink and buy, as they beat the tables,
and relax on her back for married or single.
Her name and fame were long chewed over
but I couldn't for long believe a word.
Every couple that heard it went in fear   175
I'd go mad in my skin and be found no more.

"But I wouldn't give in, half blind as I was.
All their warnings were sound and fury,
mockery, futile talk in vain,
till her womb confirmed the tales for sure.   180
No busy-bodying false reports
—says she to me and says she to her—
but the deed itself spoke firm and true.
In gruesome fact, she gave me a son

mo scanradh scéil, gan féith dem chroí air,   185
clann dá dtéamh dom t'réis na hoíche!
CALLÓID anfach ainigí scólta,
bunóc ceangailte is bean an tí breoite,
posóid leagtha ar smeachaidí teo acu,
is cuinneog bhainne á greadadh le fórsa,   190
is mullach ar lánmhias bánbhia is siúicre
ag Murainn Ní Cháimlia, bán-lia an chrúca!
Bhí coiste cruinnithe ag tuille dem chomharsain
cois na tine, agus siosarnach dómhsa,
scaoilid cogar i bhfogas dom eisteacht: 195
'Míle moladh le Solas na Soilse!
Bíodh nach baileach a d'aibigh an chré seo,
chímse an t-athair 'na sheasamh 'na chéadfa!
A' bhfeiceann tú, a Shadhbh 'rú, loigheamh a ghéaga,
a dheilbh gan droinn, a bhaill 's a mhéara,   200
cumas na lámh ba dána dóirne,
cuma na gcnámh is fás na feola?'
Cheapadar cruinn gur shíolra' an dúchas
maise mo ghnaoi agus íor mo ghnúise,
feilleadh mo shrón is lónradh m'éadain,   205
deiseacht mo chló, mo shnó is m'fhéachaint,
leagadh mo shúl is fiú mo gháire
— is as sin do shiúil ó chúl go sála é!
Amharc ná radharc ní bhfaighinn den chréice,
'is baileach gan leigheas do mhillfeadh gaoth é,'   210
— ag cuideachta an teaghlaigh i bhfeighil mo chaochta —
'siolla dá laghad di leaghfa' an créatúir!'
DO LABHRAS garg is d'agaras Íosa,
is stollta garbh do bhagaras gríosach,
d'fhógaras fearg le hainbhios cáinte;   215
is dóch gur chreathadar cailleacha an tí romham,
ar leisce an achrainn leagadar chúgham é:

(no sinew of mine!) before its time;   185
I'd a fireside family after one night!

"What a scalding, stormy, fierce commotion
—the baby swaddled, the housewife sick,
the porridge perched on the burning embers,
a canister heating hard with milk,   190
and a dish heaped high with goody and sugar
for the greedy midwife Muireann Ní Cháimlia.
Some more of the neighbours gathered in council,
hushed for my benefit round the fire
exchanging whispers in my hearing: 195
'A thousand praises, Light of Lights!
The flesh is barely formed, and yet
the father stands in all his features!
Sadhbh, will you look at the lie of his limbs,
his shape so straight, the organs and fingers,   200
the power in those hands—they'll be fighters fists!—
the shape of the bones, and the meaty growth.'
They judged for certain his nature sprang
from the cut of my face and handsome features,
the turn of my nose, my gleaming brow,   205
my elegant mould, my hue and appearance,
the set of my eyes, and my smile, indeed
—from heel to head they traced it all!
But sight nor light could I get of the wretch.
'Sure a draught would ruin him past recovery'   210
(says the crowd assembled, trying to fool me)
'—the merest puff would melt the creature'.

But I roughly spoke and sued to Jesus,
I rasped and I tore, with a threat of the embers,
proclaiming my rage in furious words.   215
All the hags in the house, you would swear they
    trembled,
but they handed him over to save upset.

'beir go haireach air, seachain ná brúigh é,
is furas é shuathadh, luaisc go réidh é
-turraing do fuair sí a ruaig roimh ré é—   220
seachain ná fáisc é, fág 'na loighe é,
is gairid an bás do, is gearr a raghaidh sé,
is dá maireadh go lá idir lámha 'na chló,
's an sagart ar fáil, níorbh fhearr a bheith beo!'
Do bhaineas an tsnaídhm dá chuibhreach cumhdaigh,
bhreathain mé cruinn é sínte ar ghlún liom:
ambuaireach, d'airigh mé tathagach teann é,
fuair mé feargach fearsadach lúfach
láidir leathan mo leanbh 'na ghuaille,
sála daingeana is ana-chuid gruaige air,   230
cluasa cruinnithe is iniginí fásta;
chruadar a uilleanna, a chroibh is a chnámha,
d'aibigh a shúile, is fiú a pholláirí,
is d'airigh mé a ghlúine lúfar láidir
— coileán cumasach cuisleannach córach   235
folláin fuilingeach fuinneamhach feolmhar!. . ."

IV

Déanann an bhean óg magadh fén slí ar theip ar an seanduine a bhean
féin a shásamh. (Cuid é seo den éileamh a dhéanann sí gur chóir iachall a
chur ar fhir óga, agus ar shagairt ina measc, pósadh).

* * *

'DAR CORÓIN na Craige, marach le géilleadh
dod chló, dod ainnise, is d'easnamh do chéille,
is d'am na huirrime 'on chuideachta shéimh seo,
an ceann lem ingin do sciobfainn ded chaolscrog,   240
do leagfainn anuas de thuairt fán mbórd thú,
is b'fhada le lua gach cuairt dá ngeobhainn ort,
stróicfinn sreanga do bheatha le fonn ceart,
is sheolfainn t'anam go hAcheron tonntach!

236

'Handle with care now, mind don't bruise him,
he's easily shaken, rock him gently.
She took a fall, and it brought him early.   220
Mind don't squeeze him; leave him lie,
he's near his death, with not long to go.
If we keep him alive till dawn, for the priest,
he'd be better off dead than the state he's in'.
I opened the knot of his swaddling clothes,   225
and examined him closely spread on my knee
and bedamn but I saw he was tight and strong!
I found him lusty and supple, well-set,
and broad and strong for a babe in the shoulders,
with sturdy heels and plenty of hair,   230
and compact ears and nails full grown.
His elbows clenched, his grip and his bones,
his eyes lit up and his nostrils flared
and I noted his hardy and vigorous knees
—a powerful, muscular handsome pup,
healthy, well-fleshed, hard and fiery! . . . "   235

IV

*As a part of her proposal that vigorous young men—and well-fed
priests in particular—should be drafted into marriage, the young woman
gives a derisive commentary on the old man's performance as a husband.*

❈   ❈   ❈

"By the Crown of Craig! if I didn't allow
for your troubled condition and want of sense,
and out of respect for the gentle company,
I'd behead with my nail your scrawny neck,   240
I'd knock you clattering under the table
and there'd long be talk of my thrusts against you.
With a right delight I'd rip your life-strings
and steer your soul towards Acheron's floods.

NÍ FIÚ liom freagra freastail a thabhairt ort,   245
a shnamhaire galair nach aiteas do labhartha!
Ach 'neosad feasta do mhaithe na cúirte
an nós 'nar cailleadh an ainnir nárbh fhiú thú.
Do bhí sí lag, gan ba gan púntaibh,
bhí sí i bhfad gan teas gan clúdadh,   250
cortha dá saol, ar strae á seoladh
ó phosta go p'léar gan ghaol gan chóngas,
gan scíth gan spás de lá ná d'oíche
ag stríocadh an aráin ó mhná nár chuí léi.
Do gheall an fear so dreas sócúil di,   255
gheall an spreas di teas is clúdadh,
cothrom glan is ba le crú dhi
is codladh fada ar leabain chlúimh dhi,
teallaí teo is móin a daoithin,
ballaí fód gan leoithne gaoithe,   260
fothain is díon ón síon 's ón spéir dhi
is olann is líon le sníomh chun éadaigh.
Dob fheasach don tsaol 's don phéist seo láithreach
nach taitneamh ná téamh ná aonphioc grá dho
cheangail an péarla maorga mná so   265
ach easnamh go léir—ba déirc léi an tsástacht!
Ba dubhach an fuadar suairceas oíche:
smúid is ualach, duais is líonadh,
lúithní lua' is guaillí caola
is glúine crua chomh fuar le hoighre,   270
cosa feoite dóite ón ngríosaigh
is colainn bhreoite dhreoite chríonna!
An bhfuil stuaire beo ná feofadh liath
ag cuail dá shórt bheith pósta riamh,
nár chuardaigh fós fá dhó le bliain   275
cé buachaill óg í, feoil, nó iasc?
's an feoiteach fuar so suas léi sínte
dreoite duairc, gan bhua gan bhíogadh.

238

"A considered reply isn't worth my while,   245
you cankered crawler of horrible tongue,
but I've more to tell to the Court grandees
—how the girl that you didn't deserve was lost.
Poor she was, without cattle or cash,
and lived for long without warmth or shelter,   250
tired of life and steered astray
from pillar to post—no kith nor kin,
no rest nor ease, by day or by night,
but begging her bread from women she scorned.
This man here promised an easy spell   255
—this no-good promised her warmth and shelter,
honest dealing, and cows to milk,
and sleeping late in a feather bed,
blazing hearths and turf in plenty,
earthen walls without a draught,   260
roof and protection from weather and sky
and flax and wool to spin for clothing.
We knew from the start, and this maggot as well,
not warmth nor affection nor love in the least
could catch him this noble pearl of women,   265
but her desperate need, crying out for comfort.
It was gloomy doings, the nightly joy
—oppression and burden, trouble and fright:
legs of lead and skinny shoulders,
iron knees as cold as ice,   270
shrunken feet by embers scorched,
an old man's ailing, wasting body.
What handsome woman would not go grey
at the thought of being wed to a bundle of bones
that wouldn't inquire, not twice in the year,   275
was she half-grown boy or meat or fish?
—this dry cold thing stretched out across her
surly and spent, without power or bounce.

Ó! Cár mhuar di bualadh bríomhar
ar nós an diabhail dhá uair gach oíche!   280

NÍ DÓCH go dtuigir gurb ise ba chiontach,
ná fós go gclisfeadh ar laige le tamhandacht
an maighre mascalach carthanach ciúintais
— is deimhin go bhfaca sí a mhalairt de mhúineadh!
Ní labharfadh focal dá mb'obair an oíche   285
is thabharfadh cothrom do stollaire bríomhar,
go brách ar siúl nár dhiúltaigh riamh é
ar chnámh a cúil 's a súile iata.
Ní thabharfadh preab le stailc mhíchuíosach,
fogha mar chat ná sraic ná scríob air,   290
ach í go léir 'na slaod comh-sínte,
taobh ar thaobh 's a géag 'na thimpeall,
ó scéal go scéal ag bréagadh a smaointe,
béal ar bhéal 's ag méaraíocht síos air.
Is minic do chuir sí a cos taobh 'nonn de   295
is chuimil a brush ó chrios go glún de,
sciobadh an phluid 's an chuilt dá ghúnga
ag spriongar 's ag sult le moirt gan súchas.
Níor chabhair dhi cigilt ná cuimilt ná fáscadh,
fogha dá huillinn, dá hingin ná a sála;   300
is nár dom aithris mar chaitheadh sí an oíche
ag fáscadh an chnaiste 's ag searradh 's ag síneadh,
ag feacadh na ngéag 's an t-éadach fúithi,
a ballaibh go léir 's a déid ar lúthchrith,
go loinnir an lae gan néall do dhubhadh uirthi,   305
ag imirt ó thaobh go taobh 's ag ionfairt
— nach furas don lobhar so labhairt ar mhná
is gan fuinneamh 'na chom ná cabhair 'na chnámha! . . .'

O what to her was a lively hammering
hard as the Devil, and twice a night!   280

"It won't, I hope, be thought *she* was guilty
or might fall down weak, worn out by the like
— this vigorous, handsome, kind, sweet girl.
She certainly met with the opposite rearing:
she'd never complain at a night of work   285
but give a brave slasher as good as she got.
She'd never refuse, any time or place,
on bone of her back with her eyes shut tight,
with never a balk or immoderate sulk
nor attack like a cat, nor scrape nor scratch,   290
but stretched her all like a sheaf beside him
flank on flank, with her legs around him,
coaxing his thoughts by easy stages,
fingering down on him, mouth on mouth,
putting her leg across him often,   295
rubbing her brush from waist to knee,
or snatching the blanket and quilt from his loins
to fiddle and play with the juiceless lump.
But useless to tickle or squeeze or rub
or attack with her elbows, nails or heels   300
—I'm ashamed to relate how she passed the night
squeezing the sluggard, shuddering, sprawling,
tossing her limbs and the bedding beneath her,
her teeth and her members all a-shiver,
not sleeping a wink till the dawn of day,   305
performing and tossing from side to side.
Lightly this leper may talk of women
with no force in his spine and no power in his bones . . . !"

V

Tugann Aoibheall breithiúnas ar na fadhbanna atá pléite, go háirithe ar chás na bhfear óg is na sagart nach bhfuil ag pósadh. Is é an chéad bhaitsiléar a thoghtar le sciúirseáil a dhéanamh air ná Brian Merriman féin.

* * *

Aoibheall:

"ACHTAIMÍD mar dhlí do bhéithe
an seacht fá thrí gan cuibhreach céile   310
tharraingt ar cheann go teann gan trua
's a cheangal don chrann so i dteannta an tuama.
Bainigí lom de a chabhail 's a chóta
is feannaigí a dhrom 's a chom le corda!
An chuid acu tharla báite i mblianta   315
is a cheileann go táir an táirne tiarpa,
chuireas amú gan súchas d'éinne
buile na hútha agus lúth a ngéaga,
mheilleas a gcáil, is fáil ar mhnaoi acu,
ag feitheamh gan fáth ar bharr na craoibhe —   320
fágaim fúibhse tionscal páise
a mhná na dúla dubhadh le dálgas!
Ceapaigí fíornimh tinte is táirní,
caithigí smaointe is intleacht mná leis;
cuiridh bhur gcomhairle i gcomhar le chéile   325
is tugaimse comhachta an fórsa dhéanamh,
bheirim gan spás dhíbh.páis na gciantach
— is beag liom bás gan barrghoin pian dóibh! . . ."

* * *

Aoibheall:

"Labhair go réidh is glaoigh go híseal,
bas ar do bhéal, is baol bheith caínteach,   330
seachain go fóill na comhachtaigh íogmhar'
is caithfidh siad pósadh fós, pé chífeas!
Tiocfaidh an lá le lánchead Comhairle
is cuirfidh an Pápa lámh na gcomhachta air,

242

Aoibheall gives judgement on the issues, and the poet (himself at that time unmarried and of advanced years) is the first to be chosen for punishment. He wakes in terror just as the vision-woman he encountered at the beginning is about to administer punishment

* * *

Aoibheall:

"We enact hereby as a law for women:
a man, twenty-one and not yoked to a mate,   310
to be forcibly dragged by the head, without pity,
and tied to this tree beside the tomb.
There strip him bare of jacket and vest
and flay with a rope his back and his waist.
All such persons brimming with years   315
who basely conceal their under-spike,
letting go to waste, with joy toward none,
clout of their balls and vigour of limb
—hoarding their maleness, with women available
hanging unplucked on the branch above—   320
lascivious ladies, dark with lust,
I leave it to you to handle their pains!
Invent ordeals of fires and nails,
spend womanly thoughts and brains upon it,
assemble your counsels all together   325
and I'll sanction you for the use of force.
Exact these grown men's pangs at once:
only death with the direst pains will do me . . . ."

* * *

Aoibheall:

"Speak easy, now, your voices soft;
put a hand to your lips, there's peril in talk   330
—but watch for these powerful passionate lads . . .
some day (who e'er sees it) they'll have to wed;
the time will come, with the Council's sanction
and the Pope applying his potent hand;

suífidh an chuideachta ar thubaist na tíre   335
is scaoilfear chugaibh fá urchall cuibhrigh
fiantas fola agus fothram na feola,
mian bhur dtola, na tollairí teo so!
Éinne eile dar hoileadh ó mhnaoi ar bith
(léigh a ndeirim is feicim do bhíogadh!)   340
ar shlí mo chumais ná fuiling i gcaoi ar bith
sraoill gan uirrim ná Muirinn i mbríste;
leanaidh sa tóir na feoitigh liatha
is glanaigí Fódla ón sórt so fiaile! . . ."

*   *   *

An spéirbhean:
'Cúnamh, adeirim libh, beiridh air: tóg é   345
a Úna, goirim thu, is faigh dom an córda!
Ca bhfuil tú. 'Áine, ná bí ar iarraidh,
ceangailse, a Mháire, a lámha taobh thiar de!
A Mhuirinn, a Mheadhbh, a Shadhbh 's Shíle
cuiridh i bhfeidhm le doighearthaibh díocais   350
barr gach scóla d'ordaigh an tsíbhean;
báidh sa bhfeoil gach córda sníomhach,
tomhais go fial na pianta is crua
le tóin is tiarpa Bhriain gan trua.
Tóg na lámha is ardaigh an sciúirse,   355
is sompla sámh é, a mhná na múirne!
Gearraigí doimhin, níor thuill sé fábhar,
bainigí an leadhb ó rinn go sáil de,
cloistear a chling i gcríochaibh Éibhir
is critheadh a gcroí sna críontaigh aonta!   360

IS CIALLMHAR ceart an t-Acht é, sílim,
bliain an Acht so is ceart é scríobh dúinn;
réitigh, ceil nó goid de sceimhle,
céad is deich fá leith as míle,

a committee will sit on the country's ills   335
and release to you all, under binding bonds,
a torrent of blood, a storm of flesh,
those ardent slashers—your heart's desire!
As do all other men reared up by woman
(mark what I say; let me see you respond)   340
you'll answer to me if you suffer at all
any useless wretches, or Muireanns in pants!
Now off in pursuit of those shrivelling seniors.
Get rid of this sort of weed from Fódla . . . . "

✳   ✳   ✳

Vision-Woman:
"Help, I say to you! Capture him! Take him,   345
Úna, I summon you, fetch me the rope.
Where are you, Áine? Don't be left out.
Máire, fasten his hands behind him.
Muireann and Meadhbh and Sadhbh and Síle,
put in effect, with fires of zeal,   350
those heights of torment the lady ordered:
bury in flesh the woven cords,
give generous measure of cruellest pains
to his bum and his rump; show Brian no mercy.
Lift your arms, raise up the scourge.   355
He's a fine example, ladies dear.
Cut into him deep, he has earned no favour;
take off his hide from head to heel,
let the peals resound o'er Éibhear's lands
and the hearts of all aged bachelors shake!   360

"I believe it's a decent and good Decree:
it is meet we record the date it passed
—as follows: take off, subtract in a flurry,
exactly a hundred and ten from a thousand;

dúbail ceart an freastal fuíollaigh —   365
is thúirling Mac an tseachtain roīmhe sin."

GLACANN sí an peann, is mo cheannsa suaite
ar eagla m'fheannta is scanradh an bhuailte;
an aga do bhí sí ag scríobh an dáta
is maithibh an tí aici suíte ar gárda ann,   370
scaras lem néall, do réidheas mo shúile
is phreabas de léim ón bpéin im dhúiseacht!

precisely double the sum remaining; 365
then add one week from the Son's descent."

She seizes the pen. My head is distracted
by fear of flaying and terror of flogging.
And then as she wrote the number down,
with the household nobles sitting on guard, 370
I ended my dream, I opened my eyes
and sprang from my pangs in a leap—awake!

64] I Maigh Eo a saolaíodh Raifteirí. Bhí sé dall as a óige, sa tslí gur chaith sé a bheatha a thuilleamh ag seinm ar an bhfidil agus ag amhránaíocht i dtithe móra i gCo. na Gaillimhe agus i gCo. Mhaigh Eo. Ina shaothar braitear go bhfuil stíl na ngnáthamhrán is na mbailéad ag sárú ar an seanstíl liteartha. In *Eanach Dhúin* caoineann Raifteirí naoi nduine dhéag a bádh go tubaisteach ar an gCoirib, lámh le Eanach Dhúin, Co. na Gaillimhe. Ghlactaí leis coitianta gurb é Raifteirí a chum *Mise Raifteirí* (Uimh. 65), chomh maith, ach is é a cheaptar anois go raibh lámh, ar a laghad, ag mionfhile arbh ainm dó Seán Ó Ceallaigh sa leagan atá inniu againn. Is é Raifteirí an file dall a ndéanann Yeats tagairt dó i *The Tower*.

64

EANACH DHÚIN

Má fhaighimse sláinte beidh caint is tráchtadh
    ar an méid a báthadh as Eanach Dhúin,
's mo thrua amárach gach athair is máthair,
    bean is páiste 'tá ag sileadh súl.
A Rí na ngrása cheap Neamh is Parthas,   5
    nár bheag an tábhacht dúinn beirt nó triúr,
ach lá chomh breá leis gan gaoth ná báisteach,
    lán an bháid acu a scuabadh ar siúl.

Nár mhór an t-ionadh os comhair na ndaoine
    a bhfeiceáil sínte ar chúl a gcinn,   10
screadadh 'gus caoineadh a scanródh daoine,
    gruaig á cíoradh 's an chreach á roinn;
lár an fhómhair, daoine óga
    a bheith á dtórramh 's á dtabhairt go cill —
in áit a bpósta bheith gléasta i gcónra   15
    's a Rí na glóire nár mhór an feall.

64] *Antoine Ó Reachtabhra,* or Raftery, was a native of Co. Mayo. He was blind from childhood and earned his living by playing the fiddle and singing his songs in country houses, mostly in counties Galway and Mayo. In his work the old Irish literary style gives way to a more colloquial folk or 'ballad' style. *Eanach Dhúin* was composed by Raftery on the occasion of a tragic drowning on the Corrib river near Annaghdowne (*Eanach Dhúin*) Co. Galway. *Mise Raifteirí* (No. 65) has been traditionally ascribed to him, but it is now thought that *Seán Ó Ceallaigh,* a little-known poet, had a hand, at least, in shaping the version we have to-day. Raftery is the blind poet of Yeat's poem, *The Tower.*

64

EANACH DHÚIN

While I keep my health, there'll be talk and discourse
   on the number drowned out of Eanach Dhúin,
and my grief tomorrow, each father, mother,
   child and woman with pouring eyes.
King, gracious Maker of Heaven and Paradise,   5
   of small account, maybe, two or three
— but a day so fine, with no rain or tempest,
   a full boatload to be swept away.

Great the wonder, before the people,
   to see them stretched with their heads laid back   10
— screams and wailing to affright the people,
   combing hair and the ruin shared out.
The height of Autumn and all these youngsters
   waked and brought to their burial place,
dressed not for marriage, but for the coffin.   15
   O King of Glory, was it not great wrong?

Baile Chláir a bhí in aice láimhe
    níor lig an t-ádh dhóibh a dhul aníos,
bhí an bás chomh láidir nach dtugann cairde
    d'aon mhac máthar dár rugadh riamh.   20
Mura scéal a ceapadh dhóibh an lá seo a mbáite,
    a Rí na ngrása nár bhocht an ní!
Ach a gcailleadh uile gan loch ná sáile
    le seanbhád gránna 's iad láimh le tír.

A Thomáis Uí Fhearaíl, diomú Dé dhuit,   25
    's iomaí cailín spéiriúil a chuir tú chun báis
le do sheanbhád a bhí lofa pléascaith'
    ag dul go haerach go Cnoc an Duláin.
Briseadh an bád orthu 'gus scaip na daoine
    agus tugadh na caoire amach sa snámh;   30
gur tugadh abhaile iad 's go ndearnadh a síneadh —
    bhí aon fhear déag ann is ochtar mná.

A Sheáin Mhic Coscair, ba mhór an scéal thú
    gur sheas tú riamh i loing nó i mbád
's a liachtaí coiscéim lúfar shiúil tú   35
    ó Londain anall go dtí Béal Trá.
Nuair a shíl tú snámh a dhéanamh,
    rug na mná óga ort abhus is thall,
's gur shíl do mháithrín dá mbáití céad fear
    go dtabharfá an *sway* leat abhaile ag snámh.   40

D'éirigh mé féin go moch Dé hAoine,
    chuala mé an caoineadh 's an greadadh bos
ag na mná trom tuirseach de bharr na hoíche,
    gan ceo le déanamh acu ach ag síneadh corp.
A Dhia 's a Chríosta d'fhulaing íospairt,   45
    a cheannaigh fírinneach an bocht 's an nocht,
go Parthas naofa go dtugair saor leat
    gach créatúir dhíobhthu dár thit faoin lot.

Baile Chláir, it was fast approaching,
  but their luck prevented to get so far,
and Death was strong, that gives no quarter
  to the woman's son that was ever born.   20
Unless 'twas fated that day to drown them
  was it not wretched, O King of Grace,
to lose them all, on no lake or ocean,
  in an old foul boat and they close to land?

Tomás Ó Fearaíl, God's blight upon you,   25
  so many bright girls you have done to death
with your ancient vessel, decayed and brittle,
  heading merrily for Cnoc an Duláin.
The boat dismembered, the people scattered,
  and the sheep were loosed out to swim away.   30
Home all were taken and stretched together
  — of men eleven, and of women eight.

Seán Mac Coscair, great the pity
  that you e'er set foot in a ship or boat,
and the many steps that you took with vigour   35
  back from London, to Béal Trá.
When you decided that you'd try swimming
  the young girls seized you on every side
— and your mother thinking, if a hundred foundered
  you'd be the winner that would swim ashore.   40

I arose myself on Friday early
  and heard the wailing and the beating palms
of women jaded by the nightlong labour
  — with stretching corpses their only task.
O God, O Christ Who suffered slaughter,   45
  O true Redeemer of the naked poor,
to holy Paradise bring safely with you
  all these poor creatures that were so despoiled.

251

Milleán géar ar an ionad céanna —
  nár lasa réalt ann 's nár éirí grian —   50
do bháigh an méid úd a thriall in éineacht
  go Gaillimh ar aonach go moch Déardaoin:
na fir a ghléasfadh cliath 'gus céachta,
  threabhfadh bréanra 'gus chraithfeadh síol
's na mná dá réir sin a dhéanfadh 'ch aon ní,   55
  shníomhfadh bréidín is anairt chaol.

Tolladh cléibhe 'gus loscadh sléibhe
  ar an áit ar éagadar is milleán crua,
's a liachtaí créatúir a d'fhág sé faonlag
  ag sileadh 's ag éagaoin gach maidin Luain.   60
Ní díobháil eolais a chuir dá dtreoir iad
  ach mí-ádh mór ar an gCaisleán Nua;
's é críochnú an chomhrá gur báthadh mórán,
  d'fág ábhar dóláis ag Eanach Dhúin.

65

MISE RAIFTEIRÍ

Mise Raifteirí, an file, lán dóchais is grá
le súile gan solas, ciúineas gan crá,
ag dul síos ar m'aistear le solas mo chroí,
fann agus tuirseach go deireadh mo shlí;
tá mé anois lem aghaidh ar Bhalla
ag seinm cheoil do phócaí falamh'.

A bitter curse on that same location,
   may star not shine there, may sun not rise   50
— to drown that number as they went together
   on Thursday early to the Galway fair,
men who would settle their ploughs and harrows
   and plough the stubble and shake the seed
and the women likewise, in all things expert,   55
   for weaving homespun and the linen thin.

Heart-impaling and mountain-burning
   on the place they died in, and hard reproach,
for the many creatures it left prostrated,
   crying and mourning each Monday morn.
Not faulty knowledge it was that strayed them   60
   but great misfortune at Caisleán Nua.
My story's ending: that many drownings
   left much affliction in Eanach Dhúin.

65

I AM RAIFTEIRÍ

I am Raifteirí, the poet, full of courage and love,
my eyes without light, in calmness serene,
taking my way by the light of my heart,
feeble and tired to the end of my road:
look at me now, my face toward Balla,   5
performing music to empty pockets!

66] Líon tí ó Chiarraí a d'aistrigh go Calainn, Co. Chill Chainnigh, ab ea muintir Amhlaoibh Uí Shúilleabháin. Bhí sé tamall i mbun scoile agus siopa ansiúd, agus lena linn sin scríobh sé cín lae shuaithinseach. Ón gcín lae a tógadh an dréacht seo mar a bhfuil cuntas aige i bhfoirm próis ar chaoineadh mná a bhfuil consúlachtaí áirithe aige le *Caoineadh Airt Uí Laoghaire*. Scríobh Amhlaoibh dánta é féin chomh maith.

66

CAOINEADH BAINTRÍ

26ú Meán Fómhair 1828

. . . D'éis imeacht ann cois na hAbha Bige, shíleas teacht abhaile slí níos díri níos réidhe.

Ghabhas chum lagbhotháin dearóil, cois na móna, ag fiafraí na slí. Tháinigh bean bhocht coslomnochta ard lántrua cheirteach chiarmhongach dheargshúileach ghruagstoitheach gan bairéad gan filléad, gan faice air a drom ach ceirt súichedhathach salach agus í ag gol go géar.

"Cá bhfuil an t-aicearra go Calainn?" ar mé féin.

"Taispeánfad féin sin duit agus céad míle fáilte"ar an bhean bhocht. "Gluaiseam trés an ngarraí potátaí seo ar an gcosrán (.i. cosrian) se cois an chlaí fáis. Ba mise do chuir na potátaí se, ach bainfidh Páid Deibhriús iad."

Ar ngabháil tré ghort cruithneachta, ar sí:

"Is iad mo chlannsa do chuir an síol, ach is é Páidín Deibhriús do bhain an Fómhar, mo mhallacht dó!"

Ar ngabháil trés an gclós:

"Ba liomsa na colúiríní coille se, ach is i bpota an Deibhriúsach fhiuchfaidh siad. Ba é m'fhearsa do thóg an tigh sin. Is mise do chuir súiche ar chleatha an tí ach bhain mac iníne Pháidín na gCeann an chomhla ón ursa, na tuislí de na bacánaibh. D'fhág sé an bothán gan doras, an fhuinneog gan

66]   *Amhlaoibh Ó Súilleabháin* was born in Kerry, but the family
moved to Co. Kilkenny, where he taught school in Callan and
managed a shop. He wrote some verse, but is remembered for a
remarkable diary from which the following extract is taken.
What he reports here in prose form is, in fact, a keen or lament
similar in many ways to *The Lament for Art Ó Laoghaire.* The
Devereux mentioned in the passage was a rent collector.

66

A WIDOW'S LAMENT

26 September 1828

. . . As I had gone out by way of the Abha Bheag I decided to
come home an easier, more direct way.

I went up to a miserable looking cabin at the edge of the bog
to ask my way. A poor woman in her bare feet came out. She
was tall and thin and red-eyed, in rags, with a mane of untidy
black hair. She had neither bonnet nor scarf—nothing but a
soiled and soot-stained rag. She was crying bitterly.

"I am looking for the short-cut to Callan," I said.

"I'll show it to you and welcome," the poor woman said.
"We can go through the potato field here, on the path along by
the fence. Those potatoes: I planted them. But it is Páid
Devereux will dig them."

As we passed through a wheatfield she said:

"It was my family planted that seed but it was Páidín
Devereux who reaped the harvest, my curse on him!"

As we passed through the yard:

"Those little woodpigeons used to belong to me, but they'll
boil in Devereux' pot. It was my husband built our house—it
was I sent the soot into the rafters—but Páidín na gCeann's
grandson took the door off the jamb and the hinges off the
hooks. He left the cabin without a door and the window

gloine, an tinteán gan tine, an deatachán gan deatach, cró na muc gan cráin gan céis gan banbh gan collach gan muc, mór ná mion, méith ná trua.

"Ní chloisfead go brách arís búirthe mo bhó ar a lao ná ar a gamhain, ná siotrach mo láir ar a searrach ná ar a bromach ná méileach mo chaora ar a huan, ná meigeall mo ghabhair ar a mionnán, ná grágadaíl mo chirce dá heireoga ná dá gearrcacha, ná glao mo choiligh. Ní fheicfead mo lacha bhán ná mo bhardal breac ná mo ghé goir ná mo ghandal gléigeal. Ní fheicfead loch na móna. Ní chluinfead gáir an chorr riasc, ná scréach an ghé fhiáin ná míog ón bpilibín míog, ná fead na feadóige ná meigeall an mhionnáin aeir. Ní chífead an duibhéan. Ní chloisfead plubarnaigh na circe uisce. Ní thráfad an linn don eascú ná don ghailliasc.

"Is fada uathu chuir fear mharfa Phog Ní tSéafra mé féin, is m'fhear bocht cráite is mo chlann bhocht chloíte. Ní fhásfad cartlainn chumhra an chinn bháin i móinéar cois linn ná an tseamróg bhán ná dhearg im mhóinéar tirim. Ní chuirfead an ros. Ní bhainfead an líon. Ní bháfad é sa linn. Ní bhainfead tointe óm thuran ná óm choigeal. Ní dhéanfad abhras. Tá mo thuran lín agus olainne sa díg, mo chófra i gclais na gainimhe, mo bhord ar an maolchlaí, mo phota sa bhfásach, mo chathaoir faoin bháisteach, mo shop leapan gan clúdach gan bráillín gan súsa, mo cheann gan caidhp, mo dhrom gan fallaing gan folach. Rug fear an chúlchíosa leis iad faraor crua cráite!"

without glass, the hearth without fire and the chimney without smoke, the pigsty without piglet or sow, young or old—without a pig or a boar, big or little, fat or lean.

"I'll never hear a cow of mine calling to her calf or young again, nor a mare of mine snorting to her foal or colt, nor sheep of mine baaing to her lamb, nor goat bleating to her kid, nor my hen clucking to her pullets and chickens, nor my cock crowing. And I won't see my white duck or my speckled drake again, or my hatching goose or my lovely white gander, nor the lake out on the bog. And I won't hear the crane calling in the marsh, nor the scream of the wild goose, or the marsh-plover piping or the moor-plover whistling or the bleat of the jacksnipe. I won't see the cormorant and I won't hear the moorhen bubbling. And I'll never drain the pool again for eel or pike.

"He has put me far from all that, that man who murdered Pog Ní tSéafra and my poor tormented husband and my poor ruined family. The sweet mint with the white tips won't grow again for me in the meadow by the pool, nor the white or red clover in the dry meadow. I'll plant no more flax-seed, nor lift the flax nor steep it in the pool. I'll never again draw the thread from the wheel or the distaff, or make any more yarn. The wheel for my flax and wool is in the ditch. My cupboard is out in the sandy trench, and my table out on the bare bank; my cooking-pot is on the waste ground and my chair is out in the rain; my bed-straw is coverless, without a sheet or a blanket. I've no cap for my head and no cloak or covering for my body. The rent collector took them with him for the arrears, o it's wretched hard . . . ."

67] Is iad na caointe na dánta is fearr ón 19ú céad. Seán Ó
Muiríosa, feirmeoir ó cheantar Thuar an Fhíona, i gCo. Phort
Láirge a chum an caoineadh seo ar bhás a iníne. Ó thaobh stíle
de, ní mór an difríocht atá idir é agus an chuid is fearr
d'fhilíocht na ndaoine.

67

CAOINEADH ATHAR

Má théann tú amárach go dtí Tuar an Fhíona
gabh insa thimpeall go dtí an Buí-chnoc —
nach mó fear fionn a umhlóidh síos duit
agus bean faoi chlóca a phógfaidh ó chroí tú!
Má fhiosraíonn aoinne díot cér díobh tú   5
abair leo den chomhrá caoin
gur cailín breá tú le Seán Ó Muiríosa.

Ta tú ag dul amárach ag tógaint áras do leapa
san áit nach gá duit bheith ag rómhar ná ag grafadh,
san áit nach dtagann trálach i lámha na bhfear ann,   10
san áit nach gá duit bia ná éadach,
agus cuirfimid a chodladh le solas an lae tú.

Thabharfadh d'athair airgead agus ór duit,
thabharfadh d'athair macha breá bó duit,
rachadh sé abhaile le leaba do phósta,   15
rachadh sé abhaile le leaba do phósta
ach gur thóg tú de rogha Cathair na Glóire.

67] Elegies or keens constitute the most successful Gaelic poetry of the nineteenth century. The following keen, which has many of the marks of a folk-poem, was composed by *Seán Ó Muiríosa,* a farmer from *Tuar an Fhíona* in Co. Waterford, on the death of his daughter.

67

A FATHER'S LAMENT

If you go tomorrow to Tuar an Fhíona
travel around it till you come to the Buí-chnoc;
many fair men there will do you honour
and women in cloaks give a heartfelt kiss.
If anyone asks you who are your people   5
give them an answer in gentle tones:
you are Seán Ó Muiríosa's handsome daughter.

You are going to make your bed tomorrow
where you'll never need to grub or dig,
where the hands of the men will get no cramps,   10
where you'll never want for food or clothing
and we'll put you to bed by the light of day.

Your father would give you gold and silver,
your father would give you a fine field of cows,
he would bring you home your marriage bed   15
—he would bring you home your marriage bed—
but you chose instead the Fort of Glory.

Pádraig Ó hÉigeartaigh (1871–1936)

68] D'fhág Pádraig Ó hÉigeartaigh a dhúiche féin, Uíbh Ráthach, Co. Chiarraí in aois a dhá bhliain déag agus mhair sna Stáit Aontaithe ina dhiaidh sin. Tar éis na bliana 1891 is i Springfield, Massachusetts, a chónaigh sé. Foilsíodh an dán seo ar bhá a mhic, Donncha, sa bhliain 1906.

68

OCHÓN! A DHONNCHA

Ochón! a Dhonncha, mo mhíle cogarach, fén bhfód so
    sínte;
fód an doichill 'na luí ar do cholainn bhig, mo
    loma-sceimhle!
Dá mbeadh an codladh so i gCill na Dromad ort
    nó in uaigh san Iarthar
mo bhrón do bhogfadh, cé gur mhór mo dhochar,
    is ní bheinn id' dhiaidh air.

Is feoite caite 'tá na blátha scaipeadh ar do leaba
    chaoilse;   5
ba bhreá iad tamall ach thréig a dtaitneamh, níl snas
    ná brí iontu.
'S tá an bláth ba ghile liom dár fhás ar ithir riamh
    ná a fhásfaidh choíche
ag dreo sa talamh, is go deo ní thacfaidh ag cur éirí
    croí orm.

68] *Pádraig Ó hÉigeartaigh* emigrated from his native Iveragh, Co. Kerry, at the age of twelve and spent most of his life in Springfield, Massachusetts. His poem on the drowning of his son Donncha was published by Pádraig Pearse, with a translation, in *An Claidheamh Soluis* (*The Sword of Light*) in 1906; a number of Pearse's phrases are used in the following translation. The poem, in its simple conventional expression of a profound grief, makes a moving end to the high literary tradition of three centuries.

68

MY SORROW, DONNCHA

My sorrow, Donncha, my thousand-cherished
                    under this sod stretched,
this mean sod lying on your little body
                    —my utter fright . . . .
If this sleep were on you in Cill na Dromad
                    or some grave in the West
it would ease my sorrow, though great the affliction
                    and I'd not complain.

Spent and withered are the flowers scattered
                    on your narrow bed.   5
They were fair a while but their brightness faded,
                    they've no gloss or life.
And my brighest flower that in soil grew ever
                    or will ever grow
rots in the ground, and will come no more
                    to lift my heart.

Och, a chumannaigh! nár mhór an scrupall é
    an t-uisce dod' luascadh,
gan neart id' chuisleannaibh ná éinne i ngaire duit
    a thabharfadh fuarthan.   10
Scéal níor tugadh chūgham ar bhaol mo linbh ná
    ar dhéine a chruatain —
ó! 's go raghainn go fonnmhar ar dhoimhin-lic Ifrinn
    chun tú a fhuascailt.

Tá an ré go dorcha, ní fhéadaim codladh, do shéan
    gach só mé.
Garbh doilbh liom an Ghaeilge oscailte—is olc an
    comhartha é.
Fuath liom sealad i gcomhluadar carad, bíonn a
    ngreann dom' chiapadh.   15
Ón lá go bhfacasa go tláith ar an ngaineamh thú níor
    gheal an ghrian dom.

Och, mo mhairg! cad a dhéanfad feasta 's an saol
    dom' shuathadh,
gan do láimhín chailce mar leoithne i gcrannaibh
    ar mo mhalainn ghruama,
do bhéilín meala mar cheol na n-aingeal go binn
    im' chluasaibh
á rá go cneasta liom: 'Mo ghraidhn m'athair bocht, ná
    bíodh buairt ort!'   20

Ó, mo chaithis é! is beag do cheapas-sa i dtráth mo
    dhóchais
ná beadh an leanbh so 'na laoch mhear chalma i lár
    na fóirne,
a ghníomhartha gaisce 's a smaointe meanman ar son
    na Fódla —
ach an Té do dhealbhaigh de chré ar an dtalamh sinn,
    ní mar sin d'ordaigh.

Alas beloved, is it not great pity
                    how the water rocked you,
your pulses powerless and no one near you
                    to bring relief?   10
No news was brought me of my child in peril
                    or his cruel hardship
—O I'd go, and eager, to Hell's deep flag-stones
                    if I could save you.

The moon is dark and I cannot sleep.
                    All ease has left me.
The candid Gaelic seems harsh and gloomy
                    —an evil omen.
I hate the time that I pass with friends,
                    their wit torments me.   15
Since the day I saw you on the sands so lifeless
                    no sun has shone.

Alas my sorrow, what can I do now?
                    The world grinds me
—your slight white hand, like a tree-breeze, gone from
                    my frowning brows,
and your little honeymouth, like angels' music
                    sweet in my ears
saying to me softly: 'Dear heart, poor father,
                    do not be troubled.'   20

And O, my dear one! I little thought
                    in my time of hope
this child would never be a brave swift hero
                    in the midst of glory
with deeds of daring and lively thoughts
                    for the sake of Fódla
—but the One who framed us of clay on earth
                    not so has ordered.

14 Aodh Mac Aingil (c.1571 – 1626). Theologian, poet (see No. 22),
Archbishop of Armagh.

15 Pádraig Sáirséal. Sarsfield (1650 — 1693), hero of
the Jacobite wars.

16 Cath na Bóinne, 1690, The Battle of the Boyne. Engraving.

17 Muckross Abbey, Killarney (See Introduction to poem No. 45). Ionad adhlachta Aogáin Rathaille.

18 Caisleán 'Rí Chinn Toirc' (Féach Uimh, 45). McCarthy Castle (17th century), Kanturk, Co. Cork.

19 Lemenagh Castle, County Clare (Built 1643). Caisleán de chuid na mBrianach.
20 Donegal Castle (lost to the O'Donnells c.1616). Ba é an dún (ar dheis) bunáitreabh na nDónallach.

21 Kilmallock, Co. Limerick, c.1800. Baile inar ghnáth Gaeilge agus filí Gaeilge san 18ú haois.

23 'Children dancing at cross-roads.' Pictiúr ón 18ú haois.

24 An Cearúllánach. Portráid Carolan, blind poet and harper (1670 1738).

25 Muiris (an chaipín) O Conaill. A brother of Eibhlín Dhubh's (See poem No. 62).

26 Teach Phiarais Mhic Ghearailt (1709 — 1781). The house of an 18th century poet.
27 Cineál coitianta tí sa 19ú haois. Typical farmer's house, Luogh, Co. Clare.
28 Cineál coitianta tí sa 19ú haois. Turfcutters house, West Limerick.

29 The signature of Aogán O Rathaille on his transcription of *Foras Feasa ar
Éirinn* (see Introduction to Poem No 23). Cóip a rinne Aogán O Rathaille
de mhórshaothar Sheathrún Céitinn sa bhliain 1722.

30 Page from a manuscript in the learned Irish tradition, written by a
blacksmith in County Clare in 1857. Mártan O Gríofa, gabha dubh in
gCill Rois a scríobh an ls. seo.

274

III

FILÍOCHT NA NDAOINE

FOLK POETRY

1600–1900

69] Roinnt de na hamhráin sa roinn seo—Uimh 69, *'S í bláth geal na sméar í,* mar shampla — tharlódh nach bhfuil iontu ach bloghanna de na hamhráin bhunaidh. Fós is liricí slána sásúla ina gceart féin iad.

69

'S í BLÁTH GEAL NA SMÉAR í

'S í bláth geal na sméar í,
's í bláth deas na sú craobh í,
's í planda b'fhearr méin mhaith
le hamharc do shúl;
's í mo chuisle, 's í mo rún í,   5
's í bláth na n-úll gcumhra í,
is samhradh ins an fhuacht í
idir Nollaig is Cáisc.

70

NACH AOIBHINN DO NA hÉINÍNÍ

Nach aoibhinn do na héiníní a éiríos go hard
's bhíos ag ceiliúr lena chéile ar aon chraobh amháin,
ní mar sin dom féin is dom chéad míle grá,
is fada óna chéile bhíos ár n-éirí gach lá.

Is báine í ná an lile, is deise í ná an scéimh,   5
is binne í ná an veidhlín, 's is soilsí ná an ghréin;
is fearr ná sin uile a huaisleacht 's a méin,
's a Dhé atá ins na flaitheasaibh, fuascail dom phéin.

69| Some of the texts in the following section – No. 69 for example – may be only fragments of longer compositions, but it is felt that these fragments nonetheless stand as complete and satisfying lyrics on their own.

69

SHE'S THE BLACKBERRY-FLOWER

She's the blackberry-flower,
the fine raspberry-flower,
she's the plant of best breeding
   your eyes could behold:
she's my darling and dear,   5
my fresh apple-tree flower,
she is Summer in the cold
   between Christmas and Easter.

70

IT IS WELL FOR SMALL BIRDS

It is well for small birds that can rise up on high
and warble away on the one branch together.
Not so with myself and my millionfold love
that so far from each other must rise every day.

She's more white than the lily and lovely past Beauty,
more sweet than the violin, more bright than the sun,
with a mind and refinement surpassing all these . . .
O God in Your Heaven give ease to my pain!

71

STUAIRÍN NA mBACHALL mBREÁ RÉIDH

Táid na réalta ina seasamh ar an spéir,
   an ghrian is an ghealach 'na luí;
tá na fharraige tráite gan braon
   is níl réim ag an eala mar bhíodh;
tá an chuaichín i mbarra na ngéag   5
   á shíor-rá gur éalaigh sí uaim,
stuairín na mbachall mbreá réidh
   d'fhág Éire faoi atuirse chruaidh.

Trí ní a chím tríd an ngrá,
   an peaca, an bás is an phian,   10
is m'intinn á insint gach lá
   m'aigne gur chráigh sí le ciach.
'S é mo chumha géar go dtugas di grá
   's go mb'fhearr liom nach bhfeicfinn í riamh —
a mhaighdean do mhill tú mé im lár,   15
   is go bhfaighe tú na grása ó Dhia.

72

CAISEAL MUMHAN

Phósfainn thú gan bha gan phunt gan áireamh spré,
agus phógfainn thú maidin drúchta le bánú an lae.
'S é mo ghalar dubhach gan mé is tú, a dhianghrá mo
   chléibh,
i gCaiseal Mumhan is gan de leaba fúinn ach clár *bog* déil.

THE PROUD GIRL WITH THE HANDSOME SMOOTH CURLS

The stars stand out on the sky.
   The sun and the moon are set.
The ocean is ebbed, not a drop.
   And the swan has no sway as she used.
The cuckoo's in the branches above,   5
   telling over and over: she is fled,
the proud girl with the handsome smooth curls
   who left Ireland in cruel affliction.

Through love I have seen three things,
   evil and pain and death,   10
telling day after day in my mind
   how she tortured my thoughts with gloom.
Sharp sorrow I gave her my love!
   Better I'd never beheld her.
You have hurt me, O maid, to the core   15
   — but may you have pardon from God.

72

CAISEAL IN MUNSTER

I would wed you without cattle, without money or a
   counted dowry.
I would kiss you on a dewy morning in the lightening day.
Sad sickness I am not beside you, dear love of my breast,
in Caiseal in Munster—let our bed be but a bog-deal
   board.

Siúil, a chogair, is tar a chodladh liom féin sa ghleann:
gheobhaidh tú foscadh, leaba fhlocais is aer cois abhann;
beidh na srutha ag gabháil tharainn faoi ghéaga crann;
beidh an londubh inár bhfochair is an chéirseach dhonn.

Searc mo chléibh a thug mé féin duit is grá trí rún,
's go dtaga sé de chor sa tsaol dom bheith lá 'gus tú 10
is ceangal cléire eadrainn araon is an fáinne dlúth;
is dá bhfeicfinn féin mo shearc ag aon fhear gheobhainn
    bás le cumha.

73] Is díol spéise an t-amhrán seo sa mhéid gur téama cianársa
i litríocht na Gaeilge an cuireadh a thugann fear óg dá leannán
triall ina theannta go Tír na nÓg éigin, áit nach mbíonn trácht
ar bhás ná ar pheaca. Is beag an chiall don pheaca collaí a
bhíonn in amhráin na ndaoine trí chéile.

73

COILLTE GLASA AN TRIÚCHA

A chúl álainn tais na bhfáinní cas,
    is breá 's is deas do shúile,
's go bhfuil mo chroí á shlad mar shníomhfaí gad
    le bliain mhór fhada ag tnúth leat;
dá bhfaighinnse ó cheart cead síneadh leat 5
    is éadrom gasta shiúlfainn —
is é mo mhíle creach gan mé is tú, a shearc,
    faoi choillte glasa an Triúcha.

Come to the valley, my love: come sleep with me!   5
Shelter you'll find there, a flock bed, fresh air by the river.
The streams will go flowing beside us under tree-
    branches.
The blackbird we'll have for a neighbour, and the brown
    song-thrush.

The love of my breast I gave you, my secret devotion.
That day in life's course, may it come, when you and I
have the holy bond between us and the steadfast ring
—for my love if I saw with another I would die of grief.

73]   This song is of special interest in that it mirrors a very old
native tradition: the invitation to a natural paradise, a *Tír na
nÓg,* where death and sin have no dominion. The absence of
any sense of sexual sin is a common feature of folk-lyrics in
general.

73

THE GREEN WOODS OF TRIÚCHA

Hair soft and lovely, in twining curls,
    eyes so clear and fine,
my heart is racked for want of you,
    like a twisted twig, for a year.
If I'd right and license to stretch beside you   5
    airy and quick would I step!
A thousand pangs, my love, we are not
    in the green woods of Triúcha.

A Dhia gan mise 's mo ghrá 'bhfuil a brollach mín, bán,
is gan neach i gCríoch Fáil 'na ndúscadh,   10
fir agus mná 'na gcodladh go sámh
    ach mise agus mo ghrá ag súgradh;
a ghéig chailce an áidh, is deise de na mnáibh,
    a réalt eolais a thógfar domhsa,
ní chreidim go bráth ó shagart nó ó bhráthair   15
    go bhfuil peaca ins an pháirt a dhúbladh.

A rún agus a shearc, gluaisfimid gan stad
    go coillte breá glasa an Triúcha,
mar a bhfaighimid go deimhin ól agus imirt
    agus cáil dár mbeatha dhúchais: 20
caora cuilinn, cnuasach biolair,
    cnó agus úlla cumhra ann,
is go leor leor den duilliúr fúinn is tharainn
    agus fásach go mullaigh glún ann.

A chumainn is a shearc, rachaimid-ne seal   25
    faoi choillte ag scaipeadh drúchta,
mar a bhfaighimid-ne breac, is lon ar a nead,
    an fia agus an boc ag búireadh;
an t-éinín is binne ar ghéaga ag seinm —
    an chuaichín ar barr an iúir ghlais;   30
is go bráth bráth ní thiocfaidh an bás 'nár ngoire
    i lár na coille cumhra!

Were I and my soft pale-breasted love
   and none in Críoch Fáil awake'   10
men and women all sound asleep
   and I and my love at play!
White limb of joy, my fairest girl,
   my knowledge-star ascending,
no priest or friar will I believe   15
   that it's sin to couple in love.

Let us go at once, my dear, my love,
   to the fine green woods of Triúcha.
There's drink and pleasure there for sure
   and our choicest proper food: 20
with holly berries, cress in clusters,
   nuts and fragrant apples,
thick growth above and under us
   and rich grass up to our knees.

My love and desire, let us go for a while   25
   and scatter the dew in the woods,
with the trout and the blackbird on her nest
   and the roaring deer and stag,
with the sweetest bird on branch at its song
   —the cuckoo in the green yew-top—   30
and never, never will death come near
   deep in the fragrant woods.

74

CEANN DUBH DÍLIS

A chinn duibh dhílis dhílis dhílis,
cuir do lámh mhín gheal tharam anall;
a bhéilín meala, a bhfuil boladh na tíme air,
is duine gan chroí nach dtabharfadh duit grá.

Tá cailíní ar an mbaile seo ar buile 's ar buaireamh,   5
ag tarraingt a ngruaige 's á ligean le gaoith,
ar mo shonsa, an scafaire is fearr ins na tuatha,
ach do thréigfinn an méid sin ar rún dil mo chroí.

Is cuir do cheann dílis dílis dílis,
cuir do cheann dílis tharam anall;
a bhéilín meala a bhfuil boladh na tíme air,   10
is duine gan chroí nach dtabharfadh duit grá.

75

IS TRUA GAN MISE I SASANA

Is trua gan mise i Sasana
agus duine amháin as Éirinn liom,
nó amuigh i lár na farraige
in áit a gcailltear na mílte long,

an ghaoth agus an fhearthainn   5
bheith 'mo sheoladh ó thoinn go toinn —
is, a Rí, go seola tú mise
ins an áit a bhfuil mo ghrá 'na luí.

74

MY OWN DARK HEAD

My own dark head (my own, my own)
your soft pale arm place here about me.
Honeymouth that smells of thyme
he would have no heart who denied you love.

There are girls in the town enraged and vexed,   5
they tear and loosen their hair on the wind
for the dashingest man in this place—myself!
But I'd leave them all for my secret heart.

Lay your head, my own (my own, my own)
your head, my own, lay it here upon me.   10
Honeymouth that smells of thyme
he would have no heart who denied you love.

75

I WOULD I WERE IN ENGLAND

I would I were in England
and one from Ireland with me
or out in the middle ocean
where a thousand ships are lost

with the tempest and the rain   5
to drive from wave to wave
—O drive me, King of Heaven,
to where my love lies down!

76

MO BHRÓN AR AN BHFARRAIGE

Mo bhrón ar an bhfarraige,
is í atá mór,
's í ag gabháil idir mé
is mo mhíle stór.

Do fágadh sa mbaile mé   5
ag déanamh bróin,
gan aon tsúil thar sáile liom
choíche ná go deo.

Mo léan nach bhfuil mise
is mo mhuirnín bán   10
i gCúige Laighean
nó i gContae an Chláir.

Mo bhrón nach bhfuil mise
is mo mhíle grá
ar bord loinge   15
ag triall, go Meiriceá.

Leaba luachra
a bhí fúm aréir,
is chaith mé amach í
le teas an lae.   20

Tháinig mo ghrá-sa
le mo thaobh,
guala ar ghualainn
agus béal ar bhéal.

76

MY GRIEF ON THE OCEAN

My grief on the ocean
it is surely wide
stretched between me
and my dearest love.

I am left behind   5
to make lament
—not expected for ever
beyond the sea.

My sorrow I'm not
with my fond fair man   10
in the province of Munster
or County Clare.

My grief I am not
with my dearest love
on board of a ship   15
for America bound.

On a bed of rushes
I lay last night,
and I shook it out
in the heat of the day.   20

My love came near
up to my side
shoulder to shoulder
and mouth on mouth.

77] Tá an dealramh ar an scéal gur cumadh an bundréacht de
Dónall Óg roimh 1600. Bailíodh mórán leagan den amhrán,
agus na scórtha véarsaí fáin as, i nGaeltachtaí na hÉireann agus
na hAlban.

77

DÓNALL ÓG

A Dhónaill óig, má théir thar farraige
beir mé féin leat, is ná déan do dhearmad;
beidh agat féirín lá aonaigh is margaidh,
is iníon rí Gréige mar chéile leapa agat.

Má théirse anonn tá comhartha agam ort: 5
tá cúl fionn is dhá shúil ghlasa agat,
dhá chocán déag id chúl buí bachallach,
mar bheadh béal na bó nó rós i ngarraithe.

Is déanach aréir a labhair an gadhar ort,
do labhair an naoscach sa chorraichín doimhin ort   10
is tú id chaonaí aonair ar fud na gcoillte –
is go rabhair gan chéile go bráth go bhfaighir mé.

Do gheallais domhsa, agus d'insis bréag dom,
go mbeifeá romhamsa ag cró na gcaorach;
do ligeas fead agus trí chéad glaoch chūghat,   15
is ní bhfuaireas ann ach uan ag méiligh.

Do gheallais domhsa, ní ba dheacair duit,
loingeas óir faoi chrann seoil airgid,
dhá bhaile dhéag de bhailte margaidh
is cúirt bhreá aolta cois taobh na farraige.   20

77] The original composition of *Dónall Óg* may possibly antedate the period of our anthology. Scores of versions and fragments have been collected all over Ireland and in Gaelic Scotland.

77

DÓNALL ÓG/YOUNG DÓNALL

Dónall Óg, if you cross the ocean
take me with you, and don't forget,
and on market day you'll get your present:
a Greek King's daughter with you in bed!

But if you leave I have your description: 5
blond hair you have, and two eyes of green,
twelve yellow curls in your crinkled hair
like to a cowslip or garden rose.

Last night late the dog announced you
and the snipe announced you deep in the marsh.   10
You were ranging the woods, out there by yourself.
May you lack a wife until you find me!

You promised me (but you told a lie)
you'd be at the sheepfold waiting for me.
I gave a whistle, and three hundred calls,   15
and there was nothing but a lamb bleating.

A thing you promised, and it was hard:
a golden fleet with masts of silver,
a dozen towns, all market towns,
and a lime-white mansion beside the ocean.   20

Do gheallais domhsa, ní nárbh fhéidir,
go dtabharfá láimhne do chroiceann éisc dom,
go dtabharfá bróga de chroiceann éan dom,
is culaith den tsíoda ba dhaoire in Éirinn.

A Dhónaill óig, b'fhearr duit mise agat   25
ná bean uasal uaibhreach iomarcach;
do chrúfainn bó agus do dhéanfainn cuigeann duit,
is dá mba chruaidh é, do bhuailfinn buille leat.

Och ochón, agus ní le hocras,
uireasa bídh, dí, ná codlata,   30
faoi deara domhsa bheith tanaí trochailte,
ach grá fir óig is é bhreoigh go follas mé.

Is moch ar maidin do chonac-sa an t-ógfhear
ar muin chapaill ag gabháil an bóthar;
níor dhruid sé liom is níor chuir ná stró orm,   35
is ar mo chasadh abhaile dom 'sea do ghoileas
     mo dhóthain.

Nuair théimse féin go Tobar an Uaignis
suím síos ag déanamh buartha,
nuair chím an saol is nach bhfeicim mo bhuachaill
a raibh scáil an ómair i mbarr a ghruanna.   40

Siúd é an Domhnach a thugas grá duit,
an Domhnach díreach roimh Dhomhnach Cásca,
is mise ar mo ghlúine ag léamh na Páise
'sea bhí mo dhá shúil ag síorthabhairt an ghrá duit.

Dúirt mo mháithrín liom gan labhairt leat   45
inniu ná amárach ná Dé Domhnaigh;
is olc an tráth a thug sí rabhadh dom –
's é dúnadh an dorais é tar éis na foghla.

A thing you promised, and it impossible:
you would give me gloves of the skin of fishes,
you would give me shoes of the skin of birds,
and a suit of the dearest silk in Ireland.

Dónall Óg, you had better take me   25
than a haughty woman swelled with pride.
I would milk your cows, I would do your churning,
and if things went bad I would strike a blow.

O misery!—and it isn't hunger
or the want of food or drink or sleep   30
is the reason I am so thin and haggard:
it is plain I am sick from a young man's love.

I saw that youth in the morning early
up on horseback, passing by,
but he kept his distance and made no signal   35
and home I came and cried my fill.

When I take my way to the Lonely Well now
I sit me down and I make lament
that I see them all there, but not my boy
with the amber shadow on his high cheek bone.   40

It was on a Sunday my love I gave you,
the Sunday just before Easter Sunday.
I was on my knees as I read the Passion
and my two eyes sent you all their love.

My mother told me not to talk with you   45
today, tomorrow, or Sunday either.
What time was that to give me warning,
locking the stable when the thief was gone?

Ó a dhe, a mháithrín, tabhair mé féin dó,
is tabhair a bhfuil agat den tsaol go léir dó;   50
éirigh féin ag iarraidh déirce,
agus ná gabh siar ná aniar im éileamh.

Tá mo chroíse chomh dubh le hairne
nó le gual dubh a bheadh i gceárta,
nó le bonn bróige ar hallaí bána,   55
is tá lionn dubh mór os cionn mo gháire.

Do bhainis soir díom is do bhainis siar díom,
do bhainis romham is do bhainis im dhiaidh díom,
do bhainis gealach is do bhainis grian díom,
's is ró-mhór m'eagla gur bhainis Dia díom.   60

78] Tá véarsa amháin anseo (véarsa 2) le fáil, chomh maith, sa leagan atá againn de *Dónall Óg*. Uaireanta, go deimhin, tuigtear gur cuid bhunúsach de *Dónall Óg* an liric seo ar fad.

78

DÁ DTÉINNSE SIAR

Dá dtéinnse siar is aniar ní thiocfainn,
ar an gcnoc ab airde is air a sheasfainn,
's í an chraobh chumhra is túisce bhainfinn,
agus 's é mo ghrá féin is luaithe leanfainn.

Tá mo chroí chomh dubh le hairne   5
nó le gual dubh a dhófaí i gceárta,
nó le bonn bróige ar hallaí bána,
is tá lionn dubh mór os cionn mo gháire.

And surely, mother, you might let him have me,
and give him all in the world you own,   50
and go out even to beg for charity,
but don't deny what I implore.

This heart of mine is as black as sloe
or a black coal in any forge
or the print of a shoe upon white halls   55
and a black mood is above my laughter.

You took my East and you took my West,
you took before and after from me,
you took the moon and you took the sun,
and I greatly fear that you took my God.   60

78]   The second stanza of this poem is found also in *Dónall Óg*
(poem no. 77). The whole lyric, in fact, is sometimes regarded
as part of *Dónall Óg*.

78

IF I TRAVELLED WEST

If I travelled West I would not come back.
On the highest hill I would take my stand.
The sweetest branch is the first I'd pluck.
And it's my own love I would swiftest follow.

This heart of mine is as black as sloe   5
or a black coal burnt in any forge
or the print of a shoe upon white halls
and a black mood is above my laughter.

Tá mo chroí-se brúite briste
mar leac oighre ar uachtar uisce,   10
mar bheadh cnuasach cnó tar éis a mbriste
nó maighdean óg tar éis a cliste.

Tá mo ghrá-sa ar dhath na sméara,
's ar dhath na n-airní lá breá gréine,
ar dhath na bhfraochóg ba dhuibhe an tsléibhe,   15
's is minic bhí ceann dubh ar cholainn ghléigeal.

Is mithid domhsa an baile seo a fhágáil,
is géar an chloch 's is fuar an láib ann,
is ann a fuaireas guth gan éadáil
agus focal trom ó lucht an bhéadáin.   20

Fógraim an grá, is mairg a thug é
do mhac na mná úd ariamh nár thuig é,
mo chroí i mo lár gur fhág sé dubh é,
's ní fheicim ar an tsráid ná in áit ar bith é.

79

AN CUIMHIN LEAT AN OÍCHE ÚD

An cuimhin leat an oíche úd
  a bhí tú ag an bhfuinneog,
gan hata gan láimhne
  dod dhíon, gan chasóg? –
do shín mé mo lámh chūghat   5
  's do rug tú uirthi barróg,
is d'fhan mé id chomhluadar
  nó gur labhair an fhuiseog.

This heart of mine is bruised and broken
like a sheet of ice on top of water,   10
like a heap of nuts when they are broken
or a youthful maid when she's betrayed.

Blackberry-colour is my beloved,
and sloeberry-colour on a sunny day
or the blackest fraughan upon the mountain.   15
There's a dark head often on the whitest body.

It would suit me better to leave this place:
the stone is sharp and the mire is cold.
Futile blame is all I found there
and the bitter word from calumniators.   20

Love I denounce: God help who gave it
to a man who could not appreciate it.
The heart in my core, he has left it blackened
and I see him nowhere passing by.

79

REMEMBER THAT NIGHT

Remember that night
    and you at the window
with no hat or glove
    or coat to cover you?
I gave you my hand   5
    and you took and clasped it
and I stayed with you
    till the skylark spoke.

An cuimhin leat an oíche úd
    a bhí tusa agus mise   10
ag bun an chrainn chaorthainn
    's an oíche ag cur cuisne,
do cheann ar mo chíocha
    is do phíob gheal á seinm? –
is beag a shíleas an oíche úd   15
    go scaoilfeadh ár gcumann.

A chumainn mo chroí istigh,
    tar oíche ghar éigin
nuair luífidh mo mhuintir
    chun cainte le chéile;   20
beidh mo dhá láimh id thimpeall
    's mé ag insint mo scéil duit –
's gurb é do chomhrá suairc mín tais
    a bhain radharc fhlaithis Dé díom.

Tá an tine gan coigilt   25
    is an solas gan múchadh,
tá an eochair faoin doras
    is tarraing go ciúin í,
tá mo mháthair 'na codladh
    is mise im dhúiseacht,   30
tá m'fhortún im dhorn
    is mé ullamh chun siúil leat.

Remember that night
    when you and I   10
were under the rowan
    and the night was freezing?
Your head on my breasts
    and your bright-pipe playing . . .
I little thought then   15
    that our love could sever.

My heart's beloved
    come some night soon
when my people sleep,
    and we'll talk together.   20
I'll put my arms round you
    and tell you my story
—O your mild sweet talk
    took my sight of Heaven!

The fire is unraked   25
    and the light unquenched.
The key's under the door
    —close it softly.
My mother's asleep
    and I am awake   30
my fortune in hand
    and ready to go.

80

AN DROIGHNEÁN DONN

Shílfeadh aon fhear gur dil dó féin mé nuair a luíonn dom mionn,
's go dtéann dhá dtrian síos díom nuair a smaoiním ar do chomhrá liom –
sneachta síobtha 's é á shíorchur faoi Shliabh Uí Fhloinn;
's go bhfuil mo ghrá-sa mar bhláth na n-airní atá ar an droighneán donn.

Shíl mé féin nach ag ceasacht spré orm a rachadh grá mo chroí   5
's nach bhfágfadh sé ina dhiaidh mé mar gheall ar mhaoin;
fa-raoir géar nach bhfuilim féin 's an fear a chráigh mo chroí
i ngleanntán sléibhe i bhfad ó éinneach 's an drúcht 'na luí.

Tá féirín le mo chéadsearc i mo phóca thíos
is fearaibh Éireann ní leigheasfaidís mo bhrón
    fa-raoir;   10
nuair a smaoinímse ar a chúrsaí 's a chúl breá donn
bím ag géarghol os íseal 's ag osnaíl go trom.

Go bhfaighe mé féirín lá an aonaigh ó mo bhuachaill deas,
is comhrá séimhí 'na dhéidh sin ó phlúr na bhfear;
fa-raoir géar nach bhfuileam féin is an sagart 'nár gcionn   15
go ndúblaímis ár gcúrsaí sul fá dtéid sé anonn.

80

THE DARK THORN TREE

A man imagines that I'm devoted when he swears his vow;
two parts in three die when I remember your talk with me
– the driven snow for ever falling on Sliabh Uí Fhloinn.
O my beloved is like sloe-blossom on the dark thorn tree!

I thought my heart's love would not go whining about a dowry   5
and would not leave me forsaken ever on account of wealth,
It is bitter pity that I'm not with him who has vexed my heart,
in a mountain valley, away from everyone, and the dew lying.

Down in my pocket I have a present from my first-beloved:
no man in Ireland can ever remedy my grief, alas.   10
When I remember his way of going and his fine brown hair
bitterly I cry, and quietly, and heave a sigh.

Next market day I would like a present from my lovely boy,
and gentle converse to follow after with my flower of men.
It is bitter pity we are not together with the priest before us   15
to join together our double fortune ere he goes abroad.

Pé 'narbh olc leis é, molfaidh mise grá mo chroí,
is pé 'narbh olc leis é, suífidh mé lena thaoibh,
is pé 'narbh olc leis é, míle arraing trí lár a chroí;
's a réalta an tsolais i mbéal an phobail, is tú a bhreoigh
mo chroí.   20

'S a Dhia dhílis, céard a dhéanfas mé má imíonn tú uaim?–
níl eolas chun do thí agam, chun do thine ná do chlúid;
tá mo mháithrín faoi leatrom is m'athair san uaigh,
tá mo mhuintir go mór i bhfeirg liom is mo ghrá i bhfad
uaim.

Tá smúid ar mo shúile 's níor chodail mé néal   25
ach ag smaoineamh ortsa, a chéadghrá, má b'fhada an
oíche aréir.
Faoi do chúrsaí do dhiúltaigh mé an domhan go léir,
's a chraobh chumhra cad as a dtabharfá do leabhar i
mbréig?

Is fear gan chéill a bheadh ag dréim leis an gclaí a bhíonn
ard,
is claí beag íseal lena thaoibh sin ar a leagfadh sé a lámh;
cé gur ard an crann cárthainn bíonn sé searbh 'na bharr
's go bhfásann sméara is sú craobh ar an gcrann is ísle
bláth.

Dhá chéad slán is duit a bhéarfainn, a mhíle grá;
's ó lucht na mbréag ní maith fhéadaim do thaobhacht
d'fháil;
níl coite agam a chuirfinn i do dhiaidh ná bád   35
's go bhfuil an fharraige ina lán mara romham is nach eol
dom snámh.

Who'er condemn it, I'll utter praise of my heart's love.
Who'er condemn it, myself I'll settle down by his side.
Who'er condemn it, a thousand arrows through his heart's
core!
O star of knowledge among these people, you have seared my
heart.   20

And O dear God what will I do if you go and leave me?
I do not know the way to your home or your hearth or bed.
My mother dear, she is afflicted, and my father's in the grave.
Much angered at me are all my people, and my love far off.

Upon my eyes there is a shadow, and I have not slept   25
for thinking of you, my first-beloved, all last night long.
On your account I have rejected the world entire:
my fragrant branch, o what possessed you to swear untruly?

A foolish man will take to climbing the higher ditch
when there beside him is a little low ditch to rest his hand on. 30
The mountain ash is a lofty tree but its fruit is bitter:
while blackberries and raspberries grow on the bush of the
lowliest blossom.

Two hundred farewells I would bid you, love thousandfold!
I cannot well, with these lying gossips, depend upon you.
I have no skiff to chase you in, nor any boat,   35
the sea is full-tide and runs against me, and I cannot swim.

81

A ÓGÁNAIGH AN CHÚIL CHEANGAILTE

A ógánaigh an chúil cheangailte
le raibh mé seal in éineacht,
chuaigh tú aréir an bealach seo
is ní tháinig tú dom fhéachaint.
Shíl mé nach ndéanfaí dochar duit   5
  dá dtiocfá agus mé d'iarraidh,
is gurb é do phóigín a thabharfadh sólás dom
  dá mbeinn i lár an fhiabhrais.

Dá mbeadh maoin agamsa
  agus airgead i mo phóca,   10
dhéanfainn bóithrín aicearrach
  go doras tí mo stóirín,
mar shúil le Dia go gcluinfinnse
  torann binn a bhróige,
's is fada an lá nár chodail mé   15
  ach ag súil le blas do phóige.

Agus shíl mé, a stóirín,
  go mba gealach agus grian tú,
agus shíl mé ina dhiaidh sin
  go mba sneachta ar an sliabh tú,   20
agus shíl mé ina dhiaidh sin
  go mba lóchrann ó Dhia tú,
nó go mba tú an réalt eolais
  ag dul romham is 'mo dhiaidh tú.

Gheall tú síoda is saitin dom   25
  callaí agus bróga arda,
is gheall tú tar a éis sin
  go leanfá tríd an snámh mé.

81

YOUNG MAN WITH HAIR DONE UP IN CURLS

Young man with hair done up in curls,
   my partner for a time,
you passed along this way last night
   and never came to see me.
I thought it wouldn't do you harm   5
   to come and make inquiry
— O your little kiss would comfort me
   though I were deep in fever.

If I had wealth in my own right
   and money in my pocket   10
the shortest road I'd undertake
   up to my darling's door
hoping to God that I might hear
   the sweet sound of his shoes
— O it's long the day since last I slept   15
   in need to taste his kiss.

For it seemed to me, my darling one,
   you were the sun and moon,
and after that it seemed to me
   you were snow upon the hill,   20
and after that it seemed to me
   you were a lamp from God
or that you were the star of knowledge
   before me and behind.

Silk and satin you promised me,   25
   high shoes and finery,
and after that you promised
   you'd follow through the flood.

Ní mar sin atá mé
    ach 'mo seach i mbéal bearna   30
gach nóin agus gach maidin
    ag féachaint tí mo mháthar.

82

A ÓGÁNAIGH ÓIG

Tá mé ag cailleadh mo scéimhe agus is féidir a aithne ar
    mo ghiall,
chaill mé mo radharc 's ní léir domhsa gealach ná grian,
chaill mé mo thréithre dá raibh in éineacht agamsa ó
    Dhia,
's gur chaill mé mé féin ag adhradh is ag amharc id
    dhiaidh.

Mo chreach mhaidne ghéar nach aon do rugadh mé
    caoch   5
sula bhfaca mé do scéimh is mé bheith go dona dod dhíth:
's é is samhail dom féin an té bheadh 'na lobhar 'na luí,
a mbíonn an deoch lena thaobh 's nach bhféadann
    blaiseadh de braon.

Is a ógánaigh óig, is modhúil 's is milis do ghrua,
's ní áirím, dar ndóigh, gur ró-dheas leagan do
    shúl;   10
níl ins an Rann Eorpa seoid is deise ná tú,
a bhfuil do ghrua mar an rós – seo póg is téanam ar shiúl.

Now it is otherwise with me
— I'm a bush to stop a gap,   30
seeing nothing, noon and morn,
only my mother's house.

82

YOUNG MAN, SO YOUNG

I am losing my looks, it is plain to see from my cheek.
I have lost my sight—the moon and the sun are unclear.
I have lost the qualities that were mine from God,
and have lost myself, staring worshipping after you.

A terrible sharp affliction I wasn't born blind   5
before I beheld your beauty and sickened from need.
All I am like is a leper, lying there
with a drink beside him, who cannot reach a drop.

Young man—so young! Your cheeks are sweet and shy.
And what need to mention the perfect set of your eyes?
There is not on the range of Europe a sweeter jewel,
with cheeks like the rose.... Here's a kiss, and let us be
    going!

83] Is é seo an chuid tosaigh d'amhrán nár foilsíodh go dtí seo.
(Sa dara cuid — nach bhfuil chomh fileata céanna — tugann an
t-ógfhear freagra ar an gcailín.)

83

TÚ FÉIN IS MÉ FÉIN

Má thagann tú choíche
ná tar ach san oíche,
is siúl go réidh
is ná scanraigh mé:
gheobhaidh tú an eochair   5
faoi sháil an dorais,
is mé liom féin
's ná scanraigh mé.

Níl pota sa mbealach
ná stól ná canna,   10
ná súgán féir,
ná ní faoin ngréin;
tá an mada chomh socair
nach labharfaidh sé focal —
ní náir dó é,   15
's maith mhúin mise é.

Tá mo mhaimí 'na codladh
's mo dhaidí á bogadh,
's ag pógadh a béil,
's ag pógadh a béil;   20
nach aoibhinn di-se
's nach trua leat mise,
'mo luí liom féin
ar chlúmh na n-éan.

83] The following is the first section from a hitherto unpublished song. (The much inferior second section, the young man's reply, is omitted.)

83

YOURSELF AND MYSELF

If you come at all
come only at night
and walk quietly
   – don't frighten me.
You'll find the key   5
under the doorstep
and me by myself
   – don't frighten me.

There's no pot in the way
no stool or can   10
or rope of straw
   – nothing at all.
The dog is quiet
and won't say a word
   – it's no shame to him: 15
     I've trained him well!.

My mammy's asleep
and my daddy is coaxing her
kissing her mouth
     and kissing her mouth.   20
Isn't she lucky!
Have pity on me
lying here by myself
     in the feather bed.

84] Tá an leagan seo den amhrán cáiliúil tírghrá seo bunaithe ar sheanamhrán grá. Sa seanamhrán ba *Róisín Dubh* ainm rúin na mná; anseo, ar ndóigh, is é an tír féin atá i gceist. Tá cneastacht agus tíriúlacht an bhunamhráin ghrá le fáil san amhrán polaitíochta.

84

RÓISÍN DUBH

A Róisín ná bíodh brón ort fár éirigh duit—
tá na bráithre ag dul ar sáile is iad ag triall ar muir,
tiocfaidh do phardún ón bPápa is ón Róimh anoir
is ní spáráilfear fíon Spáinneach ar mo Róisín Dubh.

Is fada an réim a lig mé léi ó inné go dtí inniu,   5
trasna sléibhte go ndeachas léi is faoi sheolta ar muir;
an Éirne scoith mé de léim í cé gur mór é a sruth;
is mar cheol téad ar gach taobh di a bhí mo Róisín
      Dubh.

Mhearaigh tú me, a bhradóg, is nár ba fearrde duit,
's go bhfuil m'anam istigh i ngean ort is ní inné ná
      inniu.   10
D'fhág tú lag anbhann mé i ngné is i gcruth;
ná feall orm is mé i ngean ort, a Róisín Dubh.

Shiúlfainn féin an drúcht leat is fásaigh ghoirt
mar shúil go bhfaighinn rún uait nó páirt ded thoil;
a chraoibhín chumhra, gheallais domhsa go raibh grá
      agat dom,   15
is gurb í plúrscoth na Mumhan í mo Róisín Dubh.

84] *Róisín Dubh* (Little Black Rose) is one of Ireland's most famous political songs. It is based on an older love-lyric in which the title referred to the poet's beloved rather than, as here, being a pseudonym for Ireland. The intimate tone of the original carries over into the political song.

84

LITTLE BLACK ROSE

Róisín, have no sorrow for all that has happened you:
the Friars are out on the brine, they are travelling the sea,
your pardon from the Pope will come, from Rome in the
    East,
and we won't spare the Spanish wine for my Róisín Dubh.

Far have we journeyed together, since days gone by.   5
I've crossed over mountains with her, and sailed the sea.
I have cleared the Erne, though in spate, at a single leap
– and like music of strings all about me, my Róisín Dubh.

You have driven me mad, fickle girl – may it do you no
    good!
My soul is in thrall, not just yesterday nor today.   10
You have left me weary and weak in body and mind
– o deceive not the one who loves you, my Róisín
    Dubh.

I would walk the dew beside you, or the bitter desert,
in hopes I might have your affection, or part of your love.
Fragrant small branch, you have given your word you
    love me   15
– the choicest flower of Munster, my Róisín Dubh.

Dá mbeadh seisreach agam threabhfainn in aghaidh na
    gcnoc
is dhéanfainn soiscéal i lár an aifrinn de mo Róisín Dubh;
bhéarfainn póg don chailín óg a bhéarfadh a hóighe dom
is dhéanfainn cleas ar chúl an leasa le mo Róisín Dubh.

Beidh an Éirne 'na tuilte tréana is réabfar cnoic,
beidh an fharraige 'na tonnta dearga is an spéir 'na fuil,
beidh gach gleann sléibhe ar fud Éireann is móinte ar
    crith,
lá éigin sul a n-éagfaidh mo Róisín Dubh.

85] Ainm ceana eile fós ar Éirinn is ea *Droimeann Donn Dílis'*.

85

DROIMEANN DONN DÍLIS

A dhroimeann donn dílis 's a fhíorscoth na mbó,
cá ngabhann tú san oíche 's cá mbíonn tú sa ló?
'Bímse ar na coillte 's mo bhuachaillí im chóir,
is d'fhág sé siúd mise ag sileadh na ndeor.'

'Níl fearann, níl tíos agam, fíonta ná ceol,   5
níl flaithibh im choimhdeacht, níl saoithe ná sló,
ach ag síor-ól an uisce go minic sa ló
agus beathuisce 's fíon ag mo naīmhdibh ar bord.'

Dá bhfaighinnse cead aighnis nó radharc ar an gcoróin,
Sacsanaigh do leadhbfainn mar do leadhbfainn
    seanbhróg,   10
trí bhogaithe, trí choillte 's trí dhraighneach lá ceo,
agus siúd mar a bhréagfainn mo dhroimeann donn óg.

If I had six horses I would plough against the hill—
I'd make Róisín Dubh my Gospel in the middle of Mass—
I'd kiss the young girl who would grant me her
    maidenhead
and do deeds behind the *lios* with my Róisín Dubh!

The Erne will be strong in flood, the hills be torn,
the ocean be all red waves, the sky all blood,
every mountain valley and bog in Ireland will shake
one day, before she shall perish, my Róisín Dubh.

85] *Droimeann donn dílis* ('Beloved brown white-backed cow') is
a pseudonym for Ireland.

85

MY DEAR DROIMEANN DONN

"My dear Droimeann Donn, o choicest of cows,
where go you at night, and where are you by day?"
"I wander the woods with my herd-boys beside me
—and that's what has left me so, shedding down tears.

"I've no land and no home, no music or wine,   5
no princes to guard me, no scholars or troops,
only water to drink every hour of the day
with whiskey and wine on my enemies' table."

"Give me license to fight, or one look at the Crown,
and Saxons I'd clout as I'd clout an old shoe   10
through marshes, through woods, through thorn-trees
    in the mist
—and that's how I'd cherish my dear Droimeann Donn!"

86] Is sampla é an t-amhrán seo den mbailéad idirnáisiúnta (*The Unquiet Grave*). Ní mór in aon chor na bailéid idirnáisiúnta atá le fáil sa Ghaeilge.

86

CÉ SIN AR MO THUAMA?

Ise:	'Cé sin ar mo thuama
	nó an buachaill den tír tú?'
Eisean:	'Dá mbeadh barr do dhá lámh agam
	ní scarfainn leat choíche.'
Ise:	'A áilleáin agus a ansacht,
	ní ham duitse luí liom—
	tá boladh fuar na cré orm,
	dath na gréine is na gaoithe.'

5

Eisean:	'Tá clog ar mo chroí istigh,
	atá líonta le grá duit,
	lionndubh taobh thíos de
	chomh ciardhubh le hairne'.
Ise:	'Má bhaineann aon ní duit
	is go gcloífeadh an bás tú,
	beadsa im shí gaoithe
	romhat thíos ar na bánta.'

10

15

Eisean:	'Nuair is dóigh le mo mhuintir
	go mbímse ar mo leaba,
	ar do thuama a bhím sínte
	ó oíche go maidin,
	ag cur síos mo chruatain
	is ag crua-ghol go daingean,
	trí mo chailín ciúin stuama
	do luadh liom 'na leanbh.'

20

86] This song is a standard international ballad type (The Unquiet Grave*). There are very few standard ballads to be found in Irish.

* *English and Scottish Popular Ballads*, F. J. Child, No. 78.

86

WHO IS THAT ON MY GRAVE?

She:	'Who is that on my grave?
	A young man of this place?'
He:	'Could I touch your two hands
	I would never let go.'
She:	'My darling and sweet one 5
	this is no time to lie here:
	I smell of cold earth,
	I am sun- and wind-coloured.'

He:	'There's a sore on this heart
	that is full of your love, 10
	and a dark mood beneath it
	jet-black as the sloe.'
She:	'But if anything threatens
	and death overcomes you
	a wind-gust I'll be 15
	on the fields out before you.'

He:	'When my people imagine
	that I'm in my bed
	I am stretched on your grave
	from night until morning, 20
	recounting my woes
	crying cruel and hard
	for the gentle wise girl
	promised mine as a child.'

Ise: 'An cuimhin leat an oíche úd   25
a bhíos-sa agus tusa
ag bun an chrainn droighnigh
is an oíche ag cur cuisne?
Céad moladh le hÍosa
nach ndearnamar an milleadh,   30
is go bhfuill mo choróin mhaighdeanais
'na crann soillse os mo choinne.'

Eisean: 'Tá na sagairt is na bráithre
gach lá liom i bhfearg
de chionn a bheith i ngrá leat,   35
a Mháire, is tú marbh.
Dhéanfainn foscadh ar an ngaoith duit
is díon duit ón bhfearthainn,
agus cumha géar mo chroí-se
tú a bheith thíos ins an talamh.   40

'Tabhair do mhallacht dod mháithrín
is áirighse t'athair,
is a maireann ded ghaolta
go léireach 'na seasamh,
nár lig dom tú a phósadh   45
is tú beo agam id bheatha,
is ná hiarrfainn mar spré leat
ach mo léintín a ghealadh.'

She: 'Remember that night   25
            when yourself and myself
         were under the thorn
            and the night it was freezing?
         Hundred praises to Jesus
            we committed no harm   30
         and my virginal crown
            is a bright light before me.'

He: 'The priests and the friars
            are vexed every day
         for my loving you, Mary,
            although you are dead.   35
         I would shield you from wind
            and guard you from rain;
         O my heart's bitter sorrow
            you are down in the earth.

         'Give my curse to your mother   40
            and the same to your father
         and all your relations
            left standing alive
         who hindered our marriage
            while I had you in life   45
         – I who'd ask no more dowry
            than to launder my shirt.'

87

MÁIRE NÍ MHAOILEOIN

'An dtiocfaidh tú a bhuaint aitinn liom
    a Mháire Ní Mhaoileoin?'
'do thiocfainn is á cheangal leat,
    a chuid den tsaol is a stóir!'
'rachainn féin chun aifrinn leat,   5
is ní le grá do m'anam é,
ach le fonn bheith ag amharc ort,
    a ógánaigh óig.'

'An dtiocfair don ghairdín liom
    a phlúr na mban óg?'   10
'créad do bheimis ag déanamh ann,
    a chuid den tsaol is a stóir?'
'ag buaint úlla de bharr géagáin,
mar mbí bric ar loch ag léimnigh,
is cailín deas le bréagnadh,   15
    mar Mháire Ní Mhaoileoin.'

'An dtiocfaidh tú don teampall liom,
    a Mháire Ní Mhaoileoin?'
'créad do bheimis ag iarraidh ann,
    a chuid den tsaol is a stóir?'   20
'ag éisteacht le cantaireacht
na ministrí bán galltacha,
is go gcríochnóimis an cleamhnas ann,
    a phlúr na mban óg!'

87

MÁIRE NÍ MHAOILEOIN

'Will you come cutting furze with me,
     Máire Ní Mhaoileoin?'
'I will, and tie it up with you,
     my treasure and my share.
And I will go to Mass with you   5
and not because I love my soul
but eager to be watching you,
     my young man, so young!'

'Will you come to the garden with me,
     flower among girls?'   10
'And what would we be doing there,
     my treasure and my share?'
'Picking apples from the branch-tops
while the trout leap on the lake
—with a nice girl to coax there   15
     like Máire Ní Mhaoileoin.'

'Will you come to the churchyard with me,
     Máire Ní Mhaoileoin?'
'And what would we be wanting there,
     my treasure and my share?'   20
'To listen to the chanting
of the white foreign clergy
and settle up our match there,
     o flower among girls.'

---

* *An Grá in Amhráin na nDaoine,* S. Ó Tuama, p.323

Do thug mé chun an teampaill í,   25
  mo chuid den tsaol is mo stór;
do thug mé chun an teampaill í,
  mo chreach is mo mhíle brón!
do tharraing mé mo scian,
do thug mé sá faoin gcíoch di   30
is do léig mé fuil a croí léi
  go hiallacha a bróg!

'Créad é seo tá tú a dhéanamh,
  a chuid den tsaol is a stóir?
och! créad é seo tá tú a dhéanamh,   35
  a ógánaigh óig?
léig m'anam liom den scríb seo,
  is ní éileoidh mé choíche arís tú,
och! siúlfad na seacht ríochta
  le do leanbh beag óg.'   40

Thug mise don Mhumhain í,
  mo phlúr na mban óg,
thug mise don Mhumhain í,
  mo chreach, is mo mhíle brón;
do bhuain mé díom mo chóta,   45
mo stocaí is mo bhróga,
is d'éalaigh mé san gceo
  ó Mháire Ní Mhaoileoin.

I took her to the churchyard,
  my treasure and my share,
I took her to the churchyard,
  my ruin and thousand griefs!
And I drew out my knife,
gave a thrust beneath her breast
and let her heart's blood loose
  to the laces of her shoes.

'What is that you're doing,
  my treasure and my share?
O what is that you're doing,
  my young man, so young?
Spare my soul this one time
and I'll ask for nothing ever.
O I'll walk the seven kingdoms
  with your little infant child.'

I carried her to Munster,
  my flower among girls,
I carried her to Munster,
  my ruin and thousand griefs.
My coat I did remove
and my stockings and my shoes
and I stole off in the mist
  from Máire Ní Mhaoileoin.

88] Ní gnách gur i bhfoirm bailéid a bhíonn an scéal atá á aithris anseo. Tá an téama le fáil, áfach, sa scéalaíocht phróis idirnáisiúnta.

88

AN CAILÍN DEAS DONN

'Is cailín ag baint luachra
  an cailín deas donn!'
'Ó, is ea agus í in uaigneas!'
  adúirt sí liom.

'Cá gceanglód mo ghearrán,   5
  a chailín deas donn?'
'Ní raibh claí riamh gan stocán!'
  adúirt sí liom.

'Tá fear ar an gcnocán,
  a chailín deas donn,'   10
'Ní raibh cnoc riamh gan préachán!'
  adúirt sí liom.

'N'fheadar cá luigheam,
  a chailín deas donn?'
'Ní raibh claí riamh gan díog air!'   15
  adúirt sí liom.

'Cé oilfidh do pháistín,
  a chailín deas donn?
'Ó, oilfidh mo mháithrín!'
  adúirt sí liom.   20

88] The story recounted here is not generally found in ballad form but is a standard international type of prose tale.*

88

THE PLEASANT BROWN MAID

'That maid pulling rushes
   there's a pleasant brown maid!'
'O yes, and she's lonely',
   said she to me.

'Can I tie up my gelding,   5
   my pleasant brown maid?'
'There's no ditch without stake',
   said she to me.

'That's a man on the hillock,
   my pleasant brown maid.'   10
'Never hill without crow',
   said she to me.

'Where shall we settle,
   my pleasant brown maid?'
'Never ditch without dike',   15
   said she to me.

'Who'll look after your baby,
   my pleasant brown maid?'
'My mother will mind it',
   said she to me.   20

---

* *Motif Index of Folk Literature,* Stith Thompson, (H 51, H 310.2, etc.).

'Raibh riamh 'gat aon deartháir,
a chailín deas donn?
'Bhí aon deartháir amháin',
adúirt sí liom.

'Cá ndeachaigh do dheartháir,   25
a chailín deas donn?'
'Chuaigh sé 'na hoileáin',
adúirt sí liom.

'An n-aithneofá do dheartháir,
a chailín deas donn?'   30
'D'aithneoinn ach é a fheiceáil',
adúirt sí liom.

'Cén comhartha bhí ar do dheartháir,
a chailín deas donn?'
'Bhí ball odhar ar a chliathán',   35
adúirt sí liom.

'Mise féin do dheartháir,
a chailín deas donn!'
'Ná raibh tú saolach ná slán!'
adúirt sí liom.   40

'Had you ever a brother,
  my pleasant brown maid?'
'One brother I had',
  said she to me.

'And where did he go,   25
  my pleasant brown maid?'
'He went off to the islands',
  said she to me.

'Do you think you would know him,
  my pleasant brown maid?'   30
'I'd know if I saw him',
  said she to me.

'What marks had your brother,
  my pleasant brown maid?'
'On his side a brown birth-mark',   35
  said she to me.

'Myself am your brother,
  my pleasant brown maid!'
'Short life and bad health!'
  said she to me.   40

89] Is amhrán é *Risteard Ó Bruineann* de chineál an *pastourelle* meánaoiseach. Sa saghas seo amhráin buaileann duine uasal le banaoire nó le cailín bocht tuaithe agus eachtraíonn sé dúinn go minic conas mar a rug sé an lá leis. Níl aon chuid den ghnáthstíl scéalaíochta anseo, áfach (ná in Uimh. 86, 87, 88): ar an agallamh fileata atá brath an fhile go hiomlán chun a scéal a chur i dtuiscint dúinn.

Bailíodh an leagan seo ó Thomás Ó Criomhthain.

89

RISTEARD Ó BRUINEANN

Eisean: 'Móra mór ar maidin duit, a spéirbhean
   chiúin!
nach socair mar a chodlann tú is mé go
   dubhach;
pé acu fortún nó mífhortún atá os ár gcionn,
ceartaigh ort do cheaisiomar agus beam ar
   siúl.'

Ise: 'Fios d'ainme is do shloinne dom féin ar
   dtús,   5
ar eagla gur mo mhealladh do dhéanfaidh tú;
bábán dá mbeadh eadrainn agus go n-imeofá ar
   siúl,
bheadh mo charaidse in earraid liom go dtéad in
   úir.'

Eisean: 'Fios m'ainme is mo shloinne duit féin, a rún,
gur mé Risteard Ó Bruineann ó Chlár geal
   Mumhan;   10
tá caisleáin arda geala agam is mé ag teacht ag
   téarnamh chūghat,
agus iníon Ridire na Coille Glaise ag fáil bháis
   dom chumha.'

89] *Risteard Ó Bruineann* is a song of the medieval *pastourelle* type, in which a noble gentleman has a love encounter with a poor country girl or shepherdess, and usually has his will. There are none of the usual narrative verses here, or in the ballad type poems (86, 87, 88), the dialogue serving to tell the whole story.

This version was collected from Tomás Ó Criomhthain, author of *An tOileánach* (The Islandman).

89

RISTEARD Ó BRUINEANN

He: 'A fine salute this morning to you, my lady mild!
and isn't it content you sleep and I cast down?
Let fortune or misfortune be waiting up ahead,
settle your cashmere on you and we'll be on our way'.

She: 'Firstly, I would rather know your name and family   5
for fear it's your intention only to deceive.
If we made a babe together and then you took your leave
my friends would be against me till I went to my grave.'

He: 'My love, here's my name and family for you:
I am Risteard Ó Bruineann from bright Clare in
   Munster.   10
I have high white castles, and I come to you for care
though the Knight of Coill Ghlas' daughter is dying for
   my sake.'

Ise: 'Má tá caisleáin arda geala agat agus teacht iarlaí
            chūghat,
         gheobhaidh tú spéirbhean chiúin chailce agus na
            céadta punt;
         níl airgead ag m'athair-se ná punt 'na láimh,
         is níor chleachtaíomar talamh ná tiarnas a fháil.'

Eisean: 'Cleachtóirse talamh agus tiarnas fós,
         cleachtóir fíon dearg á riaradh ar bord,
         cleachtóir hallaí geala 'na mbeidh rince agus
            ceol,
         cleachtóir luí i leaba a mbeidh a trian 'na hór.'

Ise: 'Sin rud nár chleachtaíos-sa féin riamh fós,
         níor chleachtaíos-sa fíon dearg á riaradh ar
            bord,
         níor chleachtaíos-sa hallaí geala 'na mbeadh
            rince agus ceol,
         agus níor chleachtaíos luí i leaba 'na mbeadh
            clúmh ná ór.'

Eisean: 'Chuirfinn faisean ort ná feacaís id dhúiche fós, 25
         chuirfinn *halfcock* go hard ort agus muislín go leor,
         bróga arda de leathar Spáinneach agus búclaí óir,
         is ní náire liom á rá liom gur tusa mo stór.

         Chuirfinn ór ar do chóiste ins an tír seo thiar,
         lásaí óir ar do chlóca bheadh idir tusa agus an
            ghrian . . . .'   30
Ise: 'A stóir ghil níl gnó agat a bheith im mhealladh
            níosa shia,
         mar táim breoite tinn ró-lag id dheascaibh le
            bliain.'

She: 'If you have high white castles and earls to call upon you
you could have a pale mild lady and hundreds of pounds.
My father has no money – not a pound in his hand –
and we are not accustomed to lordship or to land.'

He: 'Soon you'll be accustomed to lordship and to land
and you will be accustomed to red wine served at table
and you will be accustomed to bright halls, dance and
music
and you will be accustomed to a bed one third of
gold.'   20

She: 'Now that's a thing I never was accustomed to till now!
I never was accustomed to red wine served at table
and I never was accustomed to bright halls, dance and
music
and I never was accustomed to a bed of down or gold.'

He: 'I'll dress you up in fashions never seen here before, 25
with a 'half-cock' high upon you and muslin in plenty,
high shoes in Spanish leather and buckles made of gold
and never will I be ashamed to say you are my love.

I'll gild you a coach, out here in the West;
gold laces on the cloak between you and the sun . . . .'

She: 'Bright treasure, there's no need to entice me any more
for I'm sick, weak and weary for a year for want of you!'

90] In aice le Cluain Meala, Co. Thiobraid Árann, a bhí Cill
Chais, cúirt inar mhair géag de na Buitléaraigh go dtí amach
san 18ú céad. Is fiú a lua gur bean de na Buitléaraigh seo a bhí
pósta le Sir Vailintín Brún (féach Uimh. 52), an tráth a raibh
Aogán Ó Rathaille in earraid go géar leis.

90

CILL CHAIS

Cad a dhéanfaimid feasta gan adhmad?
   Tá deireadh na gcoillte ar lár;
níl trácht ar Chill Chais ná ar a teaghlach
   is ní bainfear a cling go bráth.
An áit úd a gcónaíodh an deighbhean   5
   fuair gradam is meidhir thar mhnáibh,
bhíodh iarlaí ag tarraingt tar toinn ann
   is an t-aifreann binn á rá.

Ní chluinim fuaim lachan ná gé ann,
   ná fiolar ag éamh cois cuain,   10
ná fiú na mbeacha chun saothair
   thabharfadh mil agus céir don tslua.
Níl ceol binn milis na n-éan ann
   le hamharc an lae a dhul uainn,
ná an chuaichín i mbarra na ngéag ann,   15
   ós í chuirfeadh an saol chun suain.

Tá ceo ag titim ar chraobha ann
   ná glanann le gréin ná lá,
tá smúid ag titim ón spéir ann
   is a cuid uisce go léir ag trá.   20
Níl coll, níl cuileann, níl caor ann,
   ach clocha is maolchlocháin,
páirc an chomhair gan chraobh ann
   is d'imigh an géim chun fáin.

90] *Cill Chais* (Kilcash) was the great house of one of the branches of the Butlers near Clonmel, Co. Tipperary, until well into the eighteenth century. A woman of this Butler family was married to Sir Valentine Browne (see poem no. 52) at the time of Aogán Ó Rathaille's bitter disagreement with him.

90

CILL CHAIS

Now what will we do for timber,
   with the last of the woods laid low?
There's no talk of Cill Chais or its household
   and its bell will be struck no more.
That dwelling where lived the good lady   5
   most honoured and joyous of women
—earls made their way over wave there
   and the sweet Mass once was said.

Ducks' voices nor geese do I hear there,
   nor the eagle's cry over the bay,   10
nor even the bees at their labour
   bringing honey and wax to us all.
No birdsong there, sweet and delightful,
   as we watch the sun go down,
nor cuckoo on top of the branches   15
   settling the world to rest.

A mist on the boughs is descending
   neither daylight nor sun can clear.
A stain from the sky is descending
   and the waters receding away.   20
No hazel nor holly nor berry
   but boulders and bare stone heaps,
not a branch in our neighbourly haggard,
   and the game all scattered and gone.

Anois mar bharr ar gach míghreann,   25
  chuaigh prionsa na nGael thar sáil,
anonn le hainnir na míne
fuair gradam sa bhFrainc is sa Spáinn.

Anois tá a cuallacht á caoineadh,
  gheibheadh airgead buí agus bán;   30
's í ná tógfadh seilbh na ndaoine,
  ach cara na bhfíorbhochtán.

Aicim ar Mhuire is ar Íosa
  go dtaga sí arís chūghainn slán,
go mbeidh rincí fada ag gabháil timpeall,   35
  ceol veidhlín is tinte cnámh;
go dtógtar an baile seo ár sinsear
  Cill Chais bhreá arís go hard,
is go bráth nó go dtiocfaidh an díle
  ná feictear é arís ar lár.   40

91] Tuigtear de ghnáth gurb amhrán é *Príosún Chluain Meala* a
bhaineann le aimsir na dtrioblóidí talún sa dara leath den 18ú
céad nuair a bhí na Buachaillí Bána i mbarr a nirt. Tá
leaganacha de roinnt de na véarsaí, ámh, le fáil i ndán dar dáta
c. 1754.*

91
PRÍOSÚN CHLUAIN MEALA

Ó, bliain 's an lá amárach
  'sea d'fhágas an baile,
ag dul go hArd Pádraig
  'cur lásaí lem hata:
bhí Buachaillí Bána ann   5
  is rás acu ar eallaigh —
is mé go dubhach uaigneach
  i bpríosún Chluain Meala.

* Féach *Cois na Ruachtaighe,* R. Ó Foghludha, Uimh. 40.

Then a climax to all of our misery: 25
   the prince of the Gael is abroad
oversea with that maiden of mildness
   who found honour in France and Spain.

Her company now must lament her,
   who would give yellow money and white   30
—she who'd never take land from the people
   but was friend to the truly poor.

I call upon Mary and Jesus
   to send her safe home again:
dances we'll have in long circles   35
   and bone-fires and violin music;
that Cill Chais, the townland of our fathers,
   will rise handsome on high once more
and till doom – or the Deluge returns –
   we'll see it no more laid low.   40

91] This is reputedly a song from the time of the agrarian troubles in the second half of the eighteenth century, when the Whiteboys were engaged in intimidating landlords. A few of the verses, however, appear in substantially the same form in a poem dated c. 1754.

91

THE JAIL OF CLONMEL

   O it's one year tomorrow
   my home I deserted
   and went to Ard Pádraig
   my hat done in laces.
   The Whiteboys were there   5
   tormenting the cattle
   —now I'm grieving and lonely
   in the jail of Clonmel.

Tá mo shrian is mo dhiallait,
ar iasacht le fada,   10
mo chamán ar fiaradh
faoi iarthar mo leapa,
mo liathróid á bualadh
ag buachaillí an ghleanna —
is go mbuailfinn poc báire   15
chomh hard leis na fearaibh!

A Chiarraígh, bídh ag guí liom,
is bog binn liom bhur nglórtha,
is beag a shíleas-sa choíche
ná fillfinnse beo oraibh —   20
's go mbeidh ár dtrí cinn-ne
ar thrí spící mar sheó acu,
faoi shneachta na hoíche
is gach síon eile 'á ngeobhaidh chughainn.

Go hUíbh Ráthach má théann tú,   25
beir scéala go dtí mo mhuintir
go bhfuilim daor ar an bhfód seo
is nach bhfuil beo agam ach go hAoine.
Bailídh gléas tórraimh
agus cónra bhreá im thimpeall —   30
sin críoch ar Ó Dónaill
is go deo deo bídh ag guí leis.

My bridle and saddle
are loaned out a long time,   10
my hurley is slanted
in under the bed,
my ball hit about
by the boys of the valley
—I who'd hit a goal-puck   15
as high as the next!

Kerrymen, pray for me.
I love your soft voices,
nor thought I would never
return to you living.   20
But our three heads will soon
be on spikes for a show
in the snows of the night
and all weathers that come.

If you go to Uíbh Ráthach   25
take the news to my people
I'm condemned on this sod
and won't live beyond Friday.
Get the things for my wake
and a fine coffin round me   30
—here's and end of Ó Dónaill
and pray for him always.

92] Tráchtann *Liam Ó Raghallaigh* ar dhólás mná óige ar bádh a
fear – ar chósta Mhaigh Eo, is é is dóichí – ar lá a bpósta. De réir
an tseanchais bhí an fear céile agus páirtithe leis ag breith an
tsagairt abhaile ón oileán ar a raibh an pósadh, nuair a chuaigh
an bád go tóin poill.

92

LIAM Ó RAGHALLAIGH

Is an cuimhneach libh an lá úd
a raibh an tsráid seo lán de mharcaigh,
ag sagairt 's ag bráithre
's iad ag trácht ar mo bhainis;
bhí an fhidil ar clár ann   5
is bhí an chláirseach á spreagadh,
is bhí triúr de na mná bána
le haghaidh mo ghrá-sa a chur ina leaba.

I mo bhaintreach is i mo mhaighdean
'sea fágadh mé go hóg,   10
agus aithris do mo mhuintir
gur bádh mo mhíle stór;
dá mbeinn-se sa mbád an lá sin
is mo dhá láimhín a bheith ar an scód,
dar m'fhocal duit, a Bhean Uí Raghallaigh,   15
gur deas mar a leigheasfainn do bhrón.

'S ní hionadh scéal cráite
bheith ag do mháithrín ná ag d'athair,
ná ag banaltra na gcíocha bána
bhíodh ag trácht ort is tú i do leanbh;   20
ní áirím do bhean phósta
nár chóirigh riamh do leaba,
's ó chuaigh tú 'na trá an lá sin
mo léan gur sháraigh leat a theacht abhaile.

334

92] *Liam Ó Raghallaigh* tells of the grief of a young woman for her husband who was drowned on their wedding day. He and some friends were ferrying the officiating priest from their island home, possibly off the Mayo coast, to the mainland, when their boat sank.

92

LIAM Ó RAGHALLAIGH

That day do you remember
with this street full of riders
and the priests and the friars
on their way to my wedding?
The fiddle was on hand there,   5
the harp plucked with spirit
and White Women three
to get my love bedded.

A widow and virgin
I am left in my youth.   10
Go tell to my people
my treasure is drowned.
Were I, that day, aboard,
my two hands on the sheet,
I swear, a Bhean Uí Raghallaigh,   15
I'd have well cured your grief.

It is torture – no wonder –
for your mother and father,
for the white-breasted nurse
who minded you young   20
—not to mention your wife
who ne'er made your bed. . . .
That day you left shore
o you failed to return!

Tá do shúile ag na péiste   25
's tá do bhéilín ag na portáin,
's tá do dhá láimhín gheala ghléigeal'
faoi léirsmacht na mbradán;
ach cúig phunt a bhéarfainn
don té thógfadh suas mo dhíomá;   30
's nach trua sin bean aonraic–
Neilí ghléigeal Ní Shiúrdáin.

93] Amhrán ó Mhaigh Eo é seo a chuirtear i mbéal deirféar
Dhonncha Bháin. Deirtear gur crochadh Donncha toisc go
bhfuarthas ciontach (san éagóir) é i ngadaíocht capall.

93

DONNCHA BÁN

Is ar an mbaile seo chonaic sibh an t-ionadh
ar Dhonncha Bán is é á dhaoradh;
bhí caipín bán air in áit a hata
is róipín cnáibe in áit a charabhata.

Tá mé ag teacht ar feadh na hoíche,   5
mar bheadh uainín i measc seilbhe caorach,
mo bhrollach oscailte is mo cheann liom scaoilte,
is cá bhfaighinn mo dheartháirín romham ach sínte.

Chaoin mé an chéad dreas ag gob an locha,
an dara dreas ag bun do chroiche,   10
an tríú dreas os cionn do choirpse
i measc na nGall is mo cheann á scoilteadh.

Your eyes with the maggots,   25
your mouth with the crabs
and your two small white hands
in the power of the salmon.
Five pounds I'd award
to the one who'd console me.   30
Alas that lone woman
fair Neilí Ní Shiúrdáin!

93] The following song, is of Mayo origin. The crime for which
Donncha Bán was unjustly hanged is said to have been horse-
stealing.

93

FAIR DONNCHA

It was here in town that you saw a wonder
on Donncha Bán as he was sentenced;
in place of a hat a cap of white
and for cravat a hempen rope.

All through the night I have made my way   5
like a little lamb through droves of sheep,
my bosom open and my hair let loose
to find my brother stretched before me.

By the top of the lake I mourned the first time,
the second time at your gallows' foot,   10
and then a third time above your corpse
amid the stranger, with my head splitting.

Dá mbeifeá agamsa san áit ar chóir duit,
thíos i Sligeach nó i mBaile an Róba,
bhrisfí an chroch, ghearrfaí an rópa,   15
is ligfí Donncha Bán abhaile ar an eolas.

'S a Dhonncha Bháin, níorbh í an chroch ba dhual duit,
ach dul chun an sciobóil is d'easair a bhualadh,
an céachta a iompó deiseal is tuathal
's an taobh dearg den bhfód a chur in uachtar.   20

A Dhonncha Bháin, a dheartháirín dílis,
is maith atá a fhios agam siúd a bhain díom tú –:
ag ól an chupáin, ag deargadh an phíopa,
's ag siúl an drúchta i gcoim na hoíche.

A Mhic Uí Mhultháin, a sciúirse an mhí-áidh,   25
ní lao bó bradaí a bhí i mo dheartháir,
ach buachaillín cruinn deas ar chnoc 's ar chnocán
a bhainfeadh fuaim go bog binn as camán.

'S a Dhonncha Bháin, nach é sin an buaireamh
's a fheabhas 's d'iomprófá spoir agus buatais;   30
chuirfinn éadach faiseanta ort den éadach ba bhuaine
is chuirfinn amach tú mar mhac duine uasail.

A Mhic Uí Mhultháin, ná raibh do chlann mhac i
       bhfochair a chéile,
ná do chlann iníon ag iarraidh spré ort! –
tá dhá cheann an bhoird folamh, 's an t-urlár
       líonta,   35
is Donncha Bán, mo dheartháirín, sínte.

Tá spré Dhonncha Bháin ag teacht abhaile,
is ní ba, caoirigh, í ná capaill,
ach tobac is píopaí is coinnle geala,
is ní á mhaíomh é ar lucht a gcaite.   40

If I had you back where you belong,
down in Sligo or in Ballinrobe,
they'd smash the gallows and cut the rope   15
and send Donncha home by the way he knows.

O Donncha Bán, you weren't meant for hanging
but to tend your barn and to thresh the corn
and turn your plough to right and left
and lift the sod with the red side up.   20

O Donncha Bán, my dearest brother,
it is well I know what lured you from me:
the drunken cup and the burning pipe
and walking the dew in the depth of night.

And you, Ó Multháin, misfortune's scourge,   25
no bad cow's calf my brother was,
but an upright youth on hill and mountain
drawing sound from a hurley, soft and sweet.

And, Donncha Bán, is it not a heartbreak
—how well you wore the boots and spurs!   30
I'd dress you in fashions of cloth enduring
and send you out like a great man's son.

Your sons, Ó Multháin, be they ever scattered,
may your daughters never require a dowry!
The floor is crowded, the table-ends empty   35
and Donncha Bán, my brother, laid out.

Donncha's dowry is on its way here
—and it isn't cattle or sheep or horses
but tobacco, pipes and candles bright
and I don't begrudge their use to all.   40

94] Tá mórán leaganacha bailithe i gCúige Mumhan de scéal a thráchtann ar phrionsa nó ar dhuine uasal dathúil, darbh ainm Seán Mac Séamais, a d'fhuadaigh Clíona, banríon na síóg. Tá véarsaí le fáil coitianta tríd an scéal, agus tugaimid anseo blogh bheag as na véarsaí bearnaithe sin mar a dtarlaíonn briatharchath idir Clíona agus leannán Sheáin, banphrionsa atá le seacht mbliana chrua á chuardach san uaigneas. Impíonn an banphrionsa ar Chlíona é a scaoileadh saor; ní chreideann Clíona gur banphrionsa atá i ngleic léi.

94

As: SEÁN MAC SÉAMAIS

Clíona: Dá mba iníon rí tú—agus ní hea in aon chor —
do bheadh gruaig do chinn síos 'na slaod leat,
fáinní óir ar gach méir ded mhéara
agus banda an rí faoid mhuineál gléasta.

An Banphrionsa: Dá dtugthá-sa seacht mbliana ar na craobhacha,
ag síorshiúl corraithe agus sléibhte,
gan de shlí bheatha agat ach fairis na héana,
biolar na Siona agus an t-uisce mar bhéile,
gan de chuideachta agat lá buí gréine
ach an broc ón bhfaill agus an coileán
        faolchon! . . .   10
Do stracadar na drisleacha an leathar dem
    ghéaga
agus do loit an ghrian dhá dtrian mo scéimhe,
agus is measa liom sin ná fáinní Éireann. . . .

94] Numerous fragmentary versions have been collected in
Munster of a tale in prose and verse which tells of a handsome
prince or nobleman called *Seán Mac Séamais* (John son of James)
who was abducted by *Clíona*, a queen of the *sí*. In the following
short extract *Seán's* distraught lover – a princess who has
suffered great hardship in her seven years' search for him –
pleads with *Clíona,* in a poetic contest, for his release. *Clíona*
refuses to believe that her opponent is a princess.

94

from: SEÁN MAC SÉAMAIS

Clíona: Were you a king's daughter (but that you are not)
           the hair of your head would come down in a shea
           you'd have golden rings on all your fingers
           and king's neckband fixed round your neck.

The Princess: If you had passed seven years in the branches,
           walking at all times marsh and mountain,
           with no way of life but to be with the birds,
           with meals of Shannon cress and water
           and no company, on a sun-gold day,
           but the cliff-badger and the wolf's pup . . . !
           Briars tore the leather off my limbs,
           the sun has spoiled two-thirds of my
                   looks
           and that's more to me than the rings of
                   Ireland. . . .

95] Sa suantraí álainn seo, is dócha nach focail áiféise go bunúsach iad 'deirín dé'. D'úsáidtí na focail i gcluiche leanaí: bhíodh an bua sa chluiche, dealraíonn sé, ag an leanbh is déanaí a mbeadh rian deataigh (i.e. 'deirín dé') ag teacht ón gcipín ar lasadh ina lámh.

95

DEIRÍN DÉ

Deirín dé, deirín dé,
tá an gabhar donn ag labhairt sa bhfraoch;
deirín dé, deirín de,
tá na lachain ag screadaigh sa bhféith.

Deirín dé, deirín dé,   5
gheobhaidh ba siar le héirí an lae,
deirín dé, deirín dé,
is rachaidh mo leanbh á bhfeighilt ar féar.

Deirín dé, deirín dé,
éireoidh gealach is rachaidh grian fé;   10
deirín dé, deirín dé,
is tusa mo leanbh is mo chuid den tsaol.

Deirín dé, deirín dé,
tá nead smólaí im chóifrín féin;
deirín dé, deirín dé,   15
tá, agus ór dom stóirín féin.

Deirín dé, deirín dé,
ligfead mo leanbh ag piocadh sméar,
deirín dé, deirín dé,
ach codladh go sámh go fáinne an lae.   20

95] In this lovely lullaby, the nonsense refrain *'deirín dé'* probably had the original meaning of a last wisp of smoke, from a children's game where the players held burning sticks until one of them produced the last wisp of smoke.

95

DEIRÍN DÉ

Deirín dé, deirín dé,
the brown goat calling in the heather,
deirín dé, deirín dé,
the ducks are squawking in the marsh.

Deirín dé, deirín dé,   5
cows go West at dawn of day,
deirín dé, deirín dé,
and my babe will mind them on the grass.

Deirín dé, deirín dé,
moon will rise and sun will set,   10
deirín dé, deirín dé,
and you are my babe and share of life.

Deirín dé, deirín dé,
a thrush's nest in my little press,
deirín dé, deirín dé,   15
yes, and gold for my little darling.

Deirín dé, deirín dé,
I'll let my babe out picking berries,
deirín dé, deirín dé,
if he'll just sleep sound till the round of day.   20

96] Tá mallachtaí den saghas seo le fáil i bhfad siar sa traidisiún liteartha agus sa traidisiún béil (féach *Uimh.* 56, 62, 93).

96

MALLACHT NA BAINTRÍ

A Ghearailt ghéir an gháire ghreanta,
fásach go raibh go tairseach do gheata,
driseog is a dhá cheann sa talamh,
loch uaine ar uachtar do halla,
nead an tseabhaic i bpoll an deataigh,   5
agus fail na ngabhar ag ceann do leapa,
mar do bhain tú díom an mac 's an t-athair,
bhain tú díom an dá bhó dhéag 's an tarbh —
is oidhreacht nár fhaighe d'oidhre-se, a
Ghearailt!

97] Tá na céadta paidreacha rithimiúla bailithe ó bhéalaithris: paidreacha a bhaineann le deabhóidí Críostaí áirithe, le teagasc, nó le hócaidí faoi leith. I gcás roinnt acu, áfach — go speisialta i gcás na bpaidreacha a deirtí mar chosaint ar an ndainséar nó mar chabhair i ngnáthchúrsaí an lae — is léir go n-eascraíonn siad ó orthaí réamh–Chríostaí.

97

PAIDREACHA AGUS ORTHAÍ

Do Chríost

A Íosa, a Íosa, coimeád na caoire
ar na gleannta míne agus ar na móinéir chaoine.
Ní tinneas chun báis ach tinneas chun sláinte
a bheith tinn le grá duit, a Rí na páirte.

96] Maledictory verse of this kind has a long history in both the literary and folk traditions (see poems nos. 56, 62, 93).

96

THE WIDOW'S CURSE

Gerald the Bitter, with your polished smile,
may all be desert up to your door,
two-headed brambles infest your land
with a lake of green all over your hall,
a hawk's nest at your chimney-hole   5
and a goat's den at the head of your bed
—for you took my son and you took his father,
you took my dozen cows and the bull.
Your heir, Gerald, may he never inherit!

97] Many hundreds of rhythmical prayers – devotional, doctrinal, occasional – exist in the Irish folk tradition. Some of them (in particular those invoked to avert danger or to deal with daily affairs and problems) are clearly derived from charms of the pre-Christian tradition.

97

PRAYERS AND CHARMS

To Christ

Jesus, Jesus, guard Thy sheep
in gentle valleys, meadows mild.
Not sick to death but sick to life
sick with Thy love, O cherished King.

345

Cabhair Dé

Nach iomaí marcach maith a leagadh
agus a rachadh arís ar mhuin an eich.
Mar a chuaigh mise i leith na slí,
tar, a Chríost, agus tabhair do bhreith.

Don Mhaighdean Bheannaithe

A Mhaighdean bheannaithe déan duine leat féin
    díom,
a Naomh Peadar cuir ar leabhar an Spioraid
    Naomh mé,
ón gcéad duilleog go dtí an duilleog dhéanach,
san áit nach n-iarrfaidh mé bia ná éadach,
ach solas na bhFlaitheas lasta ar gach taobh díom.
Amen sin, a Dhia ghléigil.

Do na hAingil Choimhdeachta

Aingil Dé dár gcoimhdeacht
's dár sábháil arís go fuin;
ar coimrí Dé is Mhuire,
Mhic Duach is Mhic Daire
agus Cholm Cille,
arís go fuin.

Don Tríonóid Naofa

Trí fillte in éadach 's gan ann ach aon éadach amháin,
trí ailt i méar 's gan ann ach aon mhéar amháin,
trí duilliúir i seamróg 's gan ann ach aon
    tseamróg amháin.
Sioc, sneachta, leac oighre, níl insna trí ní sin ach
    uisce,
mar sin tá trí Phearsa i nDia 's gan ann ach aon Dia
    amháin.

God's Help

Many a good horserider fell
and got on the horse's back again.
How I have travelled along the way
come O Christ and give Thy judgment.

To The Blessed Virgin

Blessed Virgin, make me one of your chosen.
Saint Peter, enter me in the book of the Holy Ghost
from the first leaf to the last,
there where I'll need no food or clothes
but the lights of Heaven lit all about me.
God of Brightness, Amen to that!

To the Guardian Angels

May God's angels guard us
and save us till day's end,
protected by God and Mary
and Mac Duach and Mac Daire
and Colm Cille
till days' end.

To the Holy Trinity

Three folds in cloth, yet there is but the one cloth.
Three joints in a finger, yet there is but the one finger.
Three leaves in a shamrock, yet there is but the one
    shamrock.
Frost, snow and ice... yet the three are only water.
Three Persons in God likewise, and but the one God.

An Nollaig

Dia do bheatha idir asal is damh gan riar,
is dia do bheathasa id Leanbh, id Fhlaith gan chiach,
is dia do bheathasa ód Fhlaithis go teach na bpian,
is dia do bheathasa id Athair, id Mhac, id Dhia.

Coisreacan na Bó

Go mbeannaí Dia duit, a bhó,
go mbeannaítear faoi dhó dod lao.
Tar, a Mhuire, agus suigh,
tar, a Bhríd, agus bligh,
tar, a Naomh Mícheál Ardaingeal
agus beannaigh an mart,
in ainm an Athar agus an Mhic agus an Spioraid
    Naomh.

Lasadh na Tine

Tógfaidh mé mo thine inniu
i láthair aingeal naofa neimhe,
i láthair Airíl is áille cruth,
i láthair Uiríl na n-uile scéimh,
gan fuath, gan tnúth gan formad,
gan eagla gan uamhan neach faoin ngréin,
agus NaomhMhac Dé dom thearmann.
A Dhé, adaigh féin i mo chroí istigh aibhleog an ghrá
dom namhaid, do mo ghaol, dom chairde,
don saoi, don daoi, don tráill,
(a Mhic Mhuire mhín ghil)
ón ní is ísle crannchuire
go dtí an t-ainm is airde.

Christmas

God's greetings to Thee, untended twixt ass and ox.
God's greetings to Thee, Child and Prince serene.
God's greetings to Thee, from Heaven to the House
    of Pain.
God's greetings to Thee, Father, Son and God.

Blessing a Cow

God bless thee, cow,
and double bless thy calf.
Come, Mary, and sit.
Come, Bridget, and milk.
Come Holy Michael Archangel
and bless this fatted cow
in the name of the Father and of the Son and of the Holy
    Ghost.

Lighting the Fire

I will build my fire today
in the presence of Heaven's holy angels
in the presence of Airíl shapely in form
in the presence of Uiríl of all the beauties
with no hatred, no envy, no jealousy,
no fear or terror of anyone under the sun
for my refuge is the Holy Son of God.
God, kindle inside my heart the spark of love
for my enemies, my kin, my friends,
for the wise, the foolish, the slave
(Son of Mary, gentle and bright)
from the thing of humblest lot
up to the loftiest name.

Coigilt na Tine

Coiglím an tine seo leis na fearta a fuair Pádraig.
Na haingil á conlach, nár spiúna aon námhaid í.
Go ndéana Dia díon dár dtigh,
dá bhfuil ann istigh,
dá bhfuil as amuigh.
Claíomh Chríost ar an doras
go dtí solas an lae amáraigh.

Ortha an Leona

Do chuaigh Críost ar an gcreig,
do leonadh cos eich;
chuir sé fuil le fuil,
feoil le feoil,
cnámh le cnámh.
Mar shlánaigh sé sin
Go slánaí sé seo.
Amen.

Ortha Seirce agus Síorghrá

Ortha a chuir Muire in im,
ortha seirce is síorghrá:
nár stada do cholainn
ach d'aire a bheith orm,
go leana do ghrá mo ghnaoi
mar leanas an bhó an lao
ón lá seo go lá mo bháis.

Banking the Fire

With the powers that were granted to Patrick I bank this
    fire.
May the angels keep it in, no enemy scatter it.
May God be the roof of our house
for all within
and all without,
Christ's sword on the door
till tomorrow's light.

A Charm for an Injury

Christ walked in a rocky place.
A steed's foot was hurt.
He put blood to blood
flesh to flesh
bone to bone.
As He healed that
may He heal this.
Amen.

A Charm for Love and Lasting Affection

The charm Mary put on the butter
is the charm for love and lasting affection:
May your body not cease
to pay me attention
may your love follow my face
as the cow follows her calf
from today till the day I die.

98

Ag Críost an síol, ag Críost an fómhar;
in iothlainn Dé go dtugtar sinn.

Ag Críost an mhuir, ag Críost an t-iasc;
i líonta Dé go gcastar sinn.

Ó fhás go haois, ó aois go bás,   5
do dhá láimh, a Chríost, anall tharainn.

Ó bhás go críoch nach críoch ach athfhás,
i bParthas na ngrás go rabhaimid.

99

A MHUIRE NA NGRÁS

A Mhuire na ngrás
's a mháthair Mhic Dé,
go gcuire tú gach tráth
ar mo leas mé.

Go sábhála tú mé   5
ar gach uile olc,
go sábhála tú mé
idir anam is chorp.

Go sábhála tú mé
ar muir is ar tír,   10
go sábhála tú mé
ar lic na bpian.

Glór na n-aingeal os mo chionn,
ola Chríost ar mo chorp,
Dia romham agus Dia liom   15
's duitse, a Íosa, m'anam bocht.

98

TO CHRIST THE SEED

To Christ the seed, to Christ the crop,
  in barn of Christ may we be brought.

To Christ the sea, to Christ the fish,
  in nets of Christ may we be caught.

From growth to age, from age to death,   5
  Thy two arms here, O Christ, about us.

From death to end – not end but growth –
  in blessed Paradise may we be.

99

BLESSED MARY

Blessed Mary
  mother of God
direct me always
  toward my good.

Rescue me   5
  from every ill
rescue me
  both body and soul.

Rescue me
  on land and sea   10
rescue me
  from the slab of pain.

Voice of angels overhead
  oil of Christ upon my body
God before me, God beside me,   15
  my poor soul, Jesus, here it is.

353

100] Tá paidir a bhfuil cosúlacht aici léi seo, *The White Pater Noster*, le fáil sa MheánBhéarla.

100

AN PHAIDIR GHEAL

Ag dul a chodladh duit smaoinigh gurb é codladh an bháis é, agus go musclóidh tú Lá an tSléibhe agus abair:-

Luím-se le Dia,
go luí Dia liom!
Scáth Dé os mo chionn,
cros na n-aingeal faoi mo chom.
Cá luífidh tú anocht?   5
Idir Muire is a Mac,
idir Bríd is a brat,
idir Colmcille is a sciath,
idir Dia is a lámh dheas.
Cá n-éireoidh tú amárach?   10
Éireoidh le Pádraig.
Cé hiad ar ár n-aghaidh?
Dhá chéad aingeal.
Cé hiad in ár ndiaidh?
An oiread seo eile de mhuintir Dé.   15
Druid na dúin faoi Ifreann,
is oscail geata Flaithis Dé;
lig an tsoilse mhór amach,
is an t-anam trua isteach.
Ó a Dhia déan trócaire orainn!   20
A Mhic na hÓighe go bhfaighe ár n-anam!

100] A prayer similar to this, *The White Pater Noster*, is found in medieval English literature.

100

THE BRIGHT PRAYER

On going to sleep, imagine that it is the sleep of death,
and that you will wake on the Day of Judgment and say:

I lie with God
may He lie with me.
God's shade above me,
an angel-girdle around my waist.
Where will you lie tonight?   5
Between Mary and her Son
between Bridget and her cloak
between Colm Cille and his shield
between God and His right hand.
Where will you rise tomorrow?   10
I will rise with Patrick.
Who are those before us?
Two hundred angels.
Who are those behind us?
The rest of God's people.   15
Close the ramparts on Hell
and open God's heavenly gate.
Let the great light out,
let the wretched soul in.
God have mercy upon us.   20
Son of the Virgin, receive our souls!

31   Pilgrims at Clonmacnoise. Pictiúr rómánsúil ón 19ú haois.

32   Turas na Cruaiche, grianghraf. Croagh Patrıck Pilgrimage.

33 Líon tí a cuireadh as seilbh, c. 1880. Eviction at Gweedore, Co. Donegal.
34 Tar éis aifrinn i scáthlán, 1867. After Mass at an open-air shelter, Co. Donegal.

35　Tomás Ó Criomhthain. (See poem No. 89).

36　Curragh from Hall's *Ireland*, 1842.

37 Peig Sayers (1873-1958), seanchaí. One of the great narrators of songs and stories.

38 An Tarlódh: 'Taking the bride home' (1842).

NOTES

No. 2	*l.* 14	*lit.* 'my name, or how my surname arose'(?)
No. 3	*l.* 8	William: the fox.
No. 6	*l.* 19	*lit.* 'jump the two patches of mud'(?)
No. 10	*l.* 3	book: probably a manuscript, and therefore valuable.
No. 11	*l.* 14	*Spain*: with the probable suggestion of Irish nobles living in exile there.
	l. 35	The O'Loughlin hill-castle (*lit.* The mound of Ó *Róigh*).
No. 13	*l.* 13	i.e. St. Patrick (son of Calpurnius).
No. 14	*l.* 22	According to medieval tradition the soldier (Longinus) who lanced the body of Christ, was blind.
No. 17	*l.* 16	*lit.* 'a little spasm of drink'.
No. 20	*l.* 5	*Fionn's* hounds.
	l. 9	the Blackbird's Son: *Fionn's* sword.
No. 20	*l.* 35	*lit.*, 'he asked (her of) the noble face'.
	*ll.*133–4	*Fionn's* father was killed by one of the dissident *Mac Morna* faction of the *Fianna*.
	l. 144	Information and foreknowledge was granted to *Fionn*, when he placed his thumb in his mouth.
No. 21	Page 65 (last stanza):	This may be a reference to the permission given to priests, in the early 17th century, to travel on horseback.
No. 22	*l.* 40	Here we amend the Irish text (*glacaidh, glacfaidh*). The original Irish text might be translated 'let You take it as recompense for the three (brutes)'.
	l. 42	*Jesus' crozier*: a crozier reputedly given by St. Patrick to his successor in Armagh. It was preserved for a period in Christ Church, Dublin, before being burned publicly during the time of the Reformation.
No. 23	*l.* 1	*Fál's* high plain: Ireland.
	l. 10	*lios* of Cobhthach: Ireland.
	l. 13	the plain of Lugh: Ireland.
	l. 14	*their rolls'*: their law-charts (entitling them to land)?

	l. 15	the dynasties of Munster.
	l. 16	i.e. the O'Neills.
	l. 17	i.e. the Fitzgeralds.
	l. 19	i.e. near the Dublin Pale, seat of English government.
	l. 21	i.e. the Earl of Desmond.
	l. 22	i.e. a branch of the Fitzgeralds.
	l. 23	i.e. colonised district in South Munster, near Youghal(?)
	l. 25	*lit:* the people of the land of *Corc* (ancient king of Munster).
	l. 28	the waves of Clíona: the Atlantic.
No. 25	*l.* 1	*the plain of Éibhear:* Ireland.
No. 26	*l.* 1	*decent man, lit.,* 'softnatured friendly person.'
	l. 2	*the spouse:* Ireland. Irish kings were imagined as being wedded to the land, hence 'spouse'.
No. 27(i)	*l.* 3	*lit.* 'I am, consequently, little enamoured of keeping vigil'.
(ii)	*l.* 4	*lit. 'the spider'.*
No. 28	*l.* 34	*lit.,* 'I consider it a question worth putting to everybody.'
	l. 36	Christian name: more likely 'surname'. The acrostic in the original possibly gives the name *'Husae'* (Hussey).
No. 29	*l.* 12	*lit.* 'a man is better than men'.
No. 32	*l.* 4	*lit.* 'by the (human) entitlement of Mary'.
No. 33	*l.* 4	*lit.,* 'of the proud refined ladies'.
	l. 5	*lit.* 'until the act of piling up that grave mound'(?)
	l. 7	*lit.* 'but their deed did not reduce your importance'.
	l. 13	*lit.* 'Of the swollen *Badhbh*', i.e. a keening fairywoman in the form of a bird, associated with certain noble families.
	l. 14	*lit.* 'the gentlewoman of pure deeds was anointed/baptised'.
	l. 15	*lit.* 'she put her family on/amongst the Dál gCais' i.e. amongst the noble families of Thomond; in this case the Aherns.

	l. 16	*lit.* 'no weak step (of advancement) for the foot in the grave'.
	l. 10–12	*lit.* 'with him I would trade a happiness/an accomplishment; I would put the price of a cloak between him and gloom'.
No. 35	*l.* 6–7	*lit.* 'satchels (of knowledge) which are not works of folly; abandoned, they should not be hidden'.
No. 36	*l.* 4	'Bloodless', lit. 'without red colour (in her countenance)'.
	l. 14	'the public road', *lit.* 'the road of goodness(?)'
No. 37	*l.* 16	alternatively (as a pun): 'and the straw's not thankful for it'(?)
	l. 27–8	Remote places.
No. 38	*ll.* 21–2	*lit.*, 'it is seldom now that anyone comes looking for my services [me], and if I were to press them on someone, his payment would be miserable [nil]'(?).
No. 43	*l.* 13	*Cathal's* nickname 'buí' (the yellow) gives him a special brotherly affinity with the yellow bittern.
	l. 23	The bittern's death was caused by Lake Vesey (Co. Cavan?) being frozen over.
No. 45	*l.* 5	*that guardian King:* Sir Nicholas Browne who (unlike his Gaelic neighbour the McCarthymore) was dispossessed of his estate after the Battle of the Boyne.
	l. 9	i.e. the McCarthymore (of Palice, Co. Kerry).
	l. 10	i.e. the Earl of Cloncarty (of Co. Cork), who was dispossessed and jailed after the Battle of the Boyne.
	l. 11	i.e. McCarthy of Kanturk, in the district of Duhallow, Co. Cork, who was an influential native figure in the first half of the seventeenth century.
	ll. 14–15	All the noble septs of Munster.
No. 46	*l.* 15	Irish text doubtful, Emended [*spallmaibh: salmaibh*), it might read: 'people engaged in noble psalms, praying'.

363

No. 49	*l.* 30	*alternatively*, 'and tears flowed into the (river) Liffey from her flushed cheeks'.
No. 50	*l.* 16	*the triple realm* i.e. England, Scotland, and Ireland.
No. 51	*l.* 11	*wife to Brian:* Ireland.
	l. 49	the Fransciscans(?)
No. 52	*l.* 3	*our Western Sun:* the McCarthymore.
	l. 6	*the gabled palace:* Kincora where *BrianBorú* lived.
	ll. 13–14	i.e. The Earl of Clancarty (who was at this time living in exile in Hamburg).
	l. 23	*the Three:* the three fates(?)
No. 53	*l.* 2	*the Book:* the Bible.
	l. 3	i.e. McCarthymore: descended from *Eoghan*, king of Munster.
	l. 12	The reference is to the Battle of the Boyne where William of Orange (the Knave) defeated King James.
	l. 16	*the Pig:* Death (frequently imagined as fatal pig/boar in Celtic mythology)?
	ll. 17–18	Lord, lit. *Goll* (which see under *People*). Sir Nicholas Browne is the hero (i.e. *Goll*) in question. He had held possession of the ancient McCarthy (and other) territories mentioned, but finally died in want.
	ll. 19–20	Sir Valentine Browne, son of Sir Nicholas, is the Lord who gives no favours. 'Near to him', i.e. to Sir Nicholas(?).
	l. 21	*Our proud royal line:* the McCarthys.
	l. 24	*the river:* the Blackwater.
	l. 26	*the dragons:* the McCarthys.
	l. 27	*this cherished champion:* Randall McCarthymore (c.1729).
No. 55	*l.* 2	*in straits:* lit. 'on mountain-ridges'(?)
No. 55	*l.* 7	*a sign of the French i.e.* help from French forces against the English colonists.
No. 56	*l.* 5	*palace of Brian:* the mansion which Dawson lived in had once been occupied by the O'Briens, descendants of BrianBorú.
No. 57	*l.* 22	*Gráinneog:* text doubtful. Read, perhaps, '*Gráinne óg*': 'young Grania' (for whom, see Note no. 59, ll. 39–40).

	l. 25	i.e. the O'Neills of Tyrone.
	l. 26	i.e. the O'Neills in the Fews district of Armagh.
No. 58	*l.* 2	The Fitzgeralds were thought to be of Greek origin.
	l. 11	An Irish tale.
	l. 26	*lit.,* 'in the pub by the stage (coach stop)'(?)
No. 59	*l.* 13	girl of the fairy-folk.
	l. 35	*The Fair-One; lit.* 'the (lady of) the limewhite skin'.
	ll. 37–8	Queen *Gormlaith*, wife of Brian Ború.
	ll. 39–40	*Gráinne*, who eloped with *Diarmaid* and was pursued by *Fionn*.
	ll. 45–8	*the bride:* Ireland.
	ll. 71–2	At this time the poet was probably on sentry duty with the British army. He may origanally have been press-ganged into service.
No. 60	*l.* 2	*poured out; lit.* 'distributed'.
	l. 18	*the land of Fáilbhe and Eoghan:* Munster.
No. 61	2nd quatrain	'Places', lit. 'dwellings', 'mansions'.
	5th quatrain	*lime-fields of Flann:* Ireland.
No. 62	*l.* 43	*Cill na Martar* was the family burial place.
	ll. 84–87	*Eibhlín* brought no dowry to her marriage partner.
	*ll.*159–60	homage traditionally thought to occur to those of noble birth.
	l. 166	This reference is obscure.
	*ll.*169–71	*the girl of twenty six: Eibhlín's* sister in Austria to whose child it is said the Empress Marie Thérèse was probably godmother.
	l. 174	*inch:* low riverside meadowland.
	l. 178	There was a tucking-mill in Carriginima.
	*ll.*193–4	i.e. the ancestral O'Leary territory.
	*ll.*209–12	It appears from the following passage that the sister's 'people' had been killed by a plague in Cork City.
	l. 249	*Servile:* alternatively 'expensive'.
	l. 275	*the smiths:* the mythical doctors of the fairy-folk.
	l. 285	*that school:* Kilcrea Abbey.

No. 63	*l.* 120	*Mór and Síle:* common names for girls.
	l. 152	*Bucks:* common -type potato.
	l. 214	Applying hot embers to a child may have been a way of discovering if it was a changeling.
	l. 237	*Crown of Craig: Craig* was the seat of Queen *Aoibheall.*
	l. 310	*twenty-one: lit.* 'the seven by three'.
	l. 331	*lads:* the clergy.
No. 63	*l.* 338	*Slashers:* the clergy.
	*ll.*339–342	The translation here—and, in particular, the interpretation of the transition from the preceding passage—is tentative. *Muireann:* common name for a girl. 'Muireanns in pants': nancy boys(?)
	l. 345	*capture him,* i.e. Brian Merriman himself.
	*ll.*346–9	ladies of the court.
	l. 359	*Éibhear's lands:* Ireland.
	l. 362	The date of the decree appears to be early 1780 (890 × 2).
No. 64	*ll.* 23–4	The boat foundered on a river.
No. 65	*l.* 5	Can also be read as 'face to the wall'.
No. 67	*l.* 1	i.e. the cemetery at *Tuar an Fhíona.*
	l. 2	*Buí-chnoc:* the family place.
No. 68	*l.* 22	*lit.,* 'in the midst of the troop'.
No. 77	*l.* 48	*lit.* 'after the theft/plunder'.
No. 78	*l.* 24	*lit.* 'I do not see him on the street/in the village or any place at all'.
No. 80	*l.* 9	A possible reference to pregnancy
No. 88	*ll.*7 and 15	'Ditch' and 'dike' are used here in the colloquial sense of the words in Ireland, reversing the normal English usage.
No. 89	*l.* 25	*here, lit.* 'in your district'.
No. 90	*l.* 23	*lit.,* 'not a bush/branch in the common workfield'(?).
No. 91	*l.* 6	The translation here is based on a tentative emendation of the Irish text (*eallaibh, eallaigh*).
No. 92	*l.* 15	Mother of *Liam Ó Raghallaigh.*
	l. 32	i.e. herself.
No. 93	*l.* 25	*Donncha Bán's* accuser.

l. 35 *the table ends empty: Donncha Bán's* corpse —
      stretched on the table — was headless(?).

No. 97   *To the Guardian Angels:* the saints mentioned are
      Irish saints of the early Christian period.

APPENDIX

IRISH WORDS IN THE ENGLISH TEXTS

For readers with no modern Irish we give a rough guide to an acceptable pronunciation of Irish words *as they occur in the English texts*. It should be understood that the guide lays no claim to being an accurate transcription. Moreover, because of variations in pronunciation at different periods and in different dialects, some arbitrary decisions have had to be taken.

The key to the symbols used is as follows:

Vowels

a	as in English fl*a*t	*a:*	as in English *awl*
a	as in English p*o*t		
i	as in English f*i*t	i:	as in English s*ee*
e	as in English b*e*t	e:	as in Spanish ol*é*
o	as in English p*u*tt	o:	as in Spanish adi*ó*s
u	as in English p*u*t	u:	as in English s*oo*n

ə for unstressed vowels as in English sof*a*.

Diphthongs

au as in English b*ou*nd
ia as in English f*ea*r
uə as in English gr*ue*l
ɔi as in English l*i*ght

Consonants

Consonants in Irish have two qualities, 'broad' and 'slender' ('palatal' and 'non-palatal'), which cannot readily be demonstrated here. We use the symbol ′ to indicate a slender consonant. For example the *c* in *coill* (ki:l′) is broad, the *c* in *cill* (k′i:l′) is slender, while the *l* in both words is slender.

369

x = *ch* as in Scottish lo*ch* (lough)
s' = *sh* as in English *sh*oot
j = *y* as in English *y*ear
y is the broad variety of the consonant *j* (or, otherwise, the voiced variety of x).

Stressed syllables are printed in bold type.

PLACES (including rivers)

Widely used English equivalents are given where identification is attested.

Abha Bheag	[**au** v'og], a river near Callan, Co. Kilkenny.
Aill na gCaor	[**al**' nə **ge:r**]
Áine	[**a:n**'i], (*Cnoc*) *Áine*, Knockainy. Co. Limerick.
Almhain	[**al**vin'], (the hill of) Allen, Co. Kildare.
Ard Pádraig	[**a:**rd **pa:d**rig'], Ardpatrick, Co. Limerick.
Baile Chláir	[**bal**'i **xla:r**'], Claregalway, Galway.
Balla	[**bal**ə), Balla, Co. Mayo.
Banba	[**ban**bə]: Ireland.
Bántsrath	[**ba:n**trah], Strabane, Co. Tyrone.
Béal Átha an Ghaorthaidh	[**b'e:l** *a*:n **ye:r**hig'], Ballingeary, Co. Cork.
Béal Trá	[**b'e:l** tra:], Beltra, Sligo (?)
Biorra Dubh	[**b'ir**ə duv], Barraduff, Co. Kerry (?)
Bóinn	[**Bo:**n'], Boyne river.
Bruice	[**brik**'i], river in Co. Limerick (?)
Bríd	[**br'i:d**']; no. 53, one of the rivers called 'Bride'.
Bríde	[**br'i:d**'i]; no. 23, one of the rivers called 'Bride'; here, probably, the tributary of the Blackwater.
Brí Ghobhann	[br'i: **yov**ən], district near Mitchelstown, Co. Cork.
Buí-chnoc	[**bi:**xnuk], Knockboy, Co. Waterford.

370

Caiseal	[**kas′** əl], Cashel, Co. Tipperary, seat of the kings of Munster.
Caisleán Nua	[**kas** l′*a*:n **nu:**], Newcastle, Co. Galway.
Caolchnoc	[**ke:l** xnuk], district in Iveleary, Co. Cork.
Carraig an Ime	[**ka**rig′ in **im′**i], Carriganimmy, Co. Cork.
Ceann Léime	[k′an **l′e:m′**i], Loop Head, Co. Clare. See Notes, no. 37.
Ceann Toirc	[**k′an** tirk′], Kanturk, Co. Cork.
Cill	[k′i:l′], no. 53, district near Killarney, Co. Kerry.
Cill Chais	[k′i:l′ **xas′**], Kilcash, Co. Tipperary.
Cill dá Channa	[**k′i:l′** d*a*: **xan**ə], see Notes, no. 37.
Cill na Dromad	[**k′i:l′** nə **drom**əd], a district in Iveragh, Co. Kerry.
Cill na Martar	[**k′i:l′** nə ˌ**mar**tər], Kilnamartyra, Co. Cork.
Cluain Meala	[kluən′ **m′al**ə], Clonmel, Co. Tipperary.
Cnoc an Duláin	[k(ə)**nuk**ə (n) dul*a*:n′], no. 64, site of fair in Galway city.
Cnoc Fírinne	[k(ə)nuk **f′i:r′**in′i], a hill in Co. Limerick.
Cnoc na Scoth	[k(ə)**nuk** nə **sgoh**]
Coill Ghlas	[**ki:l′** yl*a*s]
Conallach Rua	[**kun**ələx **rua**], Conillo, Co. Limerick.
Connacht	[**kon**əxt], province of Connaught.
Corr an Chait	[**kor** ə **xat′**], a townland near Omeath, Co. Louth.
Craig Liath	[kr*a*g′. **liah**], a rock associated with *Aoibheall*, near Killaloe, Co. Clare.
Creagán	[**kr′ag**an], Creggan, Co. Armagh.
Críoch Fáil	[kr′i:x **fa:l′**]: Ireland. See *Fál*, under *People*.
Cruachain	[**kruə**xin′], Croghan, Co. Roscommon.
Dairinis	[**dar′**inis′], Valentia Island, Co. Kerry.
Doire	[**dir′**i], no. 46 (?)
Doire an Chairn	[**dir′** ɔn **xarn̩′**]
Droichead na Tóime	[**droh′**əd nə **to:m′**i], Toames Bridge, near Macroom, Co. Cork.

Drom	[drom]
Drom Daoile	[drom **di:l′**i], district in Co. Limerick.
Druim dhá Loch	[**drim′** ya: **lox**], Co. Antrim (?).
Duibhne	[**div**n′i]; no. 45, *Duibhne* country: Corcaguiney, Co. Kerry.
Dún	[du:n]; no. 22, Downpatrick.
Dún na Rí	[**du:n** nə **ri:**]; no. 46 (?)
Eachroim	[**ax**rim′], Aughrim, Co. Galway.
Ealla	[**al**ə], district of Duhallow, Co. Cork.
Eanach Dhúin	[**an**əx **(y)u:n′**], Annaghdowne, Co. Galway.
Eatharlach	[**ah**ərlɔx], Aherlow, Co. Tipperary.
Éibhear	[**e:v′**ər], land of: Ireland. See under *People*.
Eochaill	[**o:x**il′], Youghal, Co. Cork.
Eoghanacht	[**o:n**əxt]; *Eoghanacht* country: land belonging to a main Munster dynasty. See *Eoghan* (under *People*).
Fáilbhe	[**fa:l**v′i]; land of: Munster. See under *People*.
Fál	[fa:l], see Notes, no. 23. See also under *People*.
Fódla	[**fo:l**ə]: Ireland.
Gaortha	[**ge:r**hə], a district by the river Lee near Macroom, Co. Cork.
Gleann an Scáil	[**gl′an** ə(n) **sga:l′**]
Gleann Caoin	[**gl′an ki:n′**], Glenkeen, Co. Tipperary (?)
Gleann na bhFuath	[**gl′an** nə **vuəh**], in Co. Sligo (?)
Gleann Raith	[**gl′an rah**], in Co. Wexford (?)
Gráinneog	[**gra:n′**o:g], Moate (i.e. *Móta Ghráinne Óige*), Co Westmeath (?). See Notes, no. 57.

Greanach	[**gr′an**ɔx], Grenagh, Co. Cork.
Gúgán	[**gu:g**a:n], Gougane Barra, Co. Cork.
Inis Ailge	[**in′** is′ **a:lg′**i]: Ireland.
Laoi	[li:], the river Lee.
Leamhan	[l′aun], the river Laune.

372

Leitir Laoigh	[**l′et′**ir′ **li:**]
Life	[**l′if′**i], the river Liffey.
Loch Dearg	[lox **d′ar**(ə)g]; no. 13, Lough Derg, Co. Donegal; no. 53, a lake on the Shannon.
Loch Gréine	[lox **gr′e:n′**i], Lough Greaney, Co. Clare.
Loch Léin	[lox **l′e:n′**], Lough Leane, Co. Kerry.
Loch na dtrí gCaol	[**lox** nə dr′i: **ge:l**], a part of Dingle Bay, Co. Kerry (?)
Luachair	[**luəx**ir′]; dwelling of: in district of Slieve Lougher, Co. Kerry.
Máigh	[m**a:**], the Maigue river.
Nás	[n**a:**s], Naas, Co. Kildare.
Oileán na bhFionn	[**il′**a:n nə **v′u:n**] : Ireland. See Notes, no. 62.
Rinn	[ri:n′], district near Killarney, Co. Kerry.
Róigh, see Tulach	
Ros	[ros], district of Ross, near Killarney, Co. Kerry.
Screathan an Mhíl	[**sgr′ah**ən ə **v′i:l′**], Scrahanaveel, Slieve Lougher, Co. Kerry.
Sídh Seanadh	[**s′i: s′an**ə], in Co. Limerick (?)
Sionainn	[**s′in**in′], the Shannon River.
Siúir	[**s′u:r′**], the Suir River.
Sliabh gCuilinn	[**s′l′iav gil′**in′], Slieve Gullion, Co. Armagh.
Sliabh Luachra	[**s′l′iav luəx**rə], Slieve Lougher, Co. Kerry.
Sliabh Uí Fhloinn	[**s′l′iav** i: **lin′**], a hill in Co. Roscommon.
Tír Eoghain	[**t′i:r′ o:n′**], Co. Tyrone.
Tóim	[to:m′], see *Tonn Tóime*.
Tonn Tóime	[ton **to:m′**i] : 'Wave of Tóim', near mouth of Castlemaine Harbour, Co. Kerry.
Tráigh na gCloch nDearg	[**tra:g′** nə glox **n′ar**(ə)g]
Triúcha	[**tr′u:x**ə], a district in Co. Monaghan (?)
Truipeall	[**trip**əl], a hill near the source of the Blackwater, in Slieve Lougher, Co. Kerry.

Tuar an Fhíona   [**tuər** ən **i:n**ə], Touraneena, Co.
                  Waterford.
Tulach Uí Róigh   [**tul**əx i: **ro:**], see Introduction and Notes
                  to no. 11; see *Ó Róigh* under *People*.
Uíbh Laoghaire   [i:v′ **le:r′**i], district of Iveleary, Co. Cork.
Uíbh Ráthach   [i:v′ **ra:h**əx], district of Iveragh, Co.
                  Kerry.

PEOPLE

References are normally given under surnames, where such exist.
(Mythological and other figures are included).

Áine   [**a:n′**i], common name for a girl; no. 23,
                  see under *Places*.
Airíl   [**ar′**i:l′], Ariel, one of the rebel angels.
Aoibhill (Aoibheall) [**i:v′**il′, (**i:v**əl)]; see Notes, no. 50, and
                  Introduction to no. 63.
Art   [art], ancient king of Ireland; son of Conn.
Badhbh   [bəiv], see Notes, no. 33.
Bláthnaid   [**bla:(h)**nid′], *Fianna* entertainer (wife of
                  Cnú Dheireoil).
Ború   [bə**ru:**], chief of: see under *Brian*.
Bran   [bran], one of *Fionn's* hounds.
Brian   [br′ian], Brian Boru, high king of Ireland
                  (+1014).
Canán Cinn   [**kan**a:n k′in′ **tl′e:v′**i], character in a tale
  tSléibhe   of the *Fianna*.
Caoilte   [**ki:l**t′i], one of the *Fianna;* a swift runner.
Carrún, Roiberd   [**kar**u:n, **rib**ərd o:g]; no. 27, name of
  Óg   harper.
Cathal Buí,
  see Mac Giolla Ghunna
Céadach   [k′**e:d**əx]
Céitinn, Séathrún [k′**e:t′**in′, s′**e:r(h)**u:n]
Clann Tomáis   [klan **tum**a:s′], see Introduction to no. 54.

374

Clíona [**kl'i:n**ɔ], a queen of the fairy people associated with Glandore, Co. Cork.

Cnú Dheireoil [knu: **jer'**o:l'], *Fianna* entertainer.

Cobhthach (Caol) [**kof**ɔx (**ki:l**)], an ancient king of Ireland.

Colm Cille [**kol**(ɔ)m **k'il'**i], St. Colmcille.

Conán (Maol),
 see Mac Morna

Conall [**kun**ɔl]; no. 62, brother of Eibhlín Dhubh, who was drowned off Cape Clear, Co. Cork.

Conchúr [**knux**u:r]; no. 62, l.38, son of Eibhlín Dhubh; no. 62, l.285, father of *Art Ó Laoghaire.*

Conn [kon], ancient king of Ireland.

Corc [kork], ancient king of Munster.

Críomhthainn [**kr'i:f**in'], ancient king of Ireland.

Cuileann [**kil'**ɔn], chief of a band of the fairy-people, associated with Slieve Gullion, Co. Armagh.

Cumhall [ku:l], *Fionn's* father.

Dál gCais [d*a*:l **gas'**], a Munster dynasty; see Notes no. 33.

Deirdre [**d'e:r**dr'i]

Diarmaid [**d'iar**mid']

Domhnall [**dov**nɔl]; no. 11, see Introductory note.

Dónall (Óg) [**do:n**ɔl (**o:g**)]

Donncha (Bán) [**don**ɔxɔ (**ba:n**)]

Duibhne [**div**n'i], see under *Places.*

Éibhear [**e:v'** ɔr], one of the ancestors of the Irish race.

Éibhear Mac Éibhir,
 see Mac Éibhir

Eibhlín Dhubh,
 see Ní Chonaill

Eoghan [o:n], founder of a Munster dynasty; no. 29, an alternative to the name *Eoin.*

Fáilbhe	[**faːlv**′i], king of Munster 622-633; see under *Places*.
Fál	[faːl], a legendary king of Ireland; see Notes, no. 23, and (under *Places*) *Críoch Fáil*.
Feiritéar, Piaras	[f′ir′**it′eːr**, **piar**əs]
Fianna	[**f′ian**ə]; see Introduction to nos. 18-20.
Fionn	[**f′in**], *Fionn Mac Cumhaill;* see Introduction to nos. 18-20.
Flann	[flan], king of Ireland in the tenth century.
Fódla	[**foːl**ə], legendary goddess of Gaelic race. See under *Places*.
Goll (Mac Morna)	[**gol** (mak **moːrn**ə)], a hero of the *Fianna*. See *Mac Morna* and Notes to no. 53.
Gormlaith	[**gor**əmlə]
Gráinne	[**graːn**′i]; no. 57, see Notes.
Haicéad, Pádraigín	[hak′**eːd**, **paːd**rig′iːn′]
Ír	[iːr′], son of *Míle* (which see)
Laoiseach	[**liːs**′əx]
Lugh	[luː], Celtic God.
Mac Aingil, Aodh	[mak **ang**′il′, iː]
Mac an Cheannaí	[**mak** ə(n) **x**′**an**iː]; see Introduction to no. 51.
Mac Aoidh, Colmán	[mak **iː**, **kol**maːn], patron saint of a parish in Co. Down.
Mac Calprainn	[ma(k) **kal**prin′] : St. Patrick (son of Calpurnius).
Mac Cathmhaoil	[ma(k) **kav**iːl′]
MacCéin, Luighdheach	[ma(k) **k**′**eːn**′, **liːx**], the god *Lugh* (?)
Mac Coscair, Seán	[ma(k) **kos**gir′, **s**′**a**ːn)
Mac Cuarta, Séamas Dall	[ma(k) **kuar**tə, **s**′**eːm**əs **dal**]
Mac Cumhaigh, Art	[ma(k) **kuːi**ː, **art**]
Mac Cumhaill	[ma(k) **kuːl**′], see *Fionn*.
Mac Cruitín, Aodh Buí	[ma(k) **krit**′ iː n′, **iː biː**]

Mac Daire	[mak **dar′**i]; see Notes, no. 94.
Mac Dónaill, Seán Clárach	[mak **do:**nil′, **s′a:**n kla:rɔx]
Mac Duach	[mak **duɔx**]; see Notes, no. 94.
Mac Éibhir,	[mak **e:v′**ir′,], see *Éibhear*
Mac Gabhráin, Aodh	[ma(k) **go:**ra:n′, **i:**]
Mac Giolla Ghunna, Cathal Buí	[ma(k) **g′il**ə **yun**ə, **kah**ɔl **bi**ː]
Mac Giolla Phádraig, Brian	[ma(k) **g′il**ə **fa:d**rig′, **brian**]
Mac Morna	[mak **mo:**rnə]; no. 20, a dissident chieftain of the *Fianna*.
Mac Morna, Conán (Maol)	[mak **mo:**rnə, **kon**a:n (**mi:l**)], one of the *Fianna;* mischief-maker.
Mac Séamais, Seán	[mak **s′e:m**is′, **s′a:**n]
Mac Tréan, Caitcheann	[mak **tr′e:n**, **kat′**x′in], a foreign marauder in a lay of the *Fianna*.
Máire	[**ma:r′**i]; no. 63, common name for a girl.
Maoilre	[**mi:lr′**i]
Meadhbh	[me:v], no. 63, common name for a girl.
Mac Conchúir, Art, see Conchúr, and Ó Laoghaire, Art	
Míle	[**m′i:l′**i], legendary chieftain, ancestor of the Irish race.
Mór	[mo:r], common name for a girl; no. 54 name of speaker's wife (?)
Muireann	[**mir**ən], no 63, common name for a girl.
Ní Cháimlia, Muireann	[ni: **xa:m′**lia, **mir′**ən], no. 63, name of a midwife.
Ní Chonaill, Eibhlín Dhubh	[ni: **xun**il′, **əil′**i:n′ **yuv**]
Ní Mhaoileoin, Máire	[ni: **vi:l′**o:n′, **ma:r′**i]
Ní Shiúrdáin, Neilí	[n′i: **h′u:r**da:n′, **n′el′**i:]; see Notes, no. 92.

Ní tSéafra, Pog	[n'i: t'e:frə, pog]; no. 66, a neighbouring tenant (?)
Niall Frasach.	[n'ial frasəx], king of Ireland 763-78, ancestor of the O'Neills.
Niall Óg (Mac Murchaidh)	[n'ial o:g (mak murəha)]; no. 42, a poet friend of *Mac Cuarta*.
Ó Bruadair, Dáibhí	[o: bruədir', da:v'i:]
Ó Bruineann, Risteard	[o: brin'in, ris't'a:rd]
Ó Callanáin, Eoin	[o: kaləna:n', o:n']
Ó Ceallacháin, Dónall	[o: k'aləxa:n', do:nəl]
Ó Ceallaigh, Seán	[o: kali:, s'a:n]
Ó Conaill, Dónall (Mór)	[o: kunil', do:nəl (muər)]; no. 62, father of *Eibhlín Dhubh Ní Chonaill*.
Ó Conchúir, Tadhg Rua	[o: knuxu:r', təig ruə]
Ó Criomhthain, Tomás	[o: kr'ihin', tuma:s]
Ó Dálaigh, Cúchonnacht	[o: da:lɔ, ku:xonəxt]
Ó Dónaill	[o: do:nil']; no. 91, name of jailed Whiteboy.
Ó Fearaíl, Tomás	[o: f'ari:l', tuma:s]
Ó hÉigeartaigh, Pádraig	[o: h'e:g'artə, pa:drig']
Ó Laoghaire, Art (Mac Conchúir)	[o: le:r'i, art (mak knuxu:r')]
Ó Laoghaire, Dónall	[o: le:r'i, do:nəl]
Ó Laoghaire, Fear	[o : le:r'i, f'ar]; no. 62, son of *Eibhlín Dhubh*.
Ó Mealláin, Fear Dorcha	[o : m'ala:n', f'ar dorəxə]
Ó Néill	[o : ne:l']
Ó Néill, Conn	[o : ne:l'. kon]
Ó Muiríosa, Seán	[o : mir'i:sə s'a:n]
Ó Multháin	[o : mulha:n'], see Notes, no. 93.

Ó Raghallaigh, [o : **rəil**ə, **l′iam**]
Liam
Ó Rathaille, Aogán [o : **rah**il′i, **e:g**a:n]
Ó Reachtabhra, [o : **rax**tu:r.ɔ, **an**tin′i]
Antoine
Ó Róigh [*o:* **ro:**]; no. 11, 'descendant of Róigh'.
Ó Súilleabháin, [o: **su:** **l′**əva:n′ **auli**:v′]
Amhlaoibh
Ó Súilleabháin, [o: **su:l′**əva:n′, **d′iar**mid]
Diarmaid
Ó Súilleabháin, [o: **su:l′**əva:n′, **o:n ruə**]
Eoghan Rua
Ó Súilleabháin, [o: **su:l′**əva:n′, **təig ge:l**ɔx]
Tadhg Gaelach
Oisín [**is′**i:n′], son of *Fionn*.
Oscar [**osk**ər], son of *Oisín*, grandson of *Fionn*.
Pádraig [**pa:d**rig′]
Páidín na gCeann [**pad′**i:n′ nə **g′aun**], 'Paudeen of the heads', grandfather of Devereux, no. 66.
Raghnall [**rəin**əl]; no. 63, name of owner of local lime-kiln (?)
Raifteirí [**raft′**ir′i:]
Róigh, see Ó Róigh
Róisín Dubh [**ro:s′**i:n′ **duv**]; see Introduction to no. 84.
Sadhbh [**sə**iv]; no. 63, common name for a girl.
Sceolang [**sg′o:l**əng], one of *Fionn*'s hounds.
Séamas [**s′e:m**əs]; no. 42, see *Mac Cuarta*.
Seán [**s′a**:n]
Síle [**s′i:l′**i]; no. 63, common name for a girl.
Síobharán [**s′i:v**əra:n]; no. 48, name of thief.
Tadhg an Dúna [**təig** ə(n) **du:n**ə]; see Introduction to no. 46.
Tál [**ta:**l], an ancestor of the O'Brien dynasty.
Uí Raghallaigh,
(a Bhean). [i: **rəil**ə, (ə v′an)], see Notes, no. 92.
Uiríl [**ir′**i:l′], Uriel, one of the rebel archangels.

Aisling	[**as′**l′ing]
An Duanaire	[ən **duən**ir′i], *lit.* 'the poem-book'.
An Claidheamh Soluis	[ən **kli:v sol**is′]
An tOileánach	[ən til′**a:n**əx]
Burdúin	[bur**du:n′**]
Cabhair ní Ghairfead	[**kaur′** ni: **yir′**həd], no. 53.
Crosán	[**kros** a:n]
Do chuala inné	[də **xuəl**ə (i)**n′e:**], no. 26.
Dánfhocail	[**da:n**okil′]
Deirín Dé	[**d′er′**i:n **d′e:**]
Dord Fian	[**do:rd Fian**], special *Fianna* music.
Droimeann Donn	[**drim′**ən **don**]; see Introduction, no. 85.
Fianna	[**f′ian**ə]
Fithcheall (ficheall)	[**f′ix′**əl], type of chess-game.
Foras Feasa ar Éirinn	[**for**əs **f′as**(ə) er′ **e:r′**in′]
Gael	[ge:l]
Gaeltacht	[**ge:l** təxt]
Lios	[l′is], ringfort.
Pairlimint Chlainne Tomáis	[**pa:r**l′im′int′ **xlin′**i **tum**a:s′]
Pléaráca na Ruarcach	[pl′e:**ra:k**ə nə **ruər**kəx]
Samhain	[saun′]; no. 63, November festival.
Sí	[s′i:], see *sídh*.
Sídh	[s′i:], fairy mound or mansion.
Tír na nÓg	[**t′i:r′** nə **no:g**]
Trí Rainn agus Amhrán	[**tr′i: rin′** agəs **aur**a:n]

BUÍOCHAS
ACKNOWLEDGEMENTS

Tá ár mbuíochas ag dul do na daoine seo a thug cabhair faoi leith dúinn ar phointí áirithe: Dr. Seán Ó Coileáin, Gabriel Rosenstock, Breandán Ó Conchúir, M.A., Dr. Colbert Kearney, Liam Ó Murchú, M.A., Mícheál Ó Súilleabháin, M.A., B.Mus. Is í an Dr. Máire de Paor a roghnaigh na pictiúir agus na léaráidí don leabhar, agus táimíd anbhuíoch di dá bharr.

Táimíd faoi chomaoin mhór go speisialta ag an Institiúid Ardléinn (Scoil an Léinn Cheiltigh) a thug cead dúinn leas a bhaint as na leaganacha a ullmhaíodh faoina gcoimirce de na dánta seo a leanas: *Uimh.* 5, 8, 9, 10, 11, 15, 16, 18, 19, 20, 22, 23, 24, 25, 26, 27, 28, 29, 31, 32, 33, 34, 35, 36, 38, 39, 40, 41, 42, 43, 44, 45, 46, 51, 52, 53, 56, 57, 58, 59, 60, 64, 65, 68, 80, 84, 85, 86, 87, 88, 90, 98, 99. Tá na dánta thuas le fáil ins na leabhair seo: *Nua-Dhuanaire* I (in eag. De Brún, Ó Buachalla, Ó Concheanainn), *Nua-Dhuanaire* II (in eag. Ó Buachalla), *Nua-Dhuanaire* III (in eag. Ó Concheanainn), *Filíocht Phádraigín Haicéad* (in eag. M. Ní Cheallacháin), duanairí na hArd-Teistiméireachta agus na Meán-Teistiméireachta. Ba mhór an chabhair dúinn, leis, na nótaí eolais ins na leabhair sin.

Táimíd anbhuíoch, chomh maith, don Ollamh Brian Ó Cuív agus d'urraí an Ollaimh Tomás Ó Raithile a thug cead dúinn leas a bhaint as na leaganacha a chuir sé sin in eagar de na dánta seo a leanas: *Uimh.* 1, 2, 3, 4, 6, 7 (as *Dánta Grádha*); *Uimh.* 12, 14, 17 (as *Measgra Dánta* I agus II); *Uimh.* 21 (as *Dánfhocail*); *Uimh.* 61 (as *Burdúin Bheaga*).

Ina theannta sin tá ár mbuíochas ag dul dóibh siúd a cheadaigh dúinn na dánta (nó na sleachta) seo a leanas a fhoilsiú: *Uimh.* 13 (as *Dánta Diadha Uladh*, É. Ó Muirgheasa, Oifig an tSoláthair); *Uimh.* 54, 55, 96 (as *Mil na hÉigse*, R. Ó Foghludha, Oifig an tSoláthair); *Uimh.* 30, 89 (as *Seanchas ón Oileán Tiar*, Ó Criomhthain agus Flower, Comhlucht Oideachais na hÉireann); *Uimh.* 94, 97 — dréachta (as *An Seanchaidhe Muimhneach*, An Seabhac, Comhlucht Oideachais na hÉireann); *Uimh.* 97 — dréachta (as *Ár bPaidreacha Dúchais*, D. Ó Laoghaire, F.Á.S.); *Uimh.* 62 (as *Caoineadh Airt Uí Laoghaire*, S. Ó Tuama, An Clóchomhar); *Uimh.* 63 (as *Cúirt an Mheán Oíche*, D. Ó hUaithne, Preas Dolmen); *Uimh.* 66 (as *Cín Lae Amhlaoibh*, T. de Bhaldraithe, An Clóchomhar); *Uimh.* 67 (as *Gnéithe den Chaointeoireacht*, in eag. B. Ó Madagáin, An Clóchomhar); *Uimh.* 92 (as *Reacaireacht an Riadaigh*, Gael-Linn).

Tá na bunleaganacha de *Uimh.* 47, 48, 49, 50 agus an dá véarsa dheirean-acha de *Uimh.* 52, le fáil i *Dánta Aodhagáin Uí Rathaille* (Dineen and O'Donoghue). Tá na bunleaganacha de dhánta agus d'amhráin eile le fáil mar a leanas: *Uimh.* 71, 77, 93 i *Songs of the Irish Rebels* etc. (P. H. Pearse); *Uimh.* 37 i *Duanaire Dháibhidh Uí Bhruadair* II (Mac Erlean); *Uimh.* 69, 70, 72, 74, 75, 76, 78, 81, 95, 100 i *Duanaire Gaedhilge* I (R. Ní Ógáin); *Uimh.* 73, 82, 83, i Lsí. Bunting, R.I.A. (1s. 26, uimh. 30; 1s. 7, uimh. 66; 1s. 7, uimh. 22); *Uimh.* 79 i *Ancient Music of Ireland* (Petrie, 1855); *Uimh.* 91 i *An Claidheamh Soluis*, 24 Nollaig 1904.

Toisc nósanna difriúla eagarthóireachta a bheith ag eagarthóirí na ndánta faoi leith rinneadh mionleasú litrithe agus poncaíochta anseo agus ansiúd d'fhonn na téacsanna a bheith níos mó de réir a chéile agus níos soléite, dá bhrí sin, ag an ghnáthléitheoir. I Roinn III rinneadh iarracht faoi leith ar an oiread den nuachaighdeán litrithe agus a measadh a bheith oiriúnach a chur i bhfeidhm ar na téacsanna. Rinneadh mionleasú ar an téacs foilsithe in *Uimh.* 41 (1.15), *Uimh.* 57 (1.22), *Uimh.* 70 (1.4), *Uimh.* 77 (1.35), *Uimh.* 78 (1.14), *Uimh.* 84 (1.6-8). Fágadh An Ceangal ar lár in *Uimh.* 6 agus in *Uimh.* 24; cuireadh malairt oird ar an dá véarsa dheireanacha de *Uimh.* 43. I gcás *Uimh.* 73 fágadh véarsa amháin den leagan a bhí againn ar lár — toisc an téacs a bheith míshásúil — agus cuireadh leagan eile den véarsa céanna (véarsa vi., *Éamonn an Chnoic*, 1s. 23 E 12, lch. 283, R.I.A.) ina ionad.